MANUAL
DE HORTICULTURA

Nueva edición revisada y ampliada

DR. D.G. HESSAYON

BLUME

Título original:
The Vegetable Expert

Traducción:
Luisa Moysset
Licenciada en Biología

Traducción y revisión de la edición ampliada:
Anna Domínguez Puigjaner
Licenciada en Ciencias Biológicas

Primera edición en lengua española 1988
Nueva edición revisada y ampliada 1999
Reimpresión 2002, 2004

© 1995 Naturart, S.A. Editado por BLUME
Av. Mare de Déu de Lorda, 20
08034 Barcelona
Tel. 93 205 40 00   Fax 93 205 14 41
E-mail: info@blume.net
© 1988 Editorial Blume, S. A., Barcelona
© 1985 D. G. Hessayon

I.S.B.N.: 84-8076-310-8
Depósito legal: B-6.175-2004
Impreso por Grafos, S. A., Arte sobre papel, Barcelona

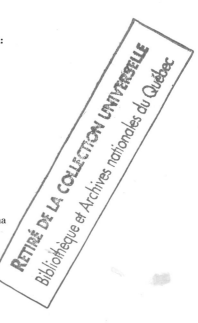

CONSULTE EL CATÁLOGO DE PUBLICACIONES *ON-LINE*
INTERNET: HTTP://WWW.BLUME.NET

Contenido

		página
CAPÍTULO 1	**LABORES PREPARATORIAS**	3-6
	Compra y almacenamiento de semillas	3
	Rotación de cultivos-Cava	4
	Abono con estiércol-Abono con cal-Preparación del semillero	5
	Siembra	6
CAPÍTULO 2	**HORTALIZAS DE COSECHA PROPIA**	7-107
CAPÍTULO 3	**PROBLEMAS DE LAS HORTALIZAS**	108-110
CAPÍTULO 4	**RAREZAS**	111-114
CAPÍTULO 5	**HORTALIZAS ENANAS**	115-116
CAPÍTULO 6	**DÓNDE CULTIVAR HORTALIZAS**	117-122
	El huerto tradicional - Hortalizas en el invernadero	118
	Hortalizas en recipientes - Hortalizas en las macetas de las ventanas	119
	Sistema de arriate	120-121
	Hortalizas en los márgenes del jardín - El *potager* o jardín culinario	122
CAPÍTULO 7	**EL CUIDADO DEL CULTIVO**	123-126
	Aclareo-Trasplante-Desherbaje	123
	Nutrición-Riego	124
	Acolchado-Pulverización-Protección del cultivo	125
	Recolección-Almacenamiento - Obtener el máximo rendimiento	126
CAPÍTULO 8	**HIERBAS**	127-138
CAPÍTULO 9	**HORTALIZAS DE COMPRA**	139-142
CAPÍTULO 10	**ÍNDICE DE HORTALIZAS**	143
	Agradecimientos	144

CAPÍTULO 1
LABORES PREPARATORIAS

Uno de los cambios más importantes en la jardinería de los últimos veinte años ha sido el resurgimiento del cultivo casero de hortalizas. Actualmente ha desaparecido la creencia de que el cultivo de hortalizas es patrimonio exclusivo de los pobres o de los campesinos ya que ha comprendido que la producción casera supera a las verduras compradas en las tiendas en tres aspectos esenciales.

En primer lugar, las verduras pueden recolectarse en el momento en que están más tiernas y más sabrosas en lugar de tener que esperar una producción máxima, como hace el horticultor profesional. También pueden llevarse a la mesa verduras, tales como el maíz dulce, judías o espárragos, una o dos horas después de haberlas recolectado, lo cual puede significar una nueva experiencia gustativa. Por último, se pueden cultivar verduras difíciles de encontrar y sembrar variedades más sabrosas que las que normalmente se cultivan con fines comerciales.

Asimismo se puede ahorrar dinero cultivándolas uno mismo. Sin embargo, el ahorro no es el principal motivo para muchos de los que cultivan una parcela de hortalizas; es un trabajo extra que constituye una afición saludable y proporciona una agradable sensación al cultivar para uno mismo.

La mayor parte de los principios básicos en el cultivo de hortalizas han estado con nosotros durante cientos de años. Pero desde la primera edición de este libro se han producido algunos cambios importantes. El interés en las hortalizas continúa expandiéndose y han aparecido variedades especialmente cultivadas para las especies pequeñas en los catálogos de semillas. Hasta hace poco el cultivo de hortalizas significaba casi siempre grandes hileras de plantas, pero actualmente la idea de sembrar en macetas, arriates elevados e incluso cn arriates florales y márgenes arbustivos ha ido tomando cuerpo.

COMPRA Y ALMACENAMIENTO DE SEMILLAS

Los paquetes de semillas están garantizados y existen normas respecto a la pureza y la capacidad de germinación, pero aun así se debe escoger cuidadosamente. Haga su pedido con tiempo a un distribuidor acreditado y compruebe si la variedad es apropiada para su huerto.

CALIFICACIÓN DE LAS SEMILLAS

Semilla polinizada La mayoría de las variedades de los catálogos son de tipo «convencional» o «estándar». No se ha realizado ninguna hibridación especial, por lo que generalmente es la más económica. Recuerde, sin embargo, que las nuevas variedades son más caras que las viejas.

Semilla híbrida F$_1$ Variedad producida por un cruzamiento de dos progenitores de raza pura. Sus características principales son su mayor vigor y su uniformidad en altura, forma, etc. y por ello un híbrido F$_1$ es, a menudo, una buena compra a pesar de su elevado precio. Presenta un inconveniente: todas las plantas tienden a madurar al mismo tiempo, lo cual es bueno para el profesional pero no para el aficionado.

Semilla capsulada Semilla recubierta con arcilla u otro material para facilitar su manipulación. Es útil para semillas muy pequeñas ya que se pueden sembrar bastante espaciadas y disminuir así, o eliminar, la necesidad de aclareos. A menudo los resultados son decepcionantes ya que el suelo que rodea las semillas debe mantenerse uniformemente húmedo —si se mantiene demasiado seco o demasiado húmedo, la germinación será escasa.

Semilla desinfectada Semilla cubierta con un fungicida o con un fungicida-insecticida antes de que el horticultor la empaquete.

Semilla empaquetada al vacío Semilla envasada en bolsas metalizadas precintadas al vacío. Estas semillas se conservan viables más tiempo que las empaquetadas según el método corriente.

Semilla germinada Semilla germinada por el cultivador y enviada en bolsas impermeabilizadas. Esta semilla debe plantarse inmediatamente.

Semilla aprovechable A menudo sobran algunas semillas después de la siembra. Casi todas las variedades pueden aprovecharse para el año siguiente (véase debajo).

Semilla de cosecha propia Es una tentación aprovechar las semillas de las hortalizas que han formado vainas pero en la mayoría de los casos no es aconsejable. Los híbridos F$_1$ producirán plantas menos vigorosas y pudiera ser que las coles sean el resultado de un cruzamiento y produzcan plantas sin ningún valor. Los guisantes, las judías y las cebollas son excepciones —muchos cultivadores de cebollas campeonas insisten en emplear sus propias semillas.

El tiempo de conservación de las semillas catalogadas en este libro se refiere a los paquetes cerrados mantenidos en condiciones apropiadas —un almacenamiento inadecuado reduce la viabilidad muy drásticamente.

Cierre con firmeza los paquetes y colóquelos en un bote con una tapadera de rosca. Coloque el recipiente en un lugar fresco, seco y oscuro.

ROTACIÓN DE CULTIVOS

No debe cultivar una hortaliza en el mismo sitio año tras año. Si lo hace, es probable que surjan dos problemas. En primer lugar, las plagas del suelo y las enfermedades que prosperan en el cultivo aumentarán regularmente y podrán alcanzar proporciones epidémicas. En segundo lugar, el cultivo continuado de una misma hortaliza puede conducir a un desequilibrio en los niveles de nutrientes del suelo.

La solución está en efectuar una rotación de cultivos. En el siguiente esquema se presenta un plan estándar de tres años. A veces se usa una franja de un extremo de la parcela para cultivos permanentes (espárragos, ruibarbo, etc.) y se la deja excluida del plan. No todos pueden o desean practicar la rotación de cultivos y, por desgracia, desestiman toda idea de rotación. Es mucho mejor seguir un método rutinario muy sencillo —raíces este año, una hortaliza superficial al siguiente y después de nuevo un cultivo de raíces...— con la condición de que si una hortaliza da mal resultado un año, nunca debe cultivar a continuación otra que pertenezca al mismo grupo (véase la tabla inferior).

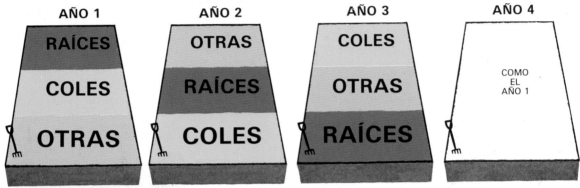

AÑO 1 — RAÍCES / COLES / OTRAS

AÑO 2 — OTRAS / RAÍCES / COLES

AÑO 3 — COLES / OTRAS / RAÍCES

AÑO 4 — COMO EL AÑO 1

RAÍCES
remolacha • zanahoria • endibia
pataca • chirivía • patata • salsifí
escorzonera

No abone

No abone con cal

Rastrille un fertilizante general aproximadamente dos semanas antes de sembrar o plantar.

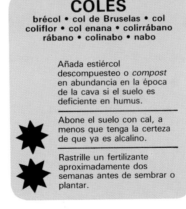

COLES
brécol • col de Bruselas • col
coliflor • col enana • colirrábano
rábano • colinabo • nabo

Añada estiércol descompuesteo o *compost* en abundancia en la época de la cava si el suelo es deficiente en humus.

Abone el suelo con cal, a menos que tenga la certeza de que ya es alcalino.

Rastrille un fertilizante aproximadamente dos semanas antes de sembrar o plantar.

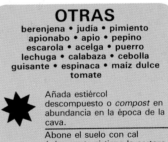

OTRAS
berenjena • judía • pimiento
apionabo • apio • pepino
escarola • acelga • puerro
lechuga • calabaza • cebolla
guisante • espinaca • maíz dulce
tomate

Añada estiércol descompuesto o *compost* en abundancia en la época de la cava.

Abone el suelo con cal únicamente si tiene la certeza de que es ácido.

Rastrille un fertilizante general aproximadamente dos semanas antes de sembrar o plantar.

* necesidad principal

CAVA

- Elija una pala apropiada a su altura y fortaleza. Mantenga limpia la hoja.

- Elija el día apropiado. El suelo no debe estar ni helado ni saturado. Si es posible, escoja un período de tiempo sereno cuando no se prevea que llueva por lo menos durante algunas horas.

- Empiece poco a poco. En el primer día bastan unos 30 min si no está acostumbrado a un ejercicio fuerte.

- Hunda la pala verticalmente, no inclinada. Las malas hierbas anuales no ofrecen resistencia puesto que se doblan fácilmente; sin embargo, deben arrancarse las raíces de las malas hierbas perennes.

- Deje el suelo aterronado: las heladas descompondrán los terrones durante el invierno.

- No eleve nunca el subsuelo a la superficie: la arcilla, la cal o la arena estropean la fertilidad.

No trate de cavar y hacer un semillero en una sola operación. Es apropiado que cave durante.un período seco a finales de otoño o a principios de invierno si proyecta sembrar o plantar en primavera. Excave una zanja de unos 45 cm de anchura a una profundidad de una azada (altura de la pala) en la parte anterior de la parcela y transporte la tierra a la parte posterior

Extienda *compost* sobre la superficie de la zanja para enriquecerla de humus (véase apartado anterior «Rotación de cultivos»). A continuación, empiece a cavar la parcela; transporte la tierra de una franja de suelo de 10 a 15 cm de anchura a la zanja anterior. Repita esta operación sucesivamente hasta formar la zanja final que llenará con el suelo extraído de la primera.

Es recomendable llevar a cabo una doble excavación cada tres años para romper la capa compacta que pueda haberse formado debajo de la capa cavada. Esto requiere trabajar el fondo de cada zanja con una horquilla de jardín antes de verter la tierra de la franja adyacente.

ABONO CON ESTIÉRCOL

El abono marca el inicio de la temporada hortícola. En otoño o a principios de invierno extienda 5,5 kg/m² de abono orgánico sobre la superficie del suelo destinado a cultivos de hortalizas que no sean raíces ni coles. Pero si todo el terreno es deficiente en humus puede enriquecerse con estiércol descompuesto o *compost* viejo.

Aunque sus amigos puedan proporcionarle semillas de alguna variedad nueva, intente cultivar otras hortalizas de reciente aparición por cuenta propia. En este capítulo se describen verduras poco comunes que pueden adquirirse como semillas en los semilleros más importantes —verduras insólitas, registradas en muy pocos catálogos, se incluyen en el capítulo de «rarezas». Puede escoger libremente entre un campo formado por las siete hortalizas principales más patatas y uno de verduras como comunes.

Transcurrido cierto tiempo, hunda con la horquilla la capa de materia orgánica bajo la superficie antes de empezar la cava (véase pág. 4). Es esencial que realice esta rutina de abono de modo que cada año se enriquezca una franja de la parcela hasta que todo el campo quede tratado. Su función es mejorar la estructura migajosa de la tierra y aumentar la capacidad de retención de agua y de nutrientes.

ABONO CON CAL

La adición de estiércol y fertilizantes químicos, junto con una cosecha abundante, tiende a aumentar la acidez del terreno. No abone con cal anualmente como una rutina; si sigue el plan estándar de rotación de cultivos efectúe este abono únicamente en la franja de terreno destinada a coles. Esto supone una adición de cal cada tres años (véase pág. 4).

En la actualidad no es necesario calcular la cantidad adecuada de cal. Mediante un sencillo medidor de pH puede conocerse el grado de acidez, y de este dato, junto con el tipo de suelo en cuestión, usted determina la cantidad a aplicar. Ésta oscilará entre 270-820 g/m² —según los expertos es preferible el carbonato cálcico a la cal hidratada. Si no quiere tomarse la molestia de analizar el suelo, emplee 270 g/m².

Es muy importante elegir el momento más apropiado para efectuar esta operación. Si no ha añadido materia orgánica al suelo, esparza la cal sobre la superficie recientemente cavada —no la mezcle con la parte superficial. Si ha añadido estiércol posponga la adición de cal hasta mediados de invierno. Este abono no debe aplicarse simultáneamente con los fertilizantes químicos o los estiércoles. Estos últimos deben efectuarse el mes anterior o el posterior a la aplicación de la cal.

PREPARACIÓN DEL SEMILLERO

Muy pocas hortalizas se cultivan en el huerto o parcela a partir de material enraizado. Las raíces de estos transplantes están desnudas o rodeadas de un terrón de tierra —algunos ejemplos son el espárrago, el ruibarbo, la alcachofa y algunas hierbas. Existen otras hortalizas, especialmente las poco resistentes al frío como los tomates y las berenjenas, que primero se cultivan en un invernadero y luego se trasplantan al huerto cuando las condiciones son apropiadas. Sin embargo, la mayoría de las hortalizas se siembran directamente en el huerto donde van a crecer o bien cuando son plántulas se trasplantan a otro lugar donde crecerán hasta alcanzar la madurez. En cualquier caso es preciso un semillero.

Aunque se suele empezar a principios de primavera, debe esperar a que el suelo esté en condiciones apropiadas ya que, si bien la superficie habrá empezado a cambiar de color, bajo esta delgada capa todavía estará húmedo. Camine por la parcela: si la tierra se adhiere a sus botas todavía está demasiado húmedo.

En primer lugar debe romper mediante un cultivador manual o una horquilla de jardín los terrones que levantó con la cava de invierno y que el viento y la helada han descompuesto parcialmente. Rompa enérgicamente los terrones grandes y nivele más o menos la superficie —no hunda la horquilla o el rastrillo a más de 15 cm de profundidad ya que se expone a levantar el estiércol y el *compost* que soterró cuando efectuó la cava. Si la superficie todavía es muy irregular y aún hay terrones, repita la operación con la herramienta en posición vertical.

El siguiente paso consiste en aplicar una capa de fertilizantes sobre el suelo. No es aconsejable dejar esta capa sobre la superficie puesto que el abono concentrado puede dañar las raíces diminutas de las semillas en germinación. Para evitar este peligro, trabaje el fertilizante con la parte superficial del suelo mediante un arado manual.

Prepare el semillero. En estos últimos años han cambiado las costumbres; el método tradicional consistía en pisar la superficie, para consolidar los niveles inferiores y aplastar cualquier terrón que hubiese quedado, y finalmente rastrillar la superficie lisa. Hoy día, no se aprueba este método porque se ha demostrado que daña la estructura del suelo.

Rastrille la superficie y emplee el apero –no sus pies– para llenar los hoyos y romper los montones. Recoja los escombros y las piedras pequeñas. Cuando haya finalizado esta operación, rastrille de nuevo para nivelar y uniformar el semillero.

Estas migas no deben ser demasiado pequeñas: una lluvia intensa provocaría la formación de una capa de polvo nociva sobre la superficie de un suelo arcilloso sedimentario recién preparado. Lo ideal es una superficie con la consistencia de migas gruesas ya que requiere menos cuidados para producir un buen «cultivo».

SIEMBRA

La regla básica consiste en no sembrar pronto, ni demasiado profundo, ni demasiado denso. Es importante sembrar en el momento apropiado. Los calendarios le indicarán cuándo, pero las características de su terreno y el clima determinan el momento. Las semillas germinarán cuando las temperaturas sean altas para iniciar el crecimiento —las semillas en un suelo helado y húmedo no germinarán.

Señale la hilera de plantación mediante una cuerda larga y tensa. Forme el surco, a la profundidad recomendada según la hortaliza a sembrar, con un bastón, un desplantador o el borde de una azada. Toque el suelo del fondo del surco: si está seco, riéguelo poco a poco con la regadera. Siembre las semillas, tan espaciadas como pueda, a lo largo de la hilera. No lo haga directamente del paquete; coloque algunas semillas en la palma de la mano y espárzalas poco a poco con los dedos. Las semillas pequeñas deben mezclarse con arena antes de la siembra.

Después de la siembra, cubra las semillas, colocando nuevamente la tierra poco a poco con la parte superior de un rastrillo. Si no tiene práctica, es mejor que se olvide de los libros de texto y que coloque nuevamente la tierra con sus dedos. Apriétela suavemente pero *no la riegue*.

Las semillas grandes se siembran en el surco o en hoyos cavados con un desplantador en la época de siembra apropiada. Lo usual es sembrar dos o tres semillas en cada hoyo y eliminar después de la germinación todas las plántulas excepto la más fuerte.

SIEMBRA EN INVERNADERO

1 **RECIPIENTE**. Se encuentran disponibles muchas clases de recipientes, con orificios de drenaje o grietas en la base. Evite las antiguas bandejas de madera —los organismos causantes de enfermedades son difíciles de eliminar sólo lavando. Elija el plástico; es mejor una bandeja de unos 8,75-12,5 cm. Las semillas grandes pueden plantarse en bandejas celulares con *compost*.

2 **COMPOST**. Utilice un *compost* para semillas o uno polivalente. Llene el recipiente con el *compost* y presiónelo suavemente con un trozo de madera —la superficie debe tener 1,25 cm. Rocíe con agua el día anterior a la siembra.

3 **PROTECCIÓN**. No cubra las semillas muy finas con *compost*. Para las otras semillas utilice *compost* o vermiculita, hasta una profundidad dos veces el diámetro de la semilla. Debería aplicar el *compost* mediante un tamiz de forma que obtenga una capa más fina. Presione suavemente con un trozo de madera después de la siembra. Coloque un papel de color marrón encima y una bolsa de plástico. Si se humedece, cambie el papel.

4 **CALEFACCIÓN**. La mayoría de semillas requieren una temperatura adecuada (31-33 °C) para una buena germinación. Calentar un invernadero entero a finales de invierno-principios de primavera puede resultar excesivo, por lo que es mejor disponer de un propagador controlado por termostato. Si desea cultivar en la repisa de la ventana necesitará una habitación con calefacción central que mantenga una temperatura entre 30-33 °C.

5 **AGUA E ILUMINACIÓN**. Tan pronto como las plántulas asomen a la superficie, retire el papel y sujete la bolsa de plástico. Transcurridos unos pocos días, aparte la bolsa y traslade el recipiente hasta un lugar iluminado pero no sin sol. Las bandejas o las macetas de la repisa deben girarse cada dos días. No deje nunca que se seque el *compost*. La mejor manera de regar es mediante un pulverizador.

6 **PLANTACIÓN**. Tan pronto se hayan extendido las primeras hojas de las plántulas, trasládelas a bandejas, macetas pequeñas o cazoletas de 24 unidades (propapacks) llenas de multicompost. Deje una separación de unos 4 cm entre las plántulas. Mantenga los recipientes a la sombra durante un día o dos después de la plantación. No son necesarias temperaturas altas: 24-36 °C será suficiente. Riegue cuando sea necesario.

Estadio correcto para la plantación ➡

7 **ENDURECIMIENTO**. Cuando las plántulas se hayan recuperado del transplante, deben aclimatarse si van a plantarse en el exterior. Aumente la ventilación y traslade el recipiente a una cajonera fría. Manténgalo una semana o dos y entonces abra cuando el día sea seco y sin heladas. Déjelas al aire libre 7 días antes de plantarlas. Las plántulas de la repisa deben trasladarse a una habitación sin calefacción antes de plantarlas al aire libre durante pocos días.

CAPÍTULO 2
HORTALIZAS DE COSECHA PROPIA

En este capítulo se describen prácticamente todas las hortalizas que pueden cultivarse en el huerto. Algunas son muy populares —lechuga, zanahorias, remolacha, etc.— y otras, mucho menos —no encontrará apionabos, colirrábanos ni berenjenas en un huerto corriente.

Aparte de esta extensa lista, que abarca desde la alcachofa (véase pág. 8) hasta el nabo (véase pág. 105), puede escoger libremente otras hortalizas. Para evitar cualquier decepción, tómese algunas molestias y dedique un poco de su tiempo para seleccionar las verduras.

El primer factor a considerar cuando haga su lista de semillas son los gustos de su familia. De todas maneras, ensaye una hilera o dos de una hortaliza desconocida, pero es absurdo que cultive una verdura si sabe que a su familia no le gusta (aún hay quien cultiva habas cada año «porque todos lo hacen», pero no aprovecha las vainas). Una vez que tenga una lista aceptable, lea la información que este capítulo suministra de cada verdura. ¿Puede proporcionarle lo que ella necesita? La coliflor no se desarrollará bien en un suelo arenoso y agotado y el maíz dulce es un riesgo en climas muy rigurosos. Algunas podrían ser muy difíciles de cultivar; la berenjena y el pimiento, por ejemplo, necesitan muchos cuidados y la alcachofa precisa espacio. Su lista, pues, se ha reducido bastante pero aún le quedan

muchas más verduras de las que posiblemente podrá cultivar. Por lo tanto, ahora debe hacer su propia selección teniendo en cuenta los gustos de su familia y las hortalizas que pueden prosperar en su jardín.

Verdaderamente somos animales de costumbre. Y año tras año tendemos a cosechar las mismas verduras. Las siete hortalizas principales continuarán siendo la lechuga, las judías escarlatas, los tomates, la col repollo, los guisantes, las zanahorias y la remolacha. En un segundo plano de preferencia se encuentran los rábanos, las cebollas, las coles de Bruselas, las habas y la coliflor. Sin duda alguna, y como debe ser, ha realizado su selección basándose en este grupo de favoritas. Sin embargo, intente cultivar algunas de las verduras más recientes porque siguen produciéndose mejoras.

Aunque sus amigos puedan proporcionarle semillas de alguna variedad nueva, intente cultivar otras hortalizas de reciente aparición por cuenta propia. En este capítulo se describen verduras poco comunes que pueden adquirirse como semillas en los semilleros más importantes —verduras insólitas, registradas en muy pocos catálogos, se incluyen en el capítulo de «rarezas». Puede escoger libremente entre un campo formado por las siete hortalizas principales más patatas y uno de verduras como comunes.

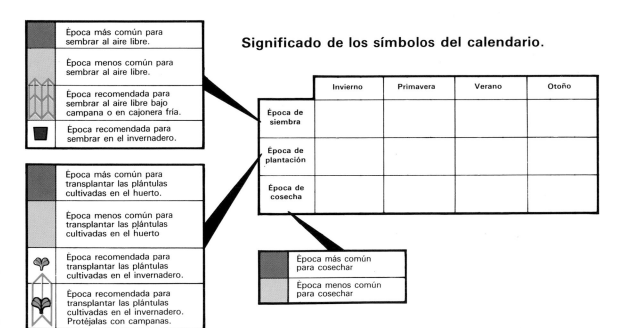

Significado de los símbolos del calendario.

Época más común para sembrar al aire libre.

Época menos común para sembrar al aire libre.

Época recomendada para sembrar al aire libre bajo campana o en cajonera fría.

Época recomendada para sembrar en el invernadero.

Época más común para transplantar las plántulas cultivadas en el huerto.

Época menos común para transplantar las plántulas cultivadas en el huerto

Época recomendada para transplantar las plántulas cultivadas en el invernadero.

Época recomendada para transplantar las plántulas cultivadas en el invernadero. Protéjalas con campanas.

	Invierno	Primavera	Verano	Otoño
Época de siembra				
Época de plantación				
Época de cosecha				

Época más común para cosechar

Época menos común para cosechar

ALCACHOFA

Esta planta, hermosa y parecida a un cardo, es más adecuada para una bordura herbácea que para un pequeño huerto. Alcanza aproximadamente 1,20 m de altura y sus hojas, plateadas y en forma de arco, hacen resaltar su espléndida manifestación floral. Sin embargo, no debe permitirse nunca que la planta florezca; las cabezas parecidas a pelotas se cortan con fines alimenticios antes de que se abran las escamas carnosas. Es una planta muy exigente puesto que requiere un suelo rico, un riego regular y abono, además de protección frente a las heladas; pero lo recompensará con unas cabezas que son la delicia del gastrónomo. No es una planta perdurable; plante serpollos enraizados cada primavera para que pueda disponer de plantas maduras después de algunos años.

CARACTERÍSTICAS DE LAS PLANTAS

Use acodos (serpollos enraizados) obtenidos de plantas muy productivas de su propio huerto o comprados en un centro de jardinería. Estos acodos deben tener unos 25 cm de altura y deben estar enraizados. Es posible obtener plantas a partir de semillas, pero no es aconsejable.

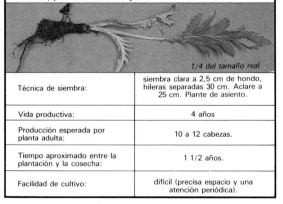

1/4 del tamaño real

Técnica de siembra:	siembra clara a 2,5 cm de hondo, hileras separadas 30 cm. Aclare a 25 cm. Plante de asiento.
Vida productiva:	4 años
Producción esperada por planta adulta:	10 a 12 cabezas.
Tiempo aproximado entre la plantación y la cosecha:	1 1/2 años.
Facilidad de cultivo:	difícil (precisa espacio y una atención periódica).

CARACTERÍSTICAS DEL SUELO

- Es necesario un suelo ligero en un lugar soleado y protegido —es una pérdida de tiempo cultivar esta verdura en un suelo arcilloso. Es esencial un buen drenaje.
- Cave el suelo en otoño y añada una cantidad abundante de *compost* o de estiércol descompuesto. Rastrille fertilizante Nitrophosca Azul especial poco antes de plantar.

PLANTACIÓN

90 cm

Plante con firmeza
Corte las puntas de las hojas
Riegue copiosamente

90 cm

5 cm

CALENDARIO

	Invierno	Primavera	Verano	Otoño
Época Siembra				
Época Plantación				
Época Cosecha				

CUIDADOS DEL CULTIVO

- Riegue las plantas con frecuencia hasta que hayan arraigado. Aplique un acolchado alrededor de los tallos a mediados de primavera.
- Durante los meses de verano escarde periódicamente y aplique un fertilizante líquido cada quince días. Si el tiempo es seco riegue a fondo.
- A finales de otoño corte los tallos y cubra los cuellos con helecho, hojas o paja. Retire esta cubierta protectora a principios de primavera.

RECOLECCIÓN

- El primer año se formarán algunas cabezas pequeñas. No permita que se desarrollen: córtelas inmediatamente y descártelas.
- Puede empezar a recolectar periódicamente una estación después de la plantación. Elimine primero la yema terminal («cabeza de rey»), que debe ser grande, hinchada, verdosa y cerrada. Córtela con 5 a 7,5 cm de tallo.
- Abone las plantas después de esta cosecha inicial. Al final de la estación corte y cocine las cabezas secundarias más pequeñas.

EN LA COCINA

Es posible que le parezca poco elegante comer una alcachofa pero es una verdura deliciosa, tanto fría como caliente. La media luna carnosa basal de cada hoja guisada es masticable, tras lo cual la hoja se deja de nuevo en el plato. Cuando se han ingerido todas las hojas se elimina el centro peludo («áspero»). Luego se come el corazón carnoso («fondo») con cuchillo y tenedor.

ALMACENAMIENTO: guárdelas en una bolsa de polietileno en el frigorífico: las cabezas se conservarán frescas durante una semana.

COCCIÓN: corte el tallo, elimine la capa más extensa de hojas y luego lávelas a fondo para eliminar los insectos. Hiérvalas en agua salada durante 30 a 40 minutos. Para comerlas, arranque las hojas sucesivamente y hunda la base en mantequilla fundida o en salsa vinagreta u holandesa.

VARIEDADES

«GREEN GLOBE» (alcachofa verde): cabezas verdosas y grandes —es la variedad más probable de encontrar en los catálogos de semillas.

«PURPLE GLOBE» (alcachofa violeta): es más resistente que la anterior pero de sabor inferior.

«VERT DE LAON» (verde de Laón): se trata de la variedad que se consigue en forma de acodos en los centros de jardinería. Muy recomendada.

«CAMUS DE BRETAGNE» (camus de Bretaña): difícil de hallar, tiene cabezas grandes y buen sabor.

«VIOLETA DI CHIOGGIA»: una excelente variedad púrpura para cultivar a partir de semilla.

PROBLEMAS

MILDIU DE LA ALCACHOFA

Enfermedad grave pero poco frecuente, que afecta a las cabezas jóvenes. Las manchadas de color marrón se fusionan de tal modo que la cabeza se estropea. Corte y queme las afectadas.

AFIDOS

Tanto el pulgón negro como el verde atacan a las cabezas en desarrollo. Pulverice con Permethrin o Heptenophos los primeros ataques.

BABOSAS

En primavera y en tiempo húmedo atacan a los brotes. Esparza un producto específico alrededor de las plantas.

Véase la clave de los símbolos en la página 7

PATACA

Estas hortalizas se encuentran en casi todos los libros de horticultura pero en muy pocos huertos. Se trata de unos tubérculos con protuberancias que se emplean como alternativa de las patatas —aunque algunos los consideran excelentes, no gustan a todos.

Antes de plantar una hilera, compre algunos y pruébelos.

Estas plantas son resistentes, crecen en cualquier parte y alcanzan una altura de 3 m o más. Constituyen una excelente pantalla o capa de protección contra el viento pero impiden que la luz llegue a las verduras más pequeñas plantadas debajo.

CARACTERÍSTICAS DE LAS PLANTAS

Pueden plantarse los tubérculos comprados en la verdulería o en el supermercado. Escoja raíces del tamaño de un huevo de gallina pequeño.

1/2 del tamaño real

Tiempo entre la plantación y la aparición de brotes:	2 a 4 semanas
Producción esperada por planta:	1,5 a 2,5 kg
Tiempo aproximado entre la plantación y la cosecha:	40 a 50 semanas.
Facilidad de cultivo:	fácil (pero necesita entutorado).

CARACTERÍSTICAS DEL SUELO

- No es exigente, a condición de que el suelo no sea ni muy ácido ni esté sometido a una anegación prolongada durante el invierno. Es una planta útil para romper un suelo compacto.
- Cave el suelo en otoño o a principios de invierno y añada *compost* si es deficiente en humus.

PLANTACIÓN

45 cm

Retire la tierra con cuidado. Forme un caballón pequeño con un rastrillo

15 cm

90 cm

CALENDARIO

	Invierno	Primavera	Verano	Otoño
Plantación				
Cosecha				

Véase la clave de los símbolos en la página 7

CUIDADOS DEL CULTIVO

- Emplee una azada para aporcar la base de los tallos cuando las plantas tengan unos 30 cm de altura. Riegue si el tiempo es seco.
- Clave un tutor en cada extremo de la hilera y extienda un alambre cubierto de plástico a ambos lados de las plantas. De este modo las protegerá del viento.
- Durante los meses de verano corte los capullos tan pronto como aparezcan y abone, de vez en cuando, con un fertilizante líquido.

RECOLECCIÓN

- Corte los tallos aproximadamente a 30 cm por encima del nivel del suelo cuando las hojas hayan adquirido un color marrón en otoño. Recoja los tubérculos entre principios de otoño y principios de primavera. Cubra las bases de los tallos con paja o con tierra si las condiciones ambientales son rigurosas.
- Al final de la estación guarde algunos tubérculos para plantarlos posteriormente. Asegúrese de que se han recolectado todos los tubérculos —si quedan algunos crecerán como malas hierbas.

EN LA COCINA

Las patacas son una alternativa reciente de las patatas y pueden comerse hervidas, fritas, cocidas al horno, asadas o estofadas. Los gastrónomos elogian el puré de patacas así como las croquetas de patacas hechas a partir del puré y moldeadas formando pelotas pequeñas o pastelillos planos que luego se fríen en manteca fundida.

ALMACENAMIENTO: guárdelas en una bolsa de polietileno en el frigorífico (los tubérculos se conservarán frescos durante dos semanas).

COCCIÓN: para preparar las patacas, limpie los tubérculos inmediatamente después de la recolección y a continuación hiérvalos, sin pelar, en agua con una cucharadita de vinagre. Déjelos cocer durante 20 a 25 minutos y pélelos antes de servir.

VARIEDADES

En general, los tubérculos que se plantan, comprados en la verdulería o en el supermercado, tienen la piel de color blanco y pertenecen a una variedad desconocida. Si es posible, compre una variedad determinada en un centro de jardinería o en un vivero.

«FUSEAU»: es una de las variedades disponibles; son grandes, blancos y tienen una superficie más lisa que la de la variedad común. La planta es más compacta y alcanza sólo 1,5 a 2 m de altura.

«DWARF SUNRAY»: piel blanca que no necesita pelar. Una variedad de floración abundante con un hábito de crecimiento compacto. Merece la pena considerarla para un margen con flores.

PROBLEMAS

BABOSAS

La obtención de tubérculos huecos indica un ataque de babosas: esparza Compo Antilimacos alrededor de las plantas para evitar que el ataque continúe. También es posible, aunque menos probable, que los gusanos y las polillas rápidas dañen el tubérculo: rastrille bromofos en el suelo antes de plantar si es que anteriormente tuvo probemas con los gusanos devoradores de raíces.

MONILIOSIS

Las bases de los tallos están atacadas y es muy probable que presenten un mantillo plumoso. En el interior de los tallos podridos hay unas formaciones parecidas a quistes negruzcos. Arranque y queme las plantas enfermas inmediatamente y riegue las plantas sanas con Ronilan.

ESPÁRRAGOS

El follaje filiforme de los espárragos es decorativo en el verano pero no debe cortarse para arreglos florales pues las plantas necesitan todo su tejido verde para producir gran cantidad de brotes suculentos («turiones») la próxima primavera. Estos brotes, que pueden cortarse y comerse, no recuerdan en absoluto a los diminutos y esponjosos espárragos enlatados. Existen abundantes leyendas respecto a estas hortalizas: los antiguos creían que los turiones crecían a partir de astas de carnero enterradas en el suelo, y en la actualidad, muchos jardineros creen que para conseguir producciones máximas se requiere mucho espaciamiento, una gruesa capa de estiércol anual y una aspersión periódica de sal. Se trata de uno de los cultivos más antiguos, pero hay nuevas variedades e ideas. Cultívelos si tiene un suelo adecuado con buen drenaje y que pueda estar ocupado más de una década... y si dispone de paciencia —tendrá que esperar dos años para conseguir su primera cosecha abundante.

CARACTERÍSTICAS DE LAS PLANTAS

Emplee garras de un año. Puede comprarlas de dos o tres años pero son de resultado inesperado. Pueden obtenerse de semillas pero tardarán tres años a producir periódicamente.

1/4 del tamaño real.

Técnica de siembra:	siembra clara a 2.5 cm de hondo en hileras distanciadas 30 cm. Aclare a 15 cm cuando las plántulas presenten unos 10 cm de altura. Plante de asiento las plantas mayores en cuadros.
Vida productiva:	8 a 20 años
Producción esperada por planta adulta:	20 a 25 turiones
Tiempo aproximado entre la plantación de garras de 1 año y las cosechas regulares:	2 años
Facilidad de cultivo:	difícil (necesita preparación del suelo a fondo, espacio y un abonado manual periódico)

CARACTERÍSTICAS DEL SUELO

● Es esencial un buen drenaje (el tipo de suelo es mucho menos importante). Elija un lugar soleado, protegido de los vientos fuertes y cave a fondo durante el otoño; añada una capa gruesa de estiércol descompuesto o de *compost*. Si el suelo es muy ácido es necesario que abone con cal.

● Cuando prepare el suelo elimine las raíces de las malas hierbas perennes. Después de la cava deje la superficie del suelo áspera. Trabaje con la horquilla a finales de invierno y rastrille fertilizante Growmore.

PLANTACIÓN

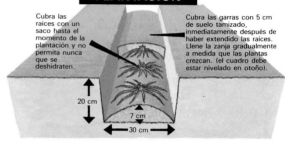

Cubra las raíces con un saco hasta el momento de la plantación y no permita nunca que se deshidraten.

Cubra las garras con 5 cm de suelo tamizado, inmediatamente después de haber extendido las raíces. Llene la zanja gradualmente a medida que las plantas crezcan. (el cuadro debe estar nivelado en otoño).

20 cm
7 cm
30 cm

CUIDADOS DEL CULTIVO

● Conserve el cuadro limpio mediante un desherbaje manual. Si es necesario, entutore los tallos y riegue en tiempo seco. Elimine las bayas antes de que caigan al suelo.

● En otoño, corte los tallos filiformes cuando hayan adquirido un color amarillento. Los tacones deben estar de 2 a 5 cm por encima de la superficie del suelo.

● En primavera, antes de que aparezcan los turiones, forme un caballón de suelo, mediante una azada, sobre cada hilera. Aplique una capa de fertilizante Growmore.

RECOLECCIÓN

● Poco después de la plantación aparecerán los primeros turiones. No deben cortarse: deben dejarse desarrollar en los espesos tallos filiformes.

● No debe cortar ningún turión, o bien muy pocos, el primer año después de la plantación.
  Algunos expertos consideran que no es perjudicial cortar un solo turión por planta a mediados de primavera, pero otros creen que no debe cortarse ninguno.

● Los turiones pueden empezar a cortarse en serio a los dos años de la plantación. Tan pronto como alcancen una altura de 10 a 12 cm córtelos aproximadamente a 7 cm por debajo del nivel del suelo. Emplee un cuchillo de cocina largo y serrado o un cuchillo especial para espárragos. Si es necesario, córtelos diariamente (no deje que crezcan demasiado antes de cortarlos).

● Termine la recolección a finales de primavera. Permita que todos los turiones se desarrollen a modo de helechos a fin de que acumulen sus reservas para la cosecha del año siguiente.

● Plante las garras a principios de primavera si el suelo está en condiciones. (Retráselo un par de semanas si el tiempo es frío y húmedo). Las zanjas deben distanciarse unos 90 cm.

● La recolección de la cosecha abarca un período superior a las 6 u 8 semanas. Para asegurar el período máximo plante un cuadro mixto que contenga una variedad temprana, como «Connovers Colossal», y una tardía como «Martha Washington».

CALENDARIO

	Invierno	Primavera	Verano	Otoño
Siembra				
Plantación				
Cosecha				

EN LA COCINA

Según el método clásico, los espárragos se cuecen al vapor y luego se sirven calientes con mantequilla derretida, o fríos aderezados con aceite y vinagre. Es básico evitar guardarlos o cocerlos demasiado; los espárragos cocidos deben mantenerse firmes (no deben doblarse cuando se cogen por la base) pero no demasiado para que al comerlos no se encuentren crujientes o ciráceos. Hay otras recetas —crema de espárragos, soufflé de espárragos, etc.— pero en la práctica no se recogen suficientes espárragos para elaborar tales delicias.

CONGELACION. Separe los turiones en dos grupos según que sus tallos sean gruesos o delgados. Lávelos a fondo para eliminar la arena y átelos en pequeños manojos. Blanquéelos (4 min los tallos gruesos y 2 min los tallos delgados) y luego congélelos en un recipiente rígido.

ALMACENAMIENTO. La calidad de los espárragos decrece rápidamente con la edad. Deben cocerse durante la hora que sigue a su recolección; no es posible ponerlos en bolsas de polietileno y guardarlos en el frigorífico durante tres días.

COCCIÓN. Lave los turiones y, a continuación, mediante un cuchillo afilado, quíteles la piel por debajo de las puntas. Después de esto, déjelos en un cuenco con agua fría hasta que todos estén preparados. Seguidamente átelos, con un cordel suave, formando un manojo; ponga una tira cerca de la base y otra debajo del ápice. Recorte los extremos para nivelar la base del manojo. Coloque y mantenga los manojos verticales en una cacerola con agua salada hirviendo —los ápices deben estar por encima del nivel del agua—. Tape la cacerola y déjelos hervir poco a poco durante 10 a 15 minutos. Escúrralos cuidadosamente y sírvalos. No tire el agua: úsela para hacer crema de espárragos.

VARIEDADES

«Connovers Colossal» es la variedad que con más probabilidad le ofrecerán. Esta vieja favorita produce turiones grandes, de buen sabor y muy adecuada en suelos arenosos. La otra variedad antigua, «Giant Mammoth», es más aconsejable en suelos arcillosos. En ambos casos, las plantas masculinas son más productivas de bayas que las femeninas.

En los últimos años se han introducido otras variedades. Algunas, tales como «Regal», son de producción británica; sin embargo, la mayoría proceden de Estados Unidos o de Francia. Todos son híbridos macho, lo que significa que no se gasta energía en la producción de semillas. Las cosechas son más abundantes, pero deberá partir de garras y no de semillas.

«CONNOVERS COLOSSAL»: la variedad número uno, disponible en semillas o garras. Es una variedad de tallo grueso, de producción temprana y excelente para congelar.

«FRANKLIM»: es más probable encontrar este híbrido macho en los catálogos que cualquiera de las otras variedades nuevas de espárragos. Los turiones son gruesos y muestran claramente que las cosechas son abundantes. En el segundo año después de la plantación, puede cortar algunos turiones.

«MARTHA WASHINGTON»: es la variedad americana más conocida. Esta y «Mary Washington» son las «viejas favoritas» de América. Es muy productiva y los turiones largos pueden recolectarse hasta finales de primavera. Una de sus ventajas es la resistencia a la roya.

«CITO»: una variedad francesa que ha ganado una buena reputación en Gran Bretaña. Destaca por la abundante cosecha de turiones inusualmente largos, que aparecen al principio de la estación. Un híbrido macho.

«LUCULLUS»: fue el primero de los híbridos macho; tiene las características de las variedades más nuevas —turiones largos y rectos, de cosechas más abundantes que los favoritos clásicos.

«LIMBRAS»: al igual que «Franklim», se trata de un híbrido F$_1$ que produce sólo plantas masculinas. Obviamente no se dispone de semillas, por lo que deberá adquirir «Limbras» como garras de un año a mediados de primavera.

Connovers Colossal

PROBLEMAS

CRIOCERO DEL ESPÁRRAGO

Los gusanos y los escarabajos adultos atacan los tallos y el follaje. Los tallos son devorados; las hojas son rayadas. Los escarabajos se reconocen por su largo cuerpo de 0,5 cm, de color negro con manchas anaranjadas cuadradas. Pulverice con Permethrin o Derris.

RHIZOCTONIA VIOLÁCEA

Es una enfermedad muy grave. Las raíces están cubiertas de un mantillo purpúreo; las hojas adquieren un color amarillento y mueren. Si el ataque es grave, construya un nuevo cuadro. No cultive hortalizas de raíz en la zona afectada durante tres años. Si no es grave, aísle las plantas sanas colocando láminas de plástico ondulado alrededor del cuadro.

ESPÁRRAGOS LARGOS Y DELGADOS

Algunas veces se producen brotes delgados, de aproximadamente 0,3 cm de diámetro, en lugar de los típicos espárragos gruesos. Es muy probable que esto sea debido a que durante la estación anterior prolongó demasiado la época de recolección. Los espárragos no deben recogerse más allá del inicio del verano. También puede deberse a falta de nutrientes o a haber recolectado los espárragos poco después de la plantación.

BABOSAS

Los espárragos están roídos y son inservibles para el consumo. Pulverice alrededor de los tallos con producto para babosas.

HELADAS

Los brotes jóvenes adquieren un color negruzco y mueren en una helada intensa a finales de primavera. Destruya los brotes afectados. Proteja la parcela con un saco, si espera una una helada fuerte.

ROYA

Durante el verano aparecen en las hojas manchas de color marrón rojizo. En este caso, la pulverización no es efectiva y debe cortar y quemar los brotes afectados a las primeras manchas.

SACUDIDAS DEL VIENTO

En un lugar expuesto, las raíces están sueltas porque los tallos no están entutorados. Esto da lugar a que las raíces dejen de crecer, debe entutorar los tallos en verano si no hay protección contra el viento.

BERENJENA

La berenjena es una de las hortalizas más recientes, que hoy puede encontrarse prácticamente en todos los supermercados aunque inicialmente se consideró una rareza. Puede cultivarse en un invernáculo con la misma facilidad que el tomate, con el que está relacionado, pero su cultivo al aire libre es mucho más arriesgado. Durante un verano largo y caluroso, crece y fructifica satisfactoriamente en una parcela soleada y protegida, pero la mayoría de los años y en la mayoría de las zonas esta planta fracasará si no se cultiva en invernadero. Necesita campanas tipo cobertizo o cajoneras frías. Las plantas arbustivas y llenas de espinas producen flores hermosas que dan lugar a frutos brillantes, normalmente ovalados y purpúreos pero algunas veces redondos o blanquecinos.

CARACTERÍSTICAS DE LAS SEMILLAS

Tamaño real

Duración de la germinación:	14 a 21 días
Producción esperada por planta:	2 a 2,5 kg
Índice de longevidad de la semilla almacenada:	5 años
Tiempo aproximado entre la siembra y la cosecha:	20 semanas
Facilidad de cultivo:	difícil al aire libre (precisa protección además de un riego y un abono periódicos)

CARACTERÍSTICAS DEL SUELO

- Para el cultivo al aire libre precisa de un suelo fértil y bien drenado en un lugar soleado y protegido. Efectúe un abono a fondo antes de plantar.
- En el invernadero cultívelas en macetas de 20 cm llenas de *compost* o plántelas en bolsas de cultivo (3 por bolsa).

SIEMBRA Y PLANTACIÓN

- Obtenga plántulas en invernadero a 15 y 20°. Siembre dos semillas en una maceta de turba llena de *compost* elimine la más débil. Aclimátela antes de plantarla al aire libre.

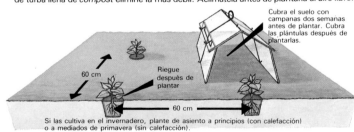

Cubra el suelo con campanas dos semanas antes de plantar. Cubra las plántulas después de plantarlas.

60 cm

Riegue después de plantar

60 cm

Si las cultiva en el invernadero, plante de asiento a principios de primavera (con calefacción) o a mediados de primavera (sin calefacción).

CALENDARIO

	Invierno	Primavera	Verano	Otoño
Siembra y plantación (cultivo al aire libre)				
Siembra y plantación (cultivo en invernadero)				
Cosecha				

CUIDADOS DEL CULTIVO

- Despunte las plantas cuando tengan aproximadamente 30 cm de altura y entutore los tallos.
- Pulverice las plantas regularmente para evitar un ataque de araña roja y para estimular la producción de frutos. Cuando se hayan formado cinco frutos elimine los brotes laterales y las flores restantes.
- Riegue regularmente pero no mantenga el *compost* saturado de humedad. Añada abono rico en potasio cada vez que riegue cuando los frutos empiecen a engrosarse.

RECOLECCIÓN

- Corte cada fruto cuando haya alcanzado el tamaño satisfactorio (12 a 15 cm de longitud) pero antes de que su superficie haya perdido brillo. Los frutos mates son demasiado duros y amargos.

EN LA COCINA

Las berenjenas son un ingrediente básico de la *ratatouille* (estofado francés de verduras) y de la *moussaka* (estofado griego de cordero picado). También pueden prepararse cortándolas por la mitad y llenando las mitades ahuecadas con ternera picada, pero quizás la mejor forma es freír rodajas delgadas, tal como se describe a continuación, y servirlas como una verdura caliente.

ALMACENAMIENTO: guárdelas en una bolsa de polietileno en el frigorífico: las berenjenas se conservarán frescas dos semanas.

COCCION: córtelas en rodajas y sale las superficies cortadas para que esa absorba los jugos amargos y ablande la pulpa. Lávelas veinte minutos más tarde y séquelas con un papel de cocina. Enharínelas y fríalas hasta que adquieran un color marrón dorado.

VARIEDADES

«LONG PURPLE» (larga morada): es la antigua favorita; no tiene ventajas especiales pero ha superado la prueba del tiempo.
«MONEYMAKER»: una nueva favorita —este híbrido F$_1$ produce una cosecha temprana con frutos de un buen tamaño.
«SLICE RITE»: si le gustan las hortalizas gigantes, ésta será su elección. También puede intentarlo con «Black Enorma». Los frutos pueden llegar a pesar 450 g o más.
«BONICA»: un híbrido F$_1$ con una buena reputación en cuanto a fiabilidad. Compacto y arbustivo, con grandes frutos ovalados.

PROBLEMAS

ARAÑA ROJA

En el haz de las hojas aparecen bastantes manchas pálidas. Pueden encontrarse pequeños ácaros en el envés. Pulverice a fondo con Malathion o Derris y rocíe las hojas regularmente con agua clara.

ÁFIDOS

El pulgón verde puede atacar tanto a las plantas del exterior como a las del invernadero. Pulverice con Permethrin o Heptenophos al detectar el primer signo de un ataque.

MOSCA BLANCA

Es una plaga del cultivo en invernáculo —bastante grave en algunas estaciones, especialmente en las plantas más débiles.
El control mediante productos químicos no resulta fácil. Como alternativa efectiva están los cazamoscas de tiras.

JUDÍAS

Aunque todos conocen las judías, su clasificación todavía es desconcertante. Palabras como «alubia» y «habichuela» se emplean para describir tanto a las semillas maduras como a las variedades que las producen. Los catálogos americanos contienen agrupaciones poco familiares tales como *snap, pole* y *lima* y se necesitaría un capítulo entero para explicar el significado de todos estos términos; sin embargo, el esquema inferior le ayudará a aclarar los principales conceptos erróneos. Las judías constituyen un grupo inapreciable tanto para el cocinero como para el coleccionista de hechos singulares —las judías se encontraron junto al hombre prehistórico y la antigua favorita inglesa, la judía trepadora, se cultivó solamente como una planta ornamental y no como una verdura hasta finales de la época victoriana.

JUDÍA VERDE

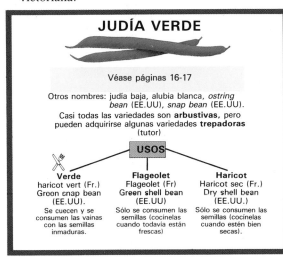

Véase páginas 16-17

Otros nombres: judía baja, alubia blanca, *ostring bean* (EE.UU.), *snap bean* (EE.UU.).

Casi todas las variedades son **arbustivas**, pero pueden adquirirse algunas variedades **trepadoras** (tutor)

USOS

Verde
haricot vert (Fr.)
Groon snap bean (EE.UU).
Se cuecen y se consumen las vainas con las semillas inmaduras.

Flageolet
Flageolet (Fr)
Green shell bean (EE.UU)
Sólo se consumen las semillas (cocínelas cuando todavía están frescas)

Haricot
Haricot sec (Fr.)
Dry shell bean (EE.UU.)
Sólo se consumen las semillas (cocínelas cuando estén bien secas).

HABA

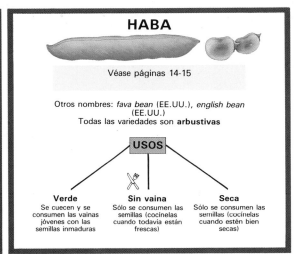

Véase páginas 14-15

Otros nombres: *fava bean* (EE.UU.), *english bean* (EE.UU.)

Todas las variedades son **arbustivas**

USOS

Verde
Se cuecen y se consumen las vainas jóvenes con las semillas inmaduras

Sin vaina
Sólo se consumen las semillas (cocínelas cuando todavía están frescas)

Seca
Sólo se consumen las semillas (cocínelas cuando estén bien secas)

JUDÍA TREPADORA

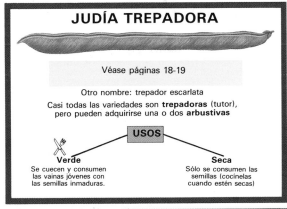

Véase páginas 18-19

Otro nombre: trepador escarlata

Casi todas las variedades son **trepadoras** (tutor), pero pueden adquirirse una o dos **arbustivas**

USOS

Verde
Se cuecen y consumen las vainas jóvenes con las semillas inmaduras.

Seca
Sólo se consumen las semillas (cocínelas cuando estén secas)

PLÁNTULAS DE JUDÍA

Véase la página 91

Tipos disponibles: judía Mung, judía Adzuki

USO

Plántulas
Las judías se siembran en el invernadero y las plántulas jóvenes se consumen crudas o ligeramente cocidas.

SOJA

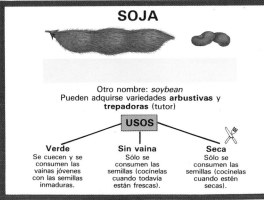

Otro nombre: *soybean*
Pueden adquirse variedades **arbustivas** y **trepadoras** (tutor)

USOS

Verde
Se cuecen y se consumen las vainas jóvenes con las semillas inmaduras.

Sin vaina
Sólo se consumen las semillas (cocínelas cuando todavía están frescas).

Seca
Sólo se consumen las semillas (cocínelas cuando estén secas).

JUDÍA DE LIMA

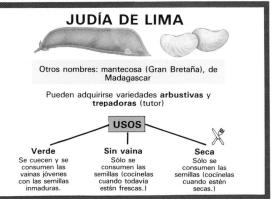

Otros nombres: mantecosa (Gran Bretaña), de Madagascar

Pueden adquirirse variedades **arbustivas** y **trepadoras** (tutor)

USOS

Verde
Se cuecen y se consumen las vainas jóvenes con las semillas inmaduras.

Sin vaina
Sólo se consumen las semillas (cocínelas cuando todavía estén frescas.)

Seca
Sólo se consumen las semillas (cocínelas cuando estén secas.)

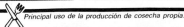
Principal uso de la producción de cosecha propia.

HABA

Es una de las hortalizas más antiguas y más fáciles de cultivar. De cada semilla brotan tres o cuatro tallos de sección cuadrada; las variedades estándar alcanzan aproximadamente 1,20 m de altura y las enanas oscilan entre 30 y 45 cm. En algunas variedades las flores, olorosas y de color blanco y negro, dan lugar a vainas coriáceas, cortas y anchas, mientras que en otras las vainas son largas y estrechas. En el interior de éstas se encuentran las semillas —redondas o arriñonadas, blanquecinas o verdosas, según la variedad elegida. Si ha cuidado el cultivo la cosecha puede empezar a mediados de primavera; si la siembra del cultivo principal se realiza de forma corriente a principios de primavera, podrá recolectar a principios de verano —las primeras judías del huerto que honrarán su mesa. Los científicos consideran que no se trata de un tipo de judía (está íntimamente relacionada con una planta forrajera).

CARACTERÍSTICAS DE LAS SEMILLAS

Tamaño real

Puntos a considerar:	deseche todas las semillas con agujeros pequeños y redondos
Duración esperada de la germinación:	7 a 14 días
Número aproximado por cada 100 g:	45
Cantidad necesaria por doble hilera de 3 m	60 g
Producción esperada por doble hilera de 3 m:	1 kg
Índice de longevidad de la semilla almacenada:	2 años
Tiempo aproximado entre la siembra de otoño y la cosecha:	26 semanas
Tiempo aproximado entre la siembra y la cosecha:	14 semanas
Facilidad de cultivo	fácil

CARACTERÍSTICAS DEL SUELO

- El suelo ideal debe ser fértil y tener un buen drenaje; sin embargo, prácticamente todos los suelos permiten un cultivo adecuado siempre que no sean muy ácidos ni estén anegados. Si es necesario, abone con cal en invierno.
- Escoja una parcela bastante soleada en la que no se cultivaron judías el año anterior. Cave en otoño si va a sembrar durante la primavera. Añada al suelo *compost* o estiércol descompuesto si éste no fue enriquecido por la cosecha anterior. Aplique un fertilizante general aproximadamente una semana antes de sembrar.

SIEMBRA

Siembre algunas semillas extra al fondo de cada hilera. Empléelas como trasplantes para llenar huecos

20 cm

20 cm · 60 cm · 5 cm

CUIDADOS DEL CULTIVO

- Durante la primera fase de la vida del cultivo es muy probable que deba escardar regularmente para controlar el crecimiento de las malas hierbas; no obstante, no es necesario regar antes de la floración. Cuando las vainas se están llenando debe regar copiosamente si el tiempo es seco.
- Es muy poco probable que las variedades de crecimiento alto precisen algún tipo de tutor. Coloque estacas a intervalos de 30 cm, desde un extremo al otro de cada hilera, y luego únalas mediante un cordel.
- Cuando empiecen a formarse las primeras habas despunte los 7 cm apicales de cada tallo. Esto asegurará una cosecha temprana y también un cierto grado de control sobre el pulgón negro. Si el ataque continúa, reprima esta grave plaga pulverizando.
- Una vez finalizada la cosecha, entierre las plantas en el suelo para proporcionar un inapreciable abono fresco.

RECOLECCIÓN

- Si cultiva habas con fines culinarios, recuerde que no está tratando de ganar un premio en un concurso. Si deja que las vainas alcancen su tamaño máximo obtendrá semillas grandes y duras.
- Empiece a recolectar cuando las primeras vainas tienen una longitud de 5 a 7,5 cm y cocínelas enteras.
- Recolecte las habas para desgranar cuando éstas empiezan a mostrarse a lo largo de la vaina, pero antes de que la cicatriz de cada haba desgranada haya empezado a decolorarse (debe estar blanca o verde).
- Elimine cada vaina de la planta tirando enérgicamente hacia abajo.

Cicatriz no negra

- Existen varias formas de cultivar una cosecha para recolectar a finales de verano. La siembra de finales de otoño («Aquadulce» o «The Sutton») proporcionará judías a principios de primavera, pero puede sufrir graves pérdidas en un invierno riguroso. Sólo intente sembrar en otoño si su parcela está protegida, bien drenada y el invierno no es riguroso. Es más seguro sembrar bajo campanas a mediados de invierno.
- La siembra del cultivo principal empieza a finales de invierno y luego prosigue a intervalos mensuales hasta mediados de primavera, para proporcionar de ese modo semillas durante el verano.

CALENDARIO

	Invierno	Primavera	Verano	Otoño
Siembra				
Cosecha				

EN LA COCINA

Muchas verdulerías no venden habas de primera clase. La superficie externa de las vainas presenta, con frecuencia, manchas negruzcas y la piel de las semillas no puede comerse porque es demasiado dura. No permita que su cultivo alcance este lamentable estado: cocine las habas recién recogidas o guárdelas para emplearlas más tarde congelándolas o secándolas. La operación de salar consiste en colocar alternativamente capas de 1,5 kg de habas con capas de 1/2 kg de sal en un tarro grande.

CONGELACIÓN: es una verdura excelente para congelar, especialmente las variedades verdes. Lave las habas a fondo y luego blanquéelas durante tres minutos. Congélelas en bolsas de polietileno o en recipientes rígidos. Consúmalas preferentemente antes de un año.

ALMACENAMIENTO: guárdelas en una bolsa de polietileno en el frigorífico: las habas se mantendrán frescas durante una semana. Si las guarda en una cesta agujereada en la cocina se conservarán tres o cuatro días.

COCCIÓN: las vainas pequeñas se tratan como las judías verdes: se cocinan enteras y luego se cortan diagonalmente en tiras. Las vainas más maduras deben desgranarse y las habas jóvenes se dejan hervir unos 10 min en agua salada. Habas, un poco de mantequilla fundida y panceta frita, es la combinación recomendada por los expertos. Si las habas están demasiado maduras y tienen una cicatriz de color marrón o negro, elimine las pieles coriáceas después de la cocción y antes de servirlas. Pueden servirse enteras, con su interior de un intenso color verdoso o blanquecino, en forma de puré o como una sopa de verano. Las vainas y las habas no son las únicas partes comestibles: las hojas superiores pueden cocinarse como espinacas (véase pág. 93).

VARIEDADES

Variedades de VAINA LARGA

Las vainas, largas y estrechas, cuelgan hacia abajo alcanzando una longitud aproximada de 40 cm. Cada vaina contiene de ocho a diez, semillas arriñonadas (existen variedades verdes y blancas). Es el mejor grupo por su resistencia, producción temprana, exposición y cosechas máximas.

«AQUADULCE CLAUDIA» (blanca): es la variedad más popular para sembrar en otoño. Alta, prolífica, muy resistente (excelente para congelar).

«IMPERIAL GREEN LONGPOD» (verde): esta variedad alta tiene escasos rivales debido a sus cosechas máximas y a sus vainas extralargas. Tiene fama universal, pero la variedad «Relon» puede desbancarla.

«RELON» (verde): es una planta enorme: sus vainas, de una longitud superior a los 50 cm, contienen diez habas. Es apropiada para congelar y aun mejor para los concursos.

«HYLON» (blanca): es una de las variedades más recientes que destaca por ser la planta de vainas más largas.

«IMPERIAL WHITE LONGPOD» (blanca): según los expertos esta vieja variedad supera a las demás en producción y por su capacidad de ganar concursos; sin embargo, tiene una rival en «Hylon».

«WITKIEM VROMA» (blanca): las variedades «Witkiem» se siembran a principios de primavera y se recogen con las sembradas en otoño.

«BUNYARD'S EXHIBITION» (blanca): no es la variedad más grande, ni la más larga ni la más exquisita. Se trata sólo de una antigua favorita totalmente fiable (buenas cosechas, buen sabor y adecuada para congelar).

«MASTERPIECE LONGPOD» (verde): se trata de una variedad de recolección temprana con habas verdes y de un sabor excelente (muy recomendada para congelar).

«EXPRESS» (blancoverdoso): es una de las variedades de maduración más rápida (escójala si piensa sembrar a principios de primavera). Es famosa por su resistencia.

«RED EPICURE» (castaño rojizo): es una variedad bastante diferente de las demás: sus habas de color rojizo se vuelven amarillentas durante la cocción. Tiene un sabor característico.

Hylon

Variedades WINDSOR

Las vainas son más cortas y más anchas que las del grupo anterior de vainas largas. Cada vaina contiene de cuatro a siete habas redondeadas (existen variedades verdes y blancas). Se trata del grupo con mejor sabor. No son aconsejables para sembrar en otoño y tardan más en madurar que las variedades de vaina larga.

«GREEN WINDSOR» (verde): es una variedad resistente, famosa por su sabor. Ha producido numerosas subvariedades, que intentan ser un poco mejores («Imperial Green Windsor», «Unrivalled», etcétera).

«JUBILEE MYSOR» (blanca): esta variedad de maduración tardía ha sustituido a la antigua favorita «White Windsor» como la variedad de semilla blanca más popular. Excelente para la cocina y adecuada para exhibiciones.

Variedades ENANAS

Las variedades enanas, arbustos libremente ramificados de 30 a 45 cm de altura, son una elección muy apropiada en las zonas expuestas o en las que no hacen falta las variedades altas. Existen plantas a elegir para cultivar bajo campanas.

«THE SUTTON» (blanca): es la variedad enana más popular. Ha recibido muchos elogios y el comentario más usual es «ideal para jardines pequeños».

«BONNY LAD» (blanca): no hay muchas diferencias entre esta variedad y «The Sutton»; sin embargo es bastante más alta (40 a 45 cm, comparado con los 30 cm de la anterior) y las habas son de ojo blanco.

The Sutton

PROBLEMAS

Véase páginas 20-22

JUDÍA VERDE

Las judías verdes son unas hortalizas muy elogiadas en los libros de horticultura y en los catálogos de semillas, pero en algunos lugares se cultivan preferentemente las judías trepadoras. En Europa la *haricot verd* es la reina durante todo el verano, pero en Gran Bretaña se considera como un cultivo suplente hasta que puedan recolectarse las judías trepadoras. La judía verde no es autóctona de Francia sino que procede de América del Sur. Se trata de una planta anual, semi-resistente que no puede soportar las heladas. Precisa de un ambiente cálido y no soporta los suelos arcillosos. Es una planta bastante decorativa y por ello puede cultivarse en el jardín. Las variedades estándar son plantas muy ramificadas y con flores rojizas, rosadas o blanquecinas, las cuales forman vainas verdes de 10 a 15 cm de longitud. Existen variaciones: es posible comprar tipos con vainas amarillentas y purpúreas así como variedades que trepan y que pueden alcanzar la altura de las judías trepadoras. En los últimos años se han introducido muchas variedades y también nuevas ideas respecto al esparcimiento —se recomienda sembrar las semillas mucho más cerca de lo que aconsejaban los libros de horticultura antiguos.

CARACTERÍSTICAS DE LAS SEMILLAS

Tamaño real

Puntos a considerar:	no plante antes de la época recomendada (la semilla se pudrirá en un suelo frío y húmedo)
Duración esperada de la germinación:	7 a 14 días
Número aproximado por cada 100 g:	180
Cantidad necesaria por hilera de 3 m:	14 g
Producción esperada por hilera de 3 m (variedades arbustivas):	3,5 kg
Producción esperada por hilera de 3 m (variedades trepadoras):	5,5 kg
Índice de longevidad de la semilla almacenada:	2 años
Tiempo aproximado entre la siembra y la cosecha:	8 a 12 semanas
Facilidad de cultivo:	fácil

CARACTERÍSTICAS DEL SUELO

- Las judías verdes pueden cultivarse en cualquier suelo siempre que no sea muy arcilloso o ácido. Si es necesario, abone con cal durante el invierno.

- Escoja una parcela bastante soleada, protegida de los vientos fuertes y en la que no se hayan cultivado judías durante el año anterior. Cave en otoño y añada *compost* o estiércol descompuesto. Prepare el semillero unos dos meses antes de sembrar y en ese momento aplique un fertilizante general tal como Growmore.

SIEMBRA

10 cm

5 cm

45 cm

CUIDADOS DEL CULTIVO

- Proteja las plántulas de las babosas y escarde con regularidad para limitar el crecimiento de malas hierbas durante las primeras etapas de la vida del cultivo.

- Entutore las plantas con ramas cortas o estacas para evitar que se inclinen hacia abajo. Emplee ramas o una red de plástico en las variedades trepadoras.

- No es necesario pulverizar las flores para asegurar que cuajarán correctamente. No obstante, es esencial humedecer las raíces para asegurar un desarrollo máximo de las vainas y una época de recolección larga. Durante o después de la floración riegue copiosamente y con regularidad siempre que el tiempo sea seco.

- Realice un acolchado alrededor de los tallos a finales de primavera. Después de recolectar las vainas, abone las plantas con un fertilizante líquido. De este modo, podrá obtener una segunda cosecha muy agradable pero, por supuesto, más pequeña.

RECOLECCIÓN

- Empiece la recolección cuando las vainas tengan aproximadamente 10 cm de longitud. Una vaina puede recolectarse si se rompe fácilmente cuando se dobla y antes de que aparezcan protuberancias indicadoras de madurez a lo largo de toda su longitud. Recolecte varias veces a la semana para evitar que muchas vainas maduren —de este modo la recolección continuará durante 5 a 7 semanas. Tenga cuidado de no desatar las plantas cuando recolecte: sostenga los tallos cuando arranque las vainas o bien córtelas con unas tijeras.

- Para obtener las judías secas (*haricots*) se deja que las vainas adquieran un color pajizo en la planta y luego se cuelgan en el interior para que se sequen. Cuando las vainas se hayan vuelto frágiles y empiecen a partirse, se desenvainan las judías y se dejan sobre un papel de periódico durante algunos días. Guarde las judías en un recipiente hermético.

- Si desea una cosecha temprana siembre una variedad de maduración rápida a mediados de primavera. Si quiere recolectar las judías antes de que finalice la primavera deberá cultivar las plantas bajo campanas. Coloque éstas en la posición adecuada a finales de invierno y siembre las semillas, en el suelo protegido con las campanas, a principios de primavera. Retire éstas a finales de primavera.

- Siembre a mediados de primavera el cultivo principal. Si siembra consecutivamente hasta finales de primavera obtendrá vainas hasta principios de otoño.

- Para una cosecha a fines de otoño siembre a principios de verano y proteja las plantas con campanas a finales de éste.

CALENDARIO

	Invierno	Primavera	Verano	Otoño
Siembra				
Cosecha				

EN LA COCINA

Para degustar judías muy sabrosas y tiernas, escoja vainas jóvenes y cocínelas antes de que haya transcurrido una hora desde su recolección. Algunas veces encontrará que las vainas han sido recolectadas más tarde y las judías de vaina aplanada se vuelven fibrosas al madurar. Lo mejor es desgranarlas y tratarlas como alubias —las judías verdes frescas se cuecen como los guisantes. Si se deja que transcurra más tiempo y permite que las vainas maduren en la planta, podrá desgranarlas y secarlas con el fin de obtener habichuelas para consumir durante el invierno.

CONGELACIÓN: se trata de una verdura excelente para congelar. Lave y corte las vainas jóvenes y después blanquéelas durante 3 min (23 min si las judías están troceadas). Congélelas en bolsas de polietileno o en recipientes rígidos. Consúmalas preferentemente antes de un año.

ALMACENAMIENTO: consérvelas en una bolsa de polietileno en el frigorífico: las judías verdes se mantendrán frescas durante una semana. Si las guarda en una cesta agujereada en la cocina se conservarán tres o cuatro días.

COCCIÓN: enteras o troceadas —a gusto del consumidor. En general las judías pequeñas de vaina redondeada se consumen enteras y las del tipo grande de vaina aplanada, cortadas en trozos de 2,5 cm. En cualquier caso, lave y corte sus extremos con un cuchillo afilado. Hiérvalas en agua salada durante 7 min (judías enteras) o 5 min (judías troceadas). Sírvalas calientes como verdura o frías como ensalada.

Si le gustan las alubias cultive una variedad apropiada (véase apartado inferior) y prepárelas como se describe en la página 16. Para cocinarlas, ponga las alubias en agua fría y lleve ésta hasta la ebullición. Apague el fuego y déjelas reposar durante una hora. Escúrralas y sírvalas calientes o bien como una ensalada aderezada con aceite y vinagre.

VARIEDADES

La mayoría de las variedades son arbustos compactos de 30 a 45 cm de altura hasta 1,75 a 2 metros.

Variedades VERDES

vaina aplanada

vaina redondeada

Constituyen el grupo más popular que incluye gran número de variedades nuevas y viejas. Las más conocidas son generalmente las variedades «Inglesas» o de vaina aplanada (planas, bastante anchas y que se vuelven fibrosas al madurar). Los tipos de vaina redondeada generalmente no son fibrosos.

«HUNTER»: las vainas son grandes, anchas, rectas y no fibrosas. Ampliamente disponible.

«ANNABEL»: una compacta variedad que soporta masas de vainas no fibrosas. Se trata de una buena elección si desea cultivar judías verdes en macetas o bolsas de cultivo.

«THE PRINCE»: denominación muy apropiada ya que se trata de la judía verde más popular. Presenta un crecimiento enano, vaina aplanada y se recomienda para exposiciones.

«MASTERPIECE»: se trata de otra antigua favorita de vaina aplanada, apropiada para sembrar temprano. Según los expertos, es una excelente judía para uso corriente.

«CANADIAN WONDER»: es un cultivo resistente de vaina aplanada (en otro tiempo fue popular pero actualmente no se encuentra en muchos catálogos).

«TENDERGREEN»: es quizás, y con razón, la judía de tipo vaina redondeada más popular. Temprana, no fibrosa, excelente para congelar y prolífica.

«LOCH NESS»: es una variedad de vaina redondeada, no fibrosa y más resistente al frío que las demás.

«CROPPER TEEPEE»: las vainas redondeadas son grandes, con semillas blancas; es una variedad de cosecha abundante y fiable con una buena resistencia a las enfermedades.

«NASSAU»: una variedad de vaina aplanada y no fibrosa, con una buena reputación por su buen sabor culinario y fácil recolección. Las vainas alcanzan los 15 cm o más.

«MASAI»: se trata de una de las variedades keniatas con vainas cortas «limadas», muy estrechas, que se puede cocinar entera.

«PROS»: una judía redondeada, estrecha y no fibrosa.

«CHEVRIER VERT»: es la variedad de alubia más popular. Se encuentra en muchos pero no en todos los catálogos. Pueden consumirse tiernas como alubias secas de color cremoso.

«BLUE LAKE»: es la variedad trepadora más popular. Sus tallos de 1,5 m de altura proporcionan numerosas vainas redondeadas con semillas de color blanquecino. Las semillas pueden secarse como alubias.

The Prince

Kinghorn Wax

Variedades COLOREADAS

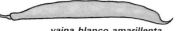
vaina blanco amarillenta

purpúrea

Las vainas coloreadas tienen el valor obvio de la novedad, pero también presentan ventajas prácticas. Se visualizan en la época de la cosecha y las blancoamarillentas no fibrosas tienen un sabor excelente.

«MONT D'OR» (amarillenta): las vainas redondeadas, de unos 18 cm, tienen una pulpa blanquecina y contienen semillas negras. Se consumen enteras (muchos las consideran como las mejores vainas blancoamarillentas).

«KINGHORN WAX» (amarillenta): de vainas blancoamarillentas, no fibrosas y famosa por su sabor. La pulpa es amarillocremosa.

«ROYAL BURGUNDY» (purpúrea): es una variedad bastante compacta (30 cm) con vainas redondeadas purpúreas que al cocinarse se vuelven verdosas.

«PURPLE QUEEN» (púrpura): una de las mejores variedades púrpura de vainas aplanadas. Buen sabor, abundantes cosechas; al cocinar, adquieren un color verde oscuro.

PROBLEMAS

Véase páginas 20-22

JUDÍA TREPADORA

La judía trepadora o judía escarlata pertenece al grupo de hortalizas que pueden verse por todas partes durante el verano —trepando sobre tiendas de bambú, redes de plástico o alrededor de cuerdas o estacas rígidas. Las vainas, largas y aplanadas, son las judías predilectas de los cultivos caseros; una elección acertada si se considera que una doble hilera de 3 m puede producir 27 kg o más, desde mediados de verano hasta que llegan las primeras heladas intensas del invierno. Desde luego no conseguirá esta cosecha si cultiva las judías trepadoras como un cultivo «fácil», tal como describen algunos catálogos. Para este fin, es neceario preparar el suelo a fondo durante el invierno y también regar semanalmente en tiempo seco cuando hayan empezado a formarse las vainas. Es necesario que se recolecte cada dos días a finales de verano, incluso aunque tenga que desechar las vainas. Deje que algunas vainas maduren para que cese la floración —molesta pero inevitable. Las judías trepadoras son unas prolíficas productoras de alimento fresco, pero además son decorativas: una hilera formará una pantalla densa y hermosa, y una tienda cubierta de judías situada junto a una bordura es muy atractiva cuando está totalmente en flor.

CARACTERÍSTICAS

Tamaño real

Duración esperada de la germinación:	7 a 14 días
Número aproximado cada 100 g:	90
Cantidad necesaria por doble hilera de 3 m:	30 g
Producción esperada por doble hilera de 3 m:	27 kg
Índice de longevidad de la semilla almacenada:	2 años
Tiempo aproximado entre la siembra y la cosecha:	12 a 14 semanas
Facilidad de cultivo:	en realidad, no es fácil (requiere tutor, preparación a fondo del suelo y recolección continuada)

SIEMBRA

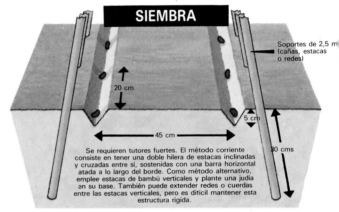

Soportes de 2,5 m (cañas, estacas o redes)

20 cm

45 cm

5 cm

30 cms

Se requieren tutores fuertes. El método corriente consiste en tener una doble hilera de estacas inclinadas y cruzadas entre si, sostenidas por una barra horizontal atada a lo largo del borde. Como método alternativo, emplee estacas de bambú verticales y plante una judía en su base. También puede extender redes o cuerdas entre las estacas verticales, pero es difícil mantener esta estructura rígida.

CUIDADOS DEL CULTIVO

- Ate flojamente las plantas jóvenes a los tutores, tras lo cual trepará por sí misma. Protéjalas de las babosas.
- Escarde con regularidad —el acolchado ayudará a conservar la humedad. Cuando aparezcan las primeras vainas, riegue periódicamente si el tiempo es seco. No se preocupe de pulverizar para favorecer la polinización (es una patraña). Abone, de vez en cuando, con un fertilizante líquido durante la estación del cultivo.
- Corte los ápices de las matas cuando éstas alcancen la parte superior de los tutores. Al final de la estación, entierre las raíces y la base de los tallos.

CARACTERÍSTICAS DEL SUELO

- Las judías trepadoras no prosperan en un suelo mal drenado y estéril. Tampoco es apropiado un suelo ácido —si es necesario, abone con cal a finales de invierno.
- Escoja un lugar protegido, donde la densa sombra proyectada por las plantas no sea un problema. Cave en otoño y añada una cantidad abundante de *compost* o estiércol descompuesto. Rastrille un fertilizante unas dos semanas antes de sembrar o plantar.

RECOLECCIÓN

- Coseche periódicamente cuando las vainas alcancen un tamaño apropiado (15 a 20 cm) pero antes de que los granos que contienen empiecen a hincharse. Si corta las vainas según lo indicado, podrá cosechar durante unas ocho semanas de forma continuada. Esto requiere cosechar cada dos días (la producción cesará si deja que algunas vainas maduren).
- El problema es que quizá tendrá un exceso de judías en alguna etapa (véase apartado de «Almacenamiento» de la pág. 19).

- El método estándar de cultivar las judías trepadoras consiste en sembrar las semillas al aire libre cuando no existe peligro de heladas. Siembre siempre algunas semillas extra en los extremos de las hileras (emplee estas plántulas como trasplantes para llenar huecos).
- En algunas regiones frías, una segunda siembra a finales de primavera le asegurará una cosecha a principios de otoño.
- Con frecuencia, las judías trepadoras se obtienen plantando plántulas al aire libre cuando no existe peligro de heladas. Estas plántulas se compran (asegúrese que han sido correctamente endurecidas) o se producen sembrando semillas en un invernadero a principios de primavera. Este método de plantación de asiento es muy recomendable en las zonas más frías.

CALENDARIO

	Invierno	Primavera	Verano	Otoño
Siembra (exterior)		■		
Siembra (invernadero)		■ 🌱 ■ 🌱		
Cosecha				

EN LA COCINA

Sin lugar a dudas, Vd. se enfada cuando prepara judías trepadoras, compradas en la verdulería, y encuentra que no son tiernas. No permita nunca que esto ocurra con su propia cosecha: recolecte las vainas cuando aún son demasiado pequeñas y, por lo tanto, antieconómicas para el horticultor que persigue fines comerciales. El mejor método para conservar el exceso de judías es congelarlas lo más rápidamente posible —si no dispone de congelador, puede secar las vainas y desgranarlas. Estas semillas se tratan como habichuelas para consumir en invierno (véase pág. 17) o se salan (capas alternas de 1,5 kg de judías troceadas y 1/2 kg de sal).

CONGELACIÓN: lave y corte los extremos de las vainas jóvenes y luego trocéelas. Blanquéelas durante 2 min, déjelas enfriar, escúrralas y congélelas en bolsas de polietileno o en recipientes rígidos. Consúmalas preferentemente antes de un año.

ALMACENAMIENTO: guárdelas en una bolsa de polietileno en el frigorífico: se mantendrán frescas durante una semana. Si las guarda en la cocina, en el interior de una cesta agujereada, se conservarán tres o cuatro días.

COCCIÓN: el método estándar de cocción de las habichuelas es el siguiente: primero lave y corte los extremos de las vainas y arranque las fibras laterales; corte las vainas oblicuamente en trozos de 5 cm y déjelas hervir en agua salada durante 5 ó 7 minutos. Finalmente escúrralas y sírvalas calientes, recubiertas con un terrón de mantequilla. Según los expertos es mejor hervir las vainas enteras y luego cortarlas. Asegúrese que el agua no deje de hervir y mantenga el recipiente tapado para que no pierdan sabor, calidad ni color.

VARIEDADES

Judías trepadoras ALTAS

Casi todas las matas alcanzan los 2,5 a 3 m de altura y producen vainas entre 25 y 50 cm. Crecen sobre tutores altos y, por lo general, la flor es rojiza. La variedad bicolor («Painted Lady») y las variedades de color blanquecino y rosado se obtienen por autopolinización –algo para tener en cuenta si es que está decepcionado por la escasez de vainas de años anteriores.

«POLESTAR»: las flores rojas producen una cosecha abundante, con vainas de primera calidad. El período de cosecha es extenso; la mejor variedad no fibrosa.

«ACHIEVEMENT»: es una excelente variedad de exposición debido a sus vainas largas y rectas. Se recomienda para congelar.

«ENORMA»: es una forma perfeccionada de «Prizewinner» (produce la clase de vainas que ganan premios en los concursos de horticultura). El sabor es superior al corriente.

«RED KNIGHT»: es una variedad no fibrosa de flores rojizas, lo cual es poco común. Tiene buen sabor y es indicada para congelar.

«MERGOLES»: flores y semillas de color blanco y vainas no fibrosas. Es una elección excelente para preparaciones culinarias. Trasplanta bien, congela bien y la época de cosecha es larga. Es posible que en su catálogo de semillas encuentre que esta variedad está sustituida por «Desiree» ya que no existe gran diferencia entre ellas.

«STREAMLINE»: es una vieja favorita, segura y todavía popular. Una variedad de cosechas abundantes aunque será difícil para las variedades viejas defenderse del atractivo de las nuevas judías trepadoras no fibrosas.

«DESIREE»: en la anterior edición de este libro no se incluía, pero actualmente la puede encontrar en muchos catálogos. Una buena elección con semillas blancas en estrechas vainas no fibrosas, buenas para congelar.

«SCARLET EMPEROR»: es una variedad muy popular: judías rectas y largas producidas con anterioridad al cultivo principal.

«KELVEDON MARVEL»: es una variedad de recolección temprana, ya que produce muchas vainas cortas unos catorce días antes que las variedades estándar.

«SUNSET»: no puede pasar por alto esta variedad: las flores tienen un pálido color rosado y se autopolinizan. Produce una cosecha muy temprana y se recomienda para congelar.

«PAINTED LADY»: esta variedad tiene flores de color blanquecino con bordes rojizos. A pesar de que las vainas son bastante cortas, es una planta atractiva para formar una pantalla decorativa en el jardín.

«CRUSADER»: esta variedad a menudo se denomina «judía trepadora del expositor» debido a la excepcional longitud de sus vainas.

Enorma

Judías trepadoras RASTRERAS

Algunas variedades («Kelvedon Marvel», «Scarlet Emperor» y «Sunset») que presentan un crecimiento alto, a veces se siembran a una distancia de 60 cm y se cultivan como matas bajas y muy ramificadas. Esto se consigue despuntando los tallos principales cuando alcanzan unos 30 cm de altura. Los brotes laterales se recortan semanalmente y los tallos se sostienen mediante unos tutores bajos. En este caso, las vainas aparecen antes que en las trepadoras y además no existe el trabajo de colocar tutores altos. Pero hay desventajas: el período de recolección es corto, la cosecha es relativamente baja y las vainas están curvadas y sucias.

Judías trepadoras ENANAS

Existen pocas variedades enanas disponibles, cuyas matas alcanzan unos 45 cm de altura y sus vainas, una longitud de 20 cm. Estas plantas pueden cultivarse a una distancia de 15 cm, en hileras de 60 cm de anchura. Constituyen una buena elección si hay problemas de espacio; sin embargo, las cosechas no pueden compararse con las de las variedades trepadoras equivalentes.

«HAMMOND'S DWARF SCARLET»: es una variedad popular de flores rojizas y de recolección temprana. La época de cosecha puede abarcar muchas semanas si se recolecta regularmente.

«PICKWICK»: Una de las modernas variedades no fibrosas que han sustituido a las «Hammond's Dwarfs». Se trata de una fuerte planta arbustiva que necesita de poco soporte.

PROBLEMAS

Véase páginas 20-22

Pickwick

PROBLEMAS DE LAS JUDÍAS Y LOS GUISANTES

El principal peligro de las habas lo constituye el pulgón negro, y la enfermedad más grave es el mal del esclerocio. El principal trastorno de las judías trepadoras es la caída de las flores; sin embargo, las judías verdes apenas presentan enfermedades graves si se plantan en el momento adecuado. Los guisantes presentan dos problemas graves: los pájaros y la polilla del guisante.

	Síntomas	Causas probables
Semillas y plántulas	— ausentes	3 o 16
	— germinación nula o escasa	1 o 2 o 8 o **miriápodo** u **hongos del semillero** (véase pag. 110)
	— perforadas antes de sembrar	1
	— perforadas después de sembrar	2
Tallos	— rayas de color marrón externas	13 o 20
	— rayas de color marrón internas	18
	— moteado de color marrón o purpúreo	12 o 21
	— marchitos, secos	8 o 18
	— mohosos	17
	— infestados de áfidos	4 o 5
	— base de color marrón o blanquecina	8
Hojas	— manchas amarillentas	6 o 8 o 15 o 18
	— manchas plateadas	10
	— moteadas	12 o 13 o 20 o 21
	— dentadas	9
	— agujereadas	**babosas y caracoles** (véase pag. 110)
	— manchas malváceas o blanquecinas	6 o 7
	— infestadas de áfidos	4 o 5
	— de color de bronce, salpicadas	**araña roja** (véase pág. 56)
Flores	— ausentes	11
	— presentes, pero faltan las vainas	14
Vainas	— ausentes	14 o 16
	— distorsionadas	4 o 6 o 10
	— desgarradas	16
	— manchadas, textura seca	6 o 13 o 20 o 21
	— manchadas, textura húmeda	12
	— manchadas, textura mohosa	7 o 17
	— manchas plateadas	10
Judías y guisantes	— perforadas y con gusanos	19
	— centro oscuro	15

SEMILLAS PERFORADAS

1 GORGOJO

Algunas veces, las semillas de los guisantes y de las judías tienen unos agujeros pequeños y redondeados, en cuyo interior se encuentran los diminutos gorgojos. Las semillas no germinan o bien producen plántulas débiles.

Tratamiento: ninguno.

Prevención: compre semillas de buena calidad. No siembre nunca semillas perforadas.

PLÁNTULAS PERFORADAS

2 MOSCA DE LAS JUDÍAS

Estos gusanos subterráneos pueden atacar a todas las variedades de judías. Las semillas atacadas no germinan; las plántulas perforadas se marchitan y distorsionan. Los cultivos tempranos son los más afectados.

Tratamiento: destruya las plántulas afectadas.

Prevención: prepare un buen semillero o cultive plántulas obtenidas en *compost*.

3 RATONES

Los ratones pueden constituir una grave plaga, puesto que son capaces de destruir hileras enteras de semillas y de plántulas de guisante. Este problema se solucionaba bañando las semillas en parafina o alumbre, o bien colocando ramas con espinas a lo largo de las hileras. Puede usar un cebo para ratones, tal como Racumin, si la zona es propensa.

4 PULGÓN NEGRO

Es una plaga grave que afecta a las habas durante la primavera y a las judías durante el verano. Grandes colonias de pulgón negro impiden el crecimiento, dañan las flores y distorsionan las vainas.

Tratamiento: pulverice Permethrin o Heptenophos al detectar la primera señal de ataque. Repita esta operación si es necesario.

Prevención: despunte las matas cuando éstas hayan formado cuatro racimos de vainas.

ÁFIDOS EN LAS HOJAS

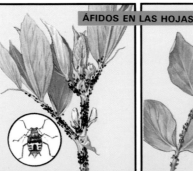

5 PULGÓN VERDE

En general, no es una plaga grave. Sin embargo, durante un verano caluroso y húmedo, las grandes colonias de pulgón pueden dañar gravemente a los guisantes. El crecimiento se detiene y las flores están dañadas.

Tratamiento: pulverice Permethrin o Heptenophos a la primera señal de ataque. Repita si es necesario.

Prevención: ningún método práctico es posible

6 | FALSO MILDIU

HOJAS MOHOSAS

Las hojas de los guisantes presentan manchas amarillentas, con moho oscuro o malváceo en el envés. Los ataques se producen durante las estaciones húmedas y frías. Las vainas infectadas están salpicadas y distorsionadas.

Tratamiento: pulverice con Mancozeb al primer síntoma. Repita esta operación quincenalmente.

Prevención: practique la rotación de cultivos. Queme la planta afectada después de la recolección.

7 | MAL BLANCO

Las hojas de los guisantes presentan manchas polvorientas de color blanquecino en el haz y en el envés. Los ataques se producen en las estaciones secas y son graves en los huertos protegidos. Las vainas infectadas están cubiertas de manchas blanquecinas.

Tratamiento: pulverice carbendazim al primer síntoma. Repita esta operación quincenalmente.

Prevención: queme la planta afectada después de la recolección.

TALLO ENNEGRECIDO

8 | PODREDUMBRE BASE

Las hojas se vuelven amarillentas y se marchitan; las raíces y la de los tallos se oscurecen y empiezan a pudrirse.

Tratamiento: arranque y queme las plantas afectadas. Riegue el suelo con Cheshunt para evitar que la enfermedad se propague a otras plantas.

Prevención: rotación de cultivos.

HOJAS DENTADAS

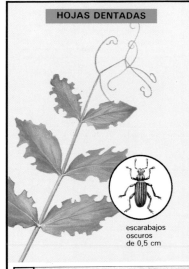

escarabajos oscuros de 0,5 cm

9 | SITONIA DEL GUISANTE

Los síntomas distintivos son unas muescas en forma de U en los bordes de las hojas jóvenes. El crecimiento se retrasa pero, en general, las plantas más adultas se recuperan pronto. Las plántulas pueden morir si el ataque es grave.

Tratamiento: pulverice fenitrotión al detectar la primera señal de ataque.

Prevención: escarde alrededor de las plantas a principios o a mediados de primavera.

VAINA PLATEADA

10 | THRIPS DEL GUISANTE

En las hojas y en las vainas aparecen manchas plateadas. Las vainas están distorsionadas y la cosecha es baja. Los ataques son más graves en tiempo seco y caluroso. Los pequeños insectos de color blanquecino o amarillento son poco visibles.

Tratamiento: pulverice fenitrotión o Permethrin.

Prevención: cave el suelo después de eliminar una cosecha infectada.

---

11 | FALTA DE FLORES

Algunas veces las matas de guisantes y de judías no presentan floración. Esta enfermedad insólita puede deberse a una grave infección de chinches (véase página 84) o de thrips del guisante que provocan el marchitamiento de los capullos. Sin embargo, la causa más probable de esta deficiencia de flores es la presencia de un exceso de nitrógeno en el suelo. Abone siempre los guisantes y las judías con un fertilizante equilibrado que contenga fosfatos y potasa.

12 | GRASA

Las hojas de las jurías presentan pequeñas manchas de color oscuro con un halo amarillento y las vainas, manchas llenas de agua. Las plantas son enanas y las cosechas bajas. Los ataques son mucho peores durante una estación húmeda.

Tratamiento: arranque y destruya las plantas enfermas.

Prevención: practique la rotación de cultivos. No remoje las semillas antes de la siembra.

MANCHAS EN HOJAS

Judías verdes
Judías trepadoras

Habas

13 | ESCLEROCIO

En las hojas aparecen pequeñas manchas oscuras y a lo largo de los tallos se encuentran rayas oscuras. También pueden resultar afectadas las vainas y las semillas decoloradas. Si el ataque es grave, las manchas se fusionan y la planta muere.

Tratamiento: arranque y destruya las plantas enfermas. Pulverice las plantas con carbendazim.

Prevención: añada fertilizante Growmore antes de sembrar y no cultive las plantas demasiado próximas.

JUDÍAS Y GUISANTES
continuación

14 AUSENCIA DE VAINAS

Uno de los principales problemas de las habas es su tendencia a perder las flores sin formar vainas. Los culpables de esto pueden ser los'gorriones o los moscardones. Si durante la época de floración el tiempo es frío no habrá insectos polinizadores; sin embargo, el fracaso de las habas al fructificar siempre es peor durante una estación cálida y seca. Es útil mantener las raíces húmedas añadiendo *compost,* realizando un acolchado y regando; no obstante, investigaciones recientes han puesto de manifiesto la escasa utilidad de pulverizar las flores. La mejor solución para evitar este problema es cultivar una variedad de flores rosadas o de color blanquecino.

VAINA PODRIDA

17 MOHO GRIS (Botrytis)

Las vainas de las judías verdes, y a veces también las de los guisantes, pueden presentar un moho aterciopelado grisáceo en tiempo húmedo. Este moho también puede cubrir la superficie del tallo.

Tratamiento: arranque y queme las vainas afectadas. Pulverice carbendazim para proteger las vainas restantes.

Prevención: pulverice carbendazim en la época de la floración si el moho gris es un problema recurrente en su huerto.

CENTRO OSCURO

15 MANCHA DE PANTANO

El signo indicativo es la aparición de una cavidad, delimitada por una línea oscura, en el centro de cada guisante. Se debe a una deficiencia de manganeso en el suelo. Externamente sólo se manifiesta por una leve tonalidad amarilla entre las nervaduras foliares.

Tratamiento: ninguno.

Prevención: añada *compost* antes de sembrar. Las pulverizaciones repetidas de abono foliar ayudan a evitarlo.

TEJIDO CON RAYAS OSCURAS

18 FUSARIOSIS

Externamente se manifiesta por un crecimiento enano, hojas arrolladas o amarillentas y cosecha escasa o nula. Si corta y abre los tallos de una planta infectada, se ponen de manifiesto síntomas de marchitez. El tallo está recorrido internamente por líneas longitudinales rojoamarillentas, pero no presenta síntomas externos.

Tratamiento: elimine y queme las plantas afectadas.

Prevención: cultive variedades resistentes a la marchitez.

DESGARROS

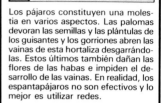

16 PÁJAROS

Los pájaros constituyen una molestia en varios aspectos. Las palomas devoran las semillas y las plántulas de los guisantes y los gorriones abren las vainas de esta hortaliza desgarrándolas. Estos últimos también dañan las flores de las habas e impiden el desarrollo de las vainas. En realidad, los espantapájaros no son efectivos y lo mejor es utilizar redes.

CARCOMIDOS

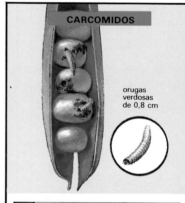

orugas verdosas de 0,8 cm

19 POLILLA DEL GUISANTE

Todos los horticultores conocen muy bien este problema. Las orugas de la polilla del guisante construyen sus madrigueras en las vainas y en el interior de las semillas y las vuelven inservibles. Con frecuencia, los cultivos tempranos y tardíos escapan a este ataque.

Tratamiento: ninguno.

Prevención: pulverice fenitrotión siete o diez días antes del inicio de la floración.

---

20 ANTRACNOSIS

Las vainas presentan manchas oscuras y hundidas. En el tallo aparecen cancros y las hojas tienen manchas oscuras. En una fase tardía, todas estas manchas pueden volverse rosadas. Si el ataque es muy grave la planta puede morir.

Tratamiento: arranque y destruya las plantas enfermas. Pulverice las plantas restantes con carbendazim.

Prevención: rotación de cultivos.

MANCHAS SECAS

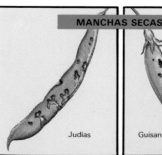

Judías

Guisantes

21 PUNTEADO DE LAS HOJAS

Las vainas presentan manchas oscuras y hundidas. Los guisantes pueden decolorarse. Las hojas y los tallos también tienen manchas oscuras similares y si el ataque es grave, éstas pueden fusionarse. La presentan los cultivos tempranos durante una estación húmeda.

Tratamiento: arranque y destruya las plantas enfermas.

Prevención: rotación de cultivos.

ACELGA

Muchos entusiastas de la espinaca encuentran que es una hortaliza difícil de cultivar. Si el suelo no es apropiado y el tiempo es seco puede espigar rápidamente y disuadir así a los horticultores de futuros cultivos. Es asombroso que estos horticultores no opten entonces por cultivar acelgas. Las variedades «Swiss chard» y «Spinach beet» son fáciles de cultivar, dan buen resultado en suelos corrientes y no espigan en tiempo seco. Existen otras ventajas. Si siembra en primavera podrá recolectar desde principios de verano hasta finales de la siguiente primavera, siempre que proteja las plantas con campanas o con paja durante el invierno. Además, las hojas de la variedad «Swiss Chard» son lo bastante hermosas para cultivar en un margen con flores y también lo suficientemente versátiles para usarse como una hortaliza.

CARACTERÍSTICAS DE LAS SEMILLAS

La «semilla» de la acelga es en realidad un fruto; cada racimo acorchado contiene algunas semillas.

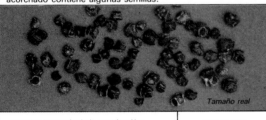

Tamaño real.

Duración esperada de la germinación:	10 a 14 días
Número aproximado por cada 100 g:	6000
Producción esperada por hilera de 3 m:	3 kg
Longevidad de la semilla almacenada:	3 años
Tiempo aproximado entre la siembra y la cosecha:	12 semanas
Facilidad de cultivo:	fácil

CARACTERÍSTICAS DEL SUELO

- Es ideal un suelo fértil y abonado; no obstante, también sirve cualquier suelo corriente en un lugar soleado o ligeramente sombrío.
- Cave el suelo en otoño y añada *compost* o estiércol en abundancia. Rastrille fertilizante Growmore dos semanas antes de sembrar.

SIEMBRA

Cubra con tierra

10 cm

2,5 cm

40 cm

CALENDARIO

	Invierno	Primavera	Verano	Otoño
Siembra				
Cosecha				

Véase la clave de los símbolos en la página 7

CUIDADOS DEL CULTIVO

- Aclare las plántulas a 30 cm cuando tengan el tamaño adecuado para manipularlas.
- Escarde para eliminar las malas hierbas. Aunque es muy poco probable que espiguen, elimine todos los capullos que aparezcan.
- Riegue quincenalmente durante las temporadas de sequedad. El acolchado ayudará a conservar la humedad.

RECOLECCIÓN

- Arranque las hojas más externas cuando sean lo suficientemente grandes para emplearse en la cocina —no espere a que hayan alcanzado su tamaño máximo. Recolecte con cuidado (sin alterar las raíces) y periódicamente, dejando que las hojas centrales se desarrollen para cosechas posteriores.
- Proteja las plantas con campanas o con paja a finales de otoño para asegurar las cosechas de invierno y de primavera.

EN LA COCINA

Las variedades «Swiss chard» y «Spinach beet» se emplean y preparan como las espinacas, aunque en realidad pertenecen a la familia de la remolacha. No obstante, el sabor es más fuerte que el de las actuales variedades de espinacas y, por ello, siempre debe recolectar las hojas de acelga cuando todavía sean bastante jóvenes y estén frescas.

ALMACENAMIENTO: si es posible, evite almacenarlas. Si debe guardarlas, ponga las hojas lavadas en una bolsa de polietileno en el frigorífico: se conservarán frescas durante dos días.

COCCIÓN: véase la cocción de las espinacas en la página 93. Las hojas verdes de la variedad «Swiss chard» pueden emplearse como sustituto de la espinaca y los tallos pueden prepararse como espárragos (véase pág. 11), cocinando los peciolos carnosos al vapor durante 20 minutos. También se pueden trocear y hervir luego durante 15 minutos.

VARIEDADES

«SWISS CHARD»: esta hermosa planta —también llamada «Silver Chard» o «Seakale Beet»—, alcanza aproximadamente 45 cm de altura y tiene un follaje característico: los peciolos son blanquecinos y carnosos, y los nervios blanquecinos destacan sobre las hojas verdosas y arrugadas como las de las espinacas. Ocasionalmente se enumeran otras variedades como «Lucullus», «Fordhook Giant» y «White Silver 2».

«RUBY CHARD»: también llamada «Rhubarb Chard». Sus características de crecimiento son parecidas a las de la variedad anterior, pero los tallos son más gruesos y rojizos. Es una planta impresionante para un margen, pero su sabor es inferior al de la variedad blanquecina. La variedad «Feurio» es resistente al espigado.

«SPINACH BEET»: también llamada «Perpetual spinach». Es similar a la espinaca pero sus hojas son más grandes, oscuras y carnosas.

PROBLEMAS

«Swiss chard» y «Spinach beet» no presentan problemas; las babosas atacan las plantas jóvenes en primavera. Esparza Compo Antilimacos.

REMOLACHA

La remolacha de cultivo casero puede consumirse durante todo el año: recién recolectada, desde mediados de verano hasta finales de otoño; almacenada, hasta finales de invierno y por último, encurtida, desde finales de invierno hasta mediados de verano. Por todo esto, la remolacha, planta anual de cultivo fácil, es muy popular. Esta verdura germina con bastante lentitud pero las plántulas, una vez que han arraigado, crecen rápidamente. Para tener éxito debe evitar cualquier restricción del crecimiento y arrancar las raíces antes de que sean grandes y leñosas, características que presentan muchas de las que se venden en las tiendas. Esto requiere sembrar mensualmente en hileras cortas y regar en tiempo seco; de esta forma podrá recolectar remolachas de máxima calidad durante todo el verano.

CARACTERÍSTICAS DE LAS SEMILLAS

La «semilla» de remolacha es un fruto, cada racimo acorchado contiene semillas verdaderas. Puede adquirir semillas capsuladas.

Tamaño real

Duración esperada de la germinación:	10 a 14 días. para acelerar la germinación remoje las «semillas» durante algunas horas antes de sembrar.
Número aproximado por cada 100 g:	6000
Producción esperada por hilera de 3 m:	4,5 kg (variedades esféricas) 8 kg (variedades largas)
Índice de longevidad de la semilla almacenada:	3 años
Tiempo aproximado entre la siembra y la cosecha:	11 semanas (variedades esféricas) 16 semanas (variedades largas)
Facilidad de cultivo:	fácil

CARACTERÍSTICAS DEL SUELO

- Para obtener raíces largas ganadoras de premios necesita un suelo arenoso y profundo, pero prácticamente todos los suelos corrientes producen buenas cosechas si se preparan de forma conveniente.

- Escoja una parcela soleada y cave en otoño o a principios de invierno. Añada turba o *compost* descompuesto si hay deficiencia de humus. Añada cal si el suelo es ácido. Prepare el semillero durante la primavera. Rastrille fertilizante Growmore dos o tres semanas antes de sembrar.

SIEMBRA

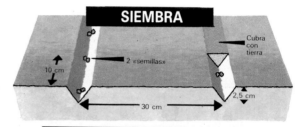

Cubra con tierra

2 «semillas»

10 cm

30 cm

2,5 cm

CUIDADOS DEL CULTIVO

- Cuando las plántulas tengan unos 2,5 cm de altura, aclare dejando una planta por golpe. Deseche las plántulas más débiles (no intente plantarlas). En esta etapa quizá deberá proteger el cultivo de los pájaros.

- Impida el crecimiento de las malas hierbas en el suelo empleando una azada y tenga cuidado de no dañar las raíces.

- La sequedad da lugar a cosechas bajas y de calidad leñosa, y el retorno rápido a condiciones húmedas provoca la rotura de las raíces.

- Para evitar estos problemas riegue moderadamente cada quince días durante los períodos de sequedad. El acolchado conservará la humedad.

- Cuando las raíces tengan el tamaño de una pelota de golf, arranque las plantas alternadamente y emplee las plántulas arrancadas en preparaciones culinarias. Deje madurar las restantes.

RECOLECCIÓN

- Arranque las raíces de las variedades esféricas según sus necesidades. No debe permitir que alcancen un tamaño superior al de una pelota de cricket (cuando corte una raíz por la mitad, ésta no debe presentar anillos de color blanquecino).

- Las raíces que se cultiven para almacenar deben recolectarse a principios de otoño. Las variedades largas deben extraerse del suelo con cuidado mediante una horquilla, asegurándose de que las púas de ésta no entren en contacto con las raíces. Sacuda la tierra y descarte todos los ejemplares dañados. Coloque las raíces en una caja sólida entre capas de turba seca y guárdelas en un cobertizo. Se conservarán hasta finales de invierno.

- Después de arrancar las raíces, para su consumo inmediato o para almacenarlas, corte el follaje retorciéndolo y dejando una corona de tallos de 5 cm. Si corta las hojas con un cuchillo, sangrarán.

- Si desea una cosecha muy temprana, a mediados de primavera, siembre una variedad resistente al espigado, bajo campanas o en una cajonera, a finales de invierno.

- La mejor época de siembra al aire libre se inicia a principios de primavera. Una segunda siembra de variedades esféricas a mediados de esta estación le proporcionará raíces tiernas.

- Si cultiva con el fin de almacenar raíces para el invierno, siembre a mediados o finales de la primavera: las raíces de las primeras siembras pueden estar demasiado gruesas cuando las recolecte a principios de otoño.

- Si desea cosechar a finales de otoño siembre «Detroit-Little Ball» a principios de verano.

CALENDARIO

	Invierno	Primavera	Verano	Otoño
Siembra				
Cosecha				

Véase la clave de los símbolos en la página 7

EN LA COCINA

Las raíces de remolacha se usan principalmente para dar color y sabor a las ensaladas. Tanto hervidas como en conserva, se cortan a rodajas para acompañar la lechuga, los tomates y los rábanos. Como verdura caliente, hervida o al horno, las raíces de remolacha son muy populares en los EE.UU. y en la Europa Oriental son la base de la sopa *borsch*. También se emplean para fabricar vino y salsa picante.

CONGELACIÓN: emplee raíces pequeñas, cuyo diámetro sea inferior a 5 cm. Lávelas y hiérvalas según se describe en este apartado. Después de pelarlas, y una vez frías, córtelas en rodajas o en cubos y congélelas en un recipiente rígido. Cómalas en el intervalo de 6 meses.

ALMACENAMIENTO: guárdelas en una bolsa de polietileno en el frigorífico: se conservarán durante dos semanas.

COCCIÓN: las remolachas deben lavarse en agua fría, sin cortar los pecíolos ni la delgada raíz basal. Evite dañar o mondar la piel ya que pierden color y sabor. Hiérvalas en agua salada durante 3/4 h a 2 h, según el tamaño, y luego elimine la piel frotándolas. Sírvalas como una verdura caliente o déjelas enfriar y empléelas en una ensalada o consérvelas en vinagre. Las hojas jóvenes de las variedades corrientes y el follaje más maduro de los tipos amarillentos o blanquecinos pueden cocinarse como espinacas. Intente prepararlas al horno para variar. Lávelas cuidadosamente y colóquelas de forma ordenada en una fuente. Déjelas cocer al horno a 160 °C hasta que estén tiernas (3/4 h a 2 h, según el tamaño).

VARIEDADES

Variedades ESFÉRICAS
Otros nombres: variedades redondeadas o pelotas

Las variedades esféricas constituyen el grupo más popular para el horticultor corriente. En general, son remolachas de maduración rápida y se escogen para obtener raíces con fines culinarios durante el verano. En la actualidad, existen tipos que producen una sola plántula por «semilla» —esto facilita el aclareo, pero las «semillas» deben sembrarse más próximas, a 5 cm de distancia.

Si desea sembrar pronto escoja una variedad resistente al espigado, es decir, una variedad que no espigue fácilmente en condiciones de cultivo deficientes. Si quiere sembrar a finales o a mediados de primavera, dispone de una amplia gama de variedades a elegir (normalmente, se escoge el grupo «Detroit» ya que proporciona un cultivo principal, útil para almacenar, a finales del verano).

En general, las variedades de raíces rojizas continúan eligiéndose, ya que proporcionan color a las ensaladas y, a veces, a los manteles. Intente sustituirlas por una variedad blanquecina o amarillenta. Las hojas pueden prepararse como una ensalada y las raíces tienen un sabor excelente.

Rojizas

«BOLTARDY»: es fácil de encontrar y se elige para una siembra temprana. Resistente al espigado. Piel lisa y pulpa de un intenso color rojizo.

«DETROIT 2»: junto a la antigua «Detroit» se trata de una esférica estándar de cultivo principal y de plantación tardía. Es famosa por su sabor.

«MONOPOLY»: es resistente al espigado como «Boltardy», con la ventaja de ser una variedad que produce una sola plántula por «semilla».

«RED ACE»: un híbrido F_1 reciente, excelente para concursos —el color es rojo intenso. En tiempo seco es mejor que la mayoría.

«DETROIT 2-LITTLE BALL»: es la elección favorita para una siembra tardía. Produce remolachas «bebé» excelentes para cosechar y encurtir.

«DETROIT 2-NEW GLOBE»: es una buena elección para los concursos. La forma es uniforme, la textura es buena y prácticamente carece de anillos.

Amarillentas

«BURPEE'S GOLDEN»: es una variedad americana excelente y actualmente muy difundida. La piel es anaranjada y la pulpa de color amarillento no sangra cuando se corta. Muchos consideran que su sabor es superior al de las variedades rojizas. Las hojas pueden prepararse como ensalada.

Blanquecinas

«ALBINA VEREDUNA»: es la variedad blanquecina más popular, llamada a veces «Snowhite». No se encuentra con tanta facilidad como la variedad amarillenta o las rojizas, pero vale la pena buscarla. Su sabor es excelente y las hojas pueden prepararse como ensalada; no se almacena bien.

Variedades CILÍNDRICAS
Otros nombres:
variedades intermedias o «Tankard»

A pesar de que no existen muchos tipos en los catálogos, estas remolachas son una buena elección si se desea cultivar esta hortaliza para almacenarla durante el invierno. De cada raíz pueden obtenerse muchas rodajas de tamaño similar.

«CYLINDRA»: es una remolacha ovalada de excelente calidad para almacenar. La pulpa es de un intenso color rojizo. Es la más popular.

«FURONO»: versión mejorada de la antigua favorita «Formanova». Si las raíces crecen al máximo alcanzan los 18 cm y un diámetro de 5 cm.

Variedades LARGAS
Otros nombres:
variedades ahusadas o de raíz larga.

Las variedades largas requieren un suelo arenoso, al aire libre y bien drenado, y una gran cacerola para su cocción; por todo lo cual no son apropiadas en una casa corriente. Su popularidad ha disminuido, pero continúan siendo las favoritas de los aficionados a los concursos.

«CHELTENHAM GREEN TOP»: es una variedad larga muy popular y que se recomienda desde mucho tiempo. Puede almacenarse bien.

«CHELTENHAM MONO»: una variedad larga y ancha como la anterior, con la ventaja de que se obtiene una planta por semilla.

Monopoly

Cheltenham Green Top

PROBLEMAS DE LA REMOLACHA

La remolacha es fácil de cultivar y generalmente no presenta problemas. Algunas veces puede ser atacada por el pulgón negro y por la mosca de la remolacha forrajera, pero las cosechas no resultan gravemente afectadas. Puede ser que encuentre las hojas decoloradas (la remolacha es uno de los indicadores más sensibles de deficiencias de elementos en el suelo).

	Síntomas	Causas probables
Plántulas	— devoradas	**babosas** o **pájaros** (véase pág. 110)
	— derribadas	**hongos del semillero** (véase pág. 110)
	— oscurecidas	**3**
Hojas	— agujereadas	**altisa** (véase pág. 30)
	— con ampollas	**1**
	— arrolladas	**5**
	— moteadas	**6**
	— infestadas de pulgón negro	**pulgón negro** (véase pág. 20)
	— manchas mohosas	**falso mildiu** (véase pág. 94)
	— variegadas	**5**
Plantas	— espigadas	**4**
Raíces	— pequeñas y coriáceas	**sequedad** o **déficit de fertilizante**
	— grandes y coriáceas	**recolección retrasada**
	— interior oscuro, exterior cancroso	**2**
	— devoradas	**ratones** (véase pág. 20) o **ardillas** o **mariposa veloz** (véase pág. 43) o **noctuela** o **miriápodo** (véase pág. 110)
	— cubiertas de moho purpúreo	**rhizoctonia violácea** o **mal vinoso** (véase pág. 43)
	— manchas costrosas	**sarna** (véase pág. 85)
	— partidas	**hendido** (véase pág. 43)
	— bifurcadas	**7**

HOJAS CON AMPOLLAS

1 MOSCA MINADORA

Los pequeños gusanos de color blanquecino invaden el interior de las hojas formando túneles que luego se convierten en ampollas. Los ataques se producen a partir de mediados de primavera y las plantas más afectadas son las más jóvenes. Las hojas muy dañadas se oscurecen y el crecimiento se retrasa.

Tratamiento: arranque y destruya las hojas afectadas. Pulverice malatión o clorpirifos al detectar el primer signo de ataque.

Prevención: ninguna.

3 CHAMUSCADO DE LAS RAÍCES

Se trata de una grave enfermedad de las plántulas que provoca su ennegrecimiento y marchitez. Se presenta cuando las semillas se siembran demasiado próximas en un suelo compacto que se anega en tiempo húmedo. Si se produce un ataque, destruya las plantas enfermas y riegue las restantes con compuesto Cheshunt.

RAÍCES OSCURECIDAS

2 PODREDUMBRE DEL CORAZÓN

En verano las hojas se marchitan y en los ápices de las raíces aparecen manchas oscuras y hundidas. Si corta las raíces puede observar zonas oscuras en su interior. Este problema se debe a una deficiencia de boro y los ataques son peores en un suelo fértil y con exceso de cal durante una estación seca.

Tratamiento: pulverizaciones repetitivas con oligoelementos pueden ayudar.

Prevención: añada 35 g de bórax/m² si el suelo es deficiente en boro (no exceda esta dosis).

4 ESPIGADO

Algunas veces las plantas espigan antes de desarrollar el sistema radicular. Es general, esto se debe a un suelo seco o a una deficiencia de materia orgánica, pero también puede ocurrir si siembra demasiado pronto o si retrasa demasiado el aclareo de las plántulas. Cultive una variedad resistente, tal como «Boltardy» o «Avonearly», si ya se encontró con este problema.

7 DENTADO

La aparición de raíces bifurcadas se debe, por lo general, a la adición de un poco de estiércol fresco antes de sembrar. También pueden ser debidas a un suelo pedregoso o arcilloso no adecuadamente preparado. La solución está en emplear tierra abonada por un cultivo anterior o en añadir en otoño, antes de sembrar, *compost* descompuesto.

HOJA ARROLLADA

5 SALPICADO AMARILLENTO

Se caracteriza por la aparición de manchas amarillentas entre los nervios y si el ataque es grave, toda la hoja adquiere un color amarillento y luego oscurece. Los bordes foliares se arrollan hacia el interior. Se debe a una deficiencia de manganeso.

Tratamiento: aplique un producto de composición conocida. Pulverizaciones repetidas de oligoelementos ayudan.

Prevención: no abone con cal.

HOJAS MOTEADAS

6 PUNTEADO DE LA HOJA

Las hojas presentan manchas oscuras con una zona central pálida que, algunas veces, cae. Estas manchas, pequeñas y muy numerosas, pueden deformar mucho a las hojas; sin embargo, este problema no afectan gravemente a la producción de raíces.

Tratamiento: ninguno. Arranque y destruya las hojas muy enfermas.

Prevención: practique la rotación de cultivos. Aplique un fertilizante equilibrado, tal como Growmore, antes de sembrar.

COLES

El género *Brassica* es el cultivo principal de toda parcela de hortalizas común. En los libros de botánica se habla de *B. bullata, B. gemmifera, B. capitata* y otras, sin embargo, para el horticultor realmente son coles repollo, coles de Bruselas, etc. Ahora bien, no todas las *Brassica* son hortalizas frondosas: el nabo, el colinabo y el colirrábano pertenecen a este género. En general, el horticultor reserva la palabra «col» para designar a las variedades que se cultivan como verduras. Las coles han sido componentes básicos de la alimentación durante miles de años, mucho antes que la introducción de hortalizas nuevas tales como las patatas y las judías trepadoras. No obstante, deben olvidarse viejos prejuicios pues en los últimos años se han introducido numerosas variedades de coles nuevas con nuevos sabores (y, paralelamente, ha variado la forma de cocinarlas).

CLAVES DEL ÉXITO

- No cultive coles en la misma parcela año tras año, sino a intervalos de tres años. La razón principal de esto es evitar el incremento de plagas del suelo y de enfermedades que atacan a la familia de las coles, cuyo principal ejemplo lo constituye la temida hernia de las coles.
- Cave profundamente en otoño: debe permitirse que las raíces alcancen las reservas de agua situadas muy por debajo de la superficie del suelo.
- Las coles precisan de un suelo firme: deje que transcurran algunos meses entre la cava y la plantación para que la superficie se consolide.
- Abone con cal si es necesario: las coles no dan buen resultado en un suelo ácido. Trate de que el pH oscile entre 6,5 y 7,5.
- Trasplante en la etapa adecuada y asegúrese de que la planta queda fija.
- Utilice discos protectores alrededor de la base de las plantas si anteriormente tuvo problemas con la mosca de la col.
- Muchas plagas y enfermedades pueden atacar a las coles: trate estos problemas en sus fases iniciales.

SIEMBRA

Col frondosa	Siembre siempre en semillero, luego trasplante al cuadro permanente	Siembre en el lugar donde las plantas madurarán
Brécol	Todas las variedades	—
Coles de Bruselas	Todas las variedades	—
Col repollo	Casi todas las variedades	Col de China
Coliflor	Todas las variedades	—
Col enana	Casi todas las variedades	Variedades silvestres

- De acuerdo con el cuadro anterior, casi todas las coles frondosas se siembran en un semillero y, posteriormente, las plántulas se trasplantan a otra parte de la parcela, en la que van a madurar. En este caso, en el «cuadro permanente» pueden cultivarse otras hortalizas antes de que se trasplanten las coles.
- Escoja como semillero una parcela soleada pero protegida. El suelo debe ser fértil —si no fue abonado por una cosecha anterior añada *compost* cuando cave en otoño. Antes de sembrar, rastrille (no trabaje con la horquilla) la superficie y añada un fertilizante general. Aplique bromofos si la zona es propensa a la mosca de la col. Pise la superficie para eliminar las bolsas de aire y consolidarla. Rastrille ligeramente y luego siembre siguiendo las instrucciones específicas de cada col que proyecte cultivar.

PLANTACIÓN

- En otoño, debe cavar profundamente el cuadro permanente (la zona donde las plantas crecerán hasta llegar a la madurez); lo ideal es haber cultivado en él guisantes o judías algunos meses antes. Mientras realiza esta operación, es esencial que añada *compost* si el suelo no ha sido abonado recientemente.
- Durante la primavera no trabaje el terreno con la horquilla: solamente píselo, rastríllelo ligeramente y elimine los escombros superficiales. Es muy importante fijar las plántulas pisando a su alrededor.
- Las plántulas pueden trasplantarse entre cinco y siete semanas después de la siembra (véase el apartado de cada col específica para los detalles). Riegue la hilera el día antes de arrancar las plántulas.
- Arranque las plántulas conservando alrededor de las raíces la máxima cantidad de tierra posible. No desarraigue demasiadas plántulas al mismo tiempo, y mantenga las raíces cubiertas para que no se sequen. Señale la línea de plantación con una cuerda y cave hoyos a la distancia apropiada mediante un trasplantador o plantador. Si el suelo está seco, llene los hoyos de agua y empiece a trasplantar cuando ésta se haya drenado.
- La profundidad de la plantación depende del tipo de col (véase el apartado de cada col específica para los detalles). Asegúrese de que las plantas estén bien fijadas mediante los dedos, el plantador o la parte posterior de un trasplantador.

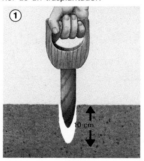

① 10 cm

② Introduzca el plantador · Introduzca la planta · 5 cm

③ Presione hacia la planta

④ Prueba del tirón: La hoja debe arrancarse sin que la planta se desarraigue.

- Al finalizar la plantación, riegue la base de cada trasplante (no saque la roseta de la regadera para no alterar las plantas). Si antes de que los trasplantes hayan arraigado bien el tiempo es cálido y seco, debe cubrirlos con periódicos y regar el terreno con frecuencia.

PROBLEMAS DE LAS COLES

Prácticamente todos los miembros de la familia de las coles, excepto la col enana, presentan numerosas plagas y enfermedades. Los peores enemigos de las coles son la mosca de la col, la oruga de la col, el pulgón ceroso de la col, la mariposa de la col, la hernia de la col, la altisa y las palomas. Sin embargo, esto no significa que todo resultado negativo sea debido a una insecto o a una enfermedad fúngica y la causa más probable de obtener coles de Bruselas huecas, coles repollo sin cogollos y coliflores cerradas se debe a un suelo demasiado esponjoso o plántulas poco firmes. También puede deberse a un suelo ácido, no abonado con cal, o bien a que se hayan cultivado coles en un terreno que el año anterior produjo una cosecha de coles repollo o de coliflores baja. Si es un principiante, lea cuidadosamente el apartado adecuado antes de cultivar un determinado tipo de col.

	Síntomas	Causas probables
Plántulas	— devoradas	11 o 13 o 16 o 27
	— derribadas	6 hongos del semillero (véase pág. 110)
	— muy agujereadas	16
	— rotas a ras de suelo	27
Tallos	— perforadas, con orugas	28
	— zona ennegrecida a ras de suelo	6
Hojas	— hinchadas, distorsionadas	18
	— estrechas, liguladas	9
	— curvadas, con ampollas	20
	— blanquecinas	17
	— enfermas	1 o 5 o 7 o 8
	— coloreadas entre los nervios verdosos	22 o 23
	— agujereadas	10 o 11 o 13 o 16 o 26
	— infestadas de pulgón verde	20
	— mariposas blancas diminutas	21
	— orugas	10 o 26
Raíces	— hinchadas	3 o 4
	— perforadas, con orugas	2
	— devoradas	24
Plantas	— hojas azuladas, marchitas por el sol	2 o 4
	— ciegas, sin crecimiento	9 o 18 o trasplantes ciegos
	— marchitas, secas	24 o 28
Coles de Bruselas	— centros abiertos y frondosos	15
Col repollo	— sin cogollos	2 o 12
	— cogollos divididos	14
Coliflor	— cabezas pequeñas	2 o 9 o 19 o 25
	— cabezas oscuras	25

1 MAL BLANCO (blanqueta)

El haz de las hojas presenta un color amarillento y en el envés se encuentran hongos peludos y blanquecinos. Normalmente sólo ataca a las plantas jóvenes y reduce intensamente el crecimiento. Su propagación está favorecida por la superpoblación y una atmósfera húmeda.

Tratamiento: pulverice Mancozeb al detectar el primer síntoma de enfermedad.
Prevención: siembre las semillas en un *compost* esterilizado. Cultive las plántulas en otro lugar si ya tuvo este problema.

RAÍCES PERFORADAS

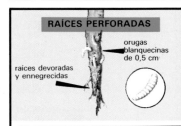

orugas blanquecinas de 0,5 cm

raíces devoradas y ennegrecidas

2 MOSCA DE LA COL

Los signos distintivos son la presencia de hojas azuladas que se marchitan en tiempo soleado. Los trasplantes recientes son muy susceptibles. Las plantas jóvenes mueren y las más viejas crecen lentamente. Las coles repollo no se acogollan y las coliflores forman cabezas muy pequeñas.

Tratamiento: aplique un insecticida para nematodos inmediatamente después de la plantación, o coloque discos de fieltro alrededor de la base de los tallos. Como alternativa, utilice una malla fina sobre las plantas jóvenes.

3 CEUTORRINCO

Es un problema mucho menos grave y mucho menos común que la hernia de la col. Las protuberancias generalmente se forman a ras del suelo. El crecimiento puede reducirse ligeramente pero, en general, la cosecha no resulta muy afectada.

Tratamiento: no vale la pena. Puede reducir la propagación si riega alrededor de las plantas con Permethrin.

Prevención: este problema puede controlarse mediante los mismos insecticidas de plagas del suelo que se usan para evitar problemas más graves.

RAÍCES HINCHADAS

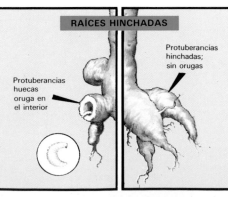

Protuberancias huecas oruga en el interior

Protuberancias hinchadas; sin orugas

4 HERNIA DE LA COL

El síntoma indicativo es el decoloramiento de las hojas, las cuales se marchitan en tiempo soleado. Es una enfermedad grave, que puede ser catastrófica durante una estación húmeda. Las plantas mueren o crecen muy lentamente.

Tratamiento: ninguno. Arranque las plantas enfermas y quémelas. Si el ataque es muy grave deje que transcurran varios años antes de sembrar otra vez coles en este lugar.

Prevención: asegúrese de que el terreno esté bien abonado con cal y bien drenado. Sumerja las raíces de los trasplantes en una solución de tiofanatometil antes de plantar.

5 | BLANCO DE LA COL (roya blanca)

En las hojas aparecen ampollas blanquecinas. Las masas fúngicas pueden propagarse durante una estación húmeda y templada, y formar una capa blanquecina sobre la superficie foliar. Las plantas presentan un crecimiento enano y pueden morir.

Tratamiento: corte y queme las hojas afectadas. Aclare para reducir la superpoblación.

Prevención: no cultive coles en un terreno afectado durante la estación anterior.

HOJAS ENFERMAS

6 | TALLO DE ALAMBRE

TALLOS MARCHITOS

La base de los tallos adquiere un color negruzco y se marchita. Con frecuencia las plántulas mueren. Las plantas supervivientes crecen muy lentamente y los tallos se rompen con facilidad.

Tratamiento: ninguno.

Prevención: evite cultivar plántulas en *compost* o en un suelo frío y húmedo. Puede serle de ayuda compuesto Cheshunt. Evite la superpoblación.

7 | PODREDUMBRE NEGRA

Es una enfermedad grave pero poco frecuente. Las plántulas mueren; las plantas maduras tienen un crecimiento limitado, hojas amarillentas y nervios negruzcos. Las hojas inferiores caen. Al cortar el tallo transversalmente aparece un anillo de color marrón oscuro. Los ataques más graves ocurren durante un verano caluroso y húmedo.

Tratamiento: ninguno. Arranque y queme las plantas enfermas.

Prevención: ninguna. Rotación.

8 | PUNTEADO DE LAS HOJAS

En las hojas maduras aparecen anillos oscuros de 2,5 cm de diámetro. El follaje muy afectado puede volverse amarillento y caer. Esta enfermedad es fomentada por el tiempo húmedo.

Tratamiento: corte y queme las hojas enfermas. Pulverice con Aviso.

Prevención: no cultive coles en un terreno afectado por esta enfermedad durante la estación anterior.

9 | COGOLLO ESTRANGULADO

HOJAS ESTRECHAS

Las hojas son muy pequeñas y liguladas. El crecimiento es escaso; las cabezas de coliflor pueden ser muy pequeñas y no desarrollarse. Se debe a una deficiencia de molibdeno a causa de la acidez del suelo.

Tratamiento: pulverizaciones periódicas de oligoelementos.

Prevención: el suelo debe estar abonado con cal antes de sembrar o de plantar.

10 | ORUGAS DE LA COL

Las orugas de la col provocan la aparición de agujeros en las hojas. La noctua tiende a horadar el cogollo. El período de riesgo abarca desde principios de primavera hasta principios de otoño y los ataques son más graves durante un verano cálido y seco y sobre todo en las zonas costeras.

Tratamiento: pulverice Permethrin o fenitrotión al primer signo de ataque. Repita esta operación si es necesario.

Prevención: observe el envés de las hojas si ha visto mariposas blancas volando sobre las plantas. Elimine y aplaste los huevos que hayan dejado.

AGUJEROS GRANDES

PEQUEÑA MARIPOSA BLANCA
aterciopelada
GRAN MARIPOSA BLANCA
peluda
NOCTUA
lisa

11 | PALOMAS

En muchas zonas las palomas constituyen una plaga grave puesto que estropean las hojas, arrancando el tejido blanco y dejando solamente los pecíolos y los nervios. Debido a los excrementos es muy pesado preparar estos productos con fines culinarios. Este problema se presenta durante todo el año, especialmente en verano.

Tratamiento: ninguno.

Prevención: los espantapájaros tienen un valor limitado. Emplee una red de nailon y asegúrese que recubre totalmente a las plantas.

12 | COLES REPOLLO SIN COGOLLOS

Las coles repollo dejan de formar cogollo por varias causas. En general, esto se debe a una deficiencia de abono orgánico o a un escaso compactamiento del suelo antes de plantar. También puede deberse a una plantación poco firme. La sequía y un lugar umbroso también aumentan este riesgo. Para solucionar este problema abone convenientemente empleando un abono equilibrado, tal como Growmore o abono soluble rico en potasio y no emplee nunca nitrógeno directamente.

13 | BABOSAS Y CARACOLES

Estas plagas pueden atacar gravemente a las hojas y a los tallos cuando hay humedad. Generalmente no pueden visualizarse durante el día pero su existencia se intuye por los caminos de baba que dejan. Las plantas jóvenes son muy susceptibles y pueden morir.

Tratamiento: esparza Methiocarb o algún producto específico alrededor de las plantas al detectar el primer signo de ataque.

Prevención: mantenga el área circundante sin desperdicios.

14 | COGOLLOS DIVIDIDOS

Las cabezas de col se parten repentinamente por dos razones principales. Durante el verano, esto se debe, por lo general, a una lluvia después de un largo período de sequía. Un abonado foliar, al detectar la primera señal de este problema, le ayudará a endurecer el tejido foliar; sin embargo, es mejor evitarlo regando periódicamente durante la época de sequía. En invierno, se debe a una súbita e intensa helada; considere la posibilidad de recolectar y almacenar las cabezas.

PROBLEMAS DE LAS COLES continuación

15 COLES DE BRUSELAS HUECAS

Algunas veces las coles de Bruselas producen cogollos frondosos y abiertos en lugar de cabezas redondeadas y fuertes. Estos cogollos huecos deben arrancarse inmediatamente. Las causas de este problema son similares a las responsables de la ausencia de cogollos de las coles repollo: deficiencia de abono orgánico, escasa compactación del suelo antes de plantar y una plantación poco firme. Riegue las plantas durante el tiempo seco y evite una superpoblación. Escoja una variedad híbrida F$_1$.

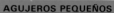

AGUJEROS PEQUEÑOS

HOJA BLANQUECINA

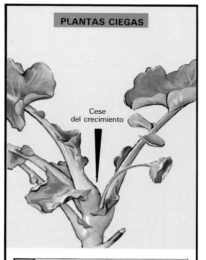

PLANTAS CIEGAS

Cese del crecimiento

16 ALTISA

Es una plaga grave, especialmente durante una primavera serena y cálida. Se caracteriza por la aparición de numerosos agujeritos en las hojas jóvenes. El crecimiento se retrasa y las plántulas pueden morir. Los escarabajos son muy pequeños y al tocarlos se alejan rápidamente.

Tratamiento: pulverice las plántulas con Derris al detectar la primera señal de un ataque. Riegue las plantas afectadas si el tiempo es seco.

Prevención: trate las semillas cubriéndolas con un insecticida antes de sembrar y de este modo evitará ataques tempranos.

17 HELADAS

Las heladas pueden provocar daños muy graves a las coles. Si las plantas no están muy firmes en el suelo, las raíces pueden helarse y provocar su muerte. Las heladas también pueden dañar las hojas de las variedades no resistentes. Los hongos y las bacterias atacan rápidamente las zonas blanquecinas de las hojas y pueden propagarse hasta las raíces.

Tratamiento: elimine y queme las hojas afectadas.

Prevención: plante siempre firmemente. El daño de las heladas es muy grave en un cultivo poco resistente; por ello, emplee siempre un fertilizante adecuadamente equilibrado cuando prepare el suelo.

18 MOSQUITO DE LA COL

Es una plaga rara pero de resultados catastróficos. Los peciolos de las hojas próximas a las zonas de crecimiento, se hinchan y distorsionan, y las plantas quedan ciegas. Busque cuidadosamente las pequeñas larvas blanquecinas en los peciolos.

Tratamiento: arranque y queme las plantas muy afectadas. Si pulveriza Lindane al detectar los primeros síntomas del ataque puede impedir la propagación.

Prevención: no existe ningún método práctico aconsejable.

19 COLIFLORES CERRADAS

Muchos horticultores no tienen éxito cultivando coliflores. Con frecuencia, la cosecha se limita a cabezas muy pequeñas al inicio de la estación. Estas cabezas cerradas rápidamente espigan. Por desgracia, hay varias causas implicadas en este problema: un ataque temprano de un insecto como altisa, una deficiencia de elementos traza tales como el boro o el molibdeno, o unas deficientes condiciones del cultivo (suelo pobre, compactación insuficiente antes de plantar, plantación poco firme, sequía o fracaso del endurecimiento de las plántulas con anterioridad a la plantación).

20 PULGÓN CEROSO

En los ápices de las plantas y en el envés de las hojas se encuentran grandes racimos de «pulgones verdes» grisáceos y cerosos. La invasión se produce a partir de mediados de verano en tiempo seco y caluroso. Las hojas afectadas se abarquillan y se vuelven amarillentas. Si el ataque es muy grave aparecen manchas negruzcas y los insectos bastante numerosos para dar lugar a cogollos inservibles.

Tratamiento: es difícil de controlar. Pulverice Permethrin o Heptenophos.

Prevención: desarraigue y destruya los peciolos de col viejos.

INSECTOS EN HOJAS

21 MARIPOSA DE LA COL

Los brotes se han extendido mucho durante los últimos años. Las larvas y las pequeñas mariposas de color blanquecino se alimentan del envés de las hojas. Las plantas afectadas se debilitan y desarrollan manchas de color negro. Los insectos adultos son activos durante todo el año y al tocarlos se alejan volando.

Tratamiento: es difícil de controlar. Pulverice Permethrin cada tres días, hasta que cese la infestación. Pulverice por la mañana o por la tarde para conseguir mejores resultados.

Prevención: no existe ningún método práctico aconsejable para solucionar este problema.

22 DEFICIENCIA DE MAGNESIO

Se caracteriza por la clorosis de las hojas en los espacios comprendidos entre los nervios. Es posible que estas zonas amarillentas se tornen de color anaranjado, blanquecino, rojizo o purpúreo. El amarillamiento afecta inicialmente a las hojas más viejas. La deficiencia de magnesio es mucho más frecuente que la de manganeso.

Tratamiento: aplique oligoelementos alrededor de las plantas. Es beneficioso pulverizar repetitivamente con Hortrilon.

Prevención: Añada *compost* al suelo cuando cave en otoño. Emplee un fertilizante que contenga magnesio.

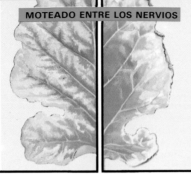

MOTEADO ENTRE LOS NERVIOS

23 DEFICIENCIA DE MANGANESO

No siempre es fácil distinguir entre una deficiencia de manganeso y una de magnesio observando una sola hoja. Normalmente, los síntomas de una deficiencia de manganeso empiezan a manifestarse tanto en las hojas jóvenes como en las viejas y sus bordes a menudo se curvan hacia el interior y se secan.

Tratamiento: aplique un oligoelemento alrededor de las plantas. Es beneficioso pulverizar repetitivamente con Hortrilon.

Prevención: añada *compost* al suelo cuando cave en otoño. Emplee un fertilizante que contenga manganeso.

24 ORUGAS

Un ataque de orugas externamente se visualiza por el marchitamiento de las hojas y la muerte de las plantas. Al desarraigar los ejemplares afectados se observan las raíces dañadas y pueden encontrarse gusanos gruesos y curvados en el suelo. Estas plagas de progresión lenta pueden nutrirse durante todo el año. En general, las zonas más propensas la constituyen los huertos creados a partir de praderas recién cavadas.

Tratamiento: ninguno.

Prevención: durante la cava de otoño recoja los gusanos y destrúyalos. Rastrille un insecticida con nematodos en el suelo antes de plantar.

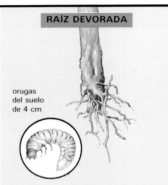

RAÍZ DEVORADA

orugas del suelo de 4 cm

COGOLLO OSCURO

25 DEFICIENCIA DE BORO

Las coliflores son muy sensibles a una deficiencia de boro en el suelo. Las hojas jóvenes se distorsionan y las cabezas son pequeñas y de sabor bastante amargo. El principal síntoma es la aparición de manchas oscuras en los cogollos.

Tratamiento: es beneficioso pulverizar periódicamente Hortrilon.

Prevención: durante la cava de otoño añada *compost* al suelo. Si el terreno es deficiente en boro añada 35 g de boro/m² antes de plantar (tenga cuidado en no sobrepasar esta dosis).

AGUJEROS CON PELÍCULA

orugas verdes de 1 cm

26 POLILLA DE LA COL

Estas orugas verdosas pueden ser una grave molestia en verano, sobre todo en las zonas costeras. Se nutren del envés de las hojas y, al contrario de las orugas de la col repollo, generalmente no devoran el haz. Al tocarlas caen de las hojas pendiendo de un hilo de seda. Si el ataque es muy grave, la hoja queda totalmente esqueletizada.

Tratamiento: pulverice Permethrin al detectar el primer signo de ataque.

Prevención: ninguna.

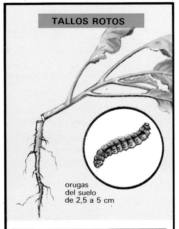

TALLOS ROTOS

orugas del suelo de 2,5 a 5 cm

27 NOCTUELA

Estas grandes orugas grisáceas, o de color marrón, viven debajo de la superficie del suelo. Atacan a las plantas jóvenes durante la noche provocando la rotura de los tallos a ras del suelo. También pueden devorar las hojas y las raíces. Los riesgos de un ataque son máximos a finales de primavera o a principios de verano.

Tratamiento: durante los meses más peligrosos escarde el suelo que rodea a las plantas. Recoja y destruya las orugas que llegan a la superficie.

Prevención: rastrille con un insecticida con nematodos en el suelo antes de plantar.

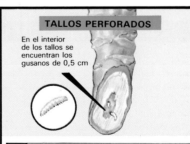

TALLOS PERFORADOS

En el interior de los tallos se encuentran los gusanos de 0,5 cm

28 PULGUILLA DE LA COLZA

Las plantas infestadas se marchitan y mueren. Si sospecha que se trata de un ataque de altisa de la colza, corte el tallo de una planta: el signo indicador es la presencia de gusanos pequeños de color cremoso. Los ataques ocurren desde mediados de verano hasta principios de otoño.

Tratamiento: desarraigue y queme las plantas infestadas.

Prevención: no cultive coles en un terreno afectado por esta plaga la estación anterior.

BRÉCOL

Los turiones del brécol congelados se consumen en numerosos hogares. En general, estas cabezas verdosas son variedades «Calabrese», mientras que la variedad que más comúnmente se cultiva en los huertos corresponde al brécol «Sprouting» purpúreo. Debido a esto existe confusión respecto a la terminología correcta, y además los catálogos y los libros de texto no ayudan a esclarecerla. El término «brécol» o «bróculi» debe usarse para designar a las clases «Sprouting», las cuales producen brotes durante mucho tiempo. La denominación «coliflor de invierno» debe reservarse para aquellos tipos que forman una cabeza grande y de color blanquecino en invierno o en primavera. Los brécoles se siembran en primavera y se plantan de asiento durante el verano. Existen tres tipos: «Calabrese», que se recolecta en otoño, purpúreo y blanquecino, que se cosechan la primavera siguiente. Estos dos últimos tipos son resistentes y se cultivan en el invervalo comprendido entre la cosecha de las coles de Bruselas y la de las coles repollo de primavera.

CARACTERÍSTICAS DE LAS SEMILLAS

Tamaño real

Duración de la germinación:	7 a 12 dias
Número aproximado por cada 100 g:	24 000
Producción esperada por planta:	700 g
Índice de longevidad de la semilla almacenada:	4 años
Tiempo aproximado entre la siembra y la cosecha:	12 semansa («Calabrese») 44 semanas (variedades purpúreas y blancas)
Facilidad de cultivo:	no es muy fácil, pero es más fácil que el cultivo de la coliflor (deben trasplantarse y considerarse varios problemas)

CARACTERÍSTICAS DEL SUELO

- El brécol, como otras coles, no da buen resultado en un suelo infértil y suelto. El suelo ideal debe ser compacto y rico en materia orgánica.
- Escoja un lugar bastante soleado donde las plantas puedan crecer hasta alcanzar la madurez. Cave en otoño —añada estiércol descompuesto en abundancia o *compost* si el suelo es pobre. Si es necesario, abone con cal en invierno.
- Durante la primavera añada Growmore y utilice discos protectores si la zona es propensa a la mosca de la col. Antes de cultivar las plántulas, no trabaje la superficie con la horquilla: písela suavemente, rastríllela ligeramente y retire los desperdicios superficiales.

SIEMBRA Y PLANTACIÓN

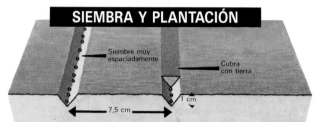

Siembre muy espaciadamente

Cubra con tierra

7,5 cm

1 cm

- Aclare las plántulas para evitar un crecimiento excesivo y débil. Debe dejar unos 7 cm de distancia entre ellas, en cada hilera.
- Las plántulas pueden transplantarse cuando alcanzan unos 7 cm de altura. Riegue las hileras el día antes de desarraigar los trasplantes y de trasladarlos a su ubicación definitiva. Plante firmemente, hundiendo las plantas unos 2,5 cm más de lo que estaban en el semillero. Los brécoles «Sprouting» blancos y los purpúreos deben estar separados unos 45 cm y los verdes unos 30 cm. Riegue después de plantar.

CUIDADOS DEL CULTIVO

- Escarde periódicamente y proteja, de alguna forma, las plantas jóvenes de los pájaros.
- Durante el verano, riegue en tiempo seco y aplique un acolchado para conservar la humedad. De vez en cuando abone con un fertilizante líquido para incrementar la cosecha. El brécol es una hortaliza muy propensa a las enfermedades y por ello debe prestar especial atención a las plagas. Pulverice Permethrin si aparecen orugas.
- Al aproximarse el invierno, aporque los tallos y estaque las plantas si el terreno no está protegido. Fije siempre los tallos si se han aflojado por el viento o las heladas. En este período del año las palomas pueden constituir una amenaza (pueden precisarse redes).

RECOLECCIÓN

- Empiece a cosechar cuando los brotes florales («turiones») estén bien formados, pero antes de que los pequeños capullos se abran. Cuando las flores están abiertas los turiones son leñosos y carecen de sabor.
- Primero corte el turión central —en algunas variedades se parece a una cabeza de coliflor. Se producirán brotes laterales que podrán recolectarse periódicamente; pero no corte nunca todos los turiones de una planta.
- Los turiones tienen generalmente 10 a 15 cm de longitud y se producen de forma continua durante unas seis semanas. La producción cesará si deja que alguno florezca.

- El inicio de la época de cosecha depende de la variedad y de las condiciones climáticas. La variedad «Early Purple Sprouting» puede empezar a cortarse a principios de invierno, siempre que éste sea benigno. Al contrario, la época de recolección de las variedades purpúreas y blancas alcanza su apogeo a mediados de primavera.
- Las variedades verdes se cortan a finales de verano y a principios de otoño (escoja «Express Corona» o «Grenn Comet» si desea una cosecha temprana). La recolección podrá prolongarse hasta el invierno si no hiela.

CALENDARIO

	Invierno	Primavera	Verano	Otoño
Siembra				
Plantación				
Cosecha	var. tempranas	var. tardías	var. verdes	

Véase la clave de los símbolos en la página 7

EN LA COCINA

Por su aspecto, el brécol puede considerarse como una coliflor en miniatura pero por su sabor normalmente se parece al espárrago. Las variedades «Calabrese» son las más parecidas a los espárragos y las variedades «Sprouting» blancas son las que tienen un sabor más similar al de la coliflor —pueden emplearse como sustituto de ésta para elaborar queso «coliflor». No juzgue al brécol por el sabor de los turiones comprados ya que a éstos se los debe hervir; para descubrir el sabor *real* hay que cocer los turiones al vapor (no hervirlos) a las pocas horas de su recolección.

CONGELACIÓN: Sumérjala en agua salada 15 min, luego enjuáguela y séquela. Blanquéela durante 3 a 4 min, déjela enfriar y escúrrala. Congélela en recipientes rígidos.

ALMACENAMIENTO: guárdelo en una bolsa de polietileno en el frigorífico: el brécol se conservará fresco durante tres días.

COCCIÓN: el método estándar consiste en quitar la piel si es dura, cortar las hojas grandes y luego dejarlo cocer en agua salada hirviendo 10 min. Escúrralo con cuidado y sírvalo caliente con salsa blanca o mantequilla fundida, o frío con una vinagreta. Los expertos lo prefieren al vapor: deje los turiones (brotes jóvenes) verticales en 5 cm de agua, hirviendo lentamente 15 minutos. Deje la cacerola tapada a fin de que los turiones se cuezan al vapor. Hay muchas otras formas de prepararlo: *broccoli alla romana* (cocido en vino blanco a fuego lento en una vasija bien tapada), *broccoli alla siciliana* (cocido a fuego lento en una vasija bien tapada con anchoas, aceitunas y vino negro) y buñuelos de brécol (los brotes se lavan, se secan, se rebozan y luego se fríen entre otras).

VARIEDADES

variedades «SPROUTING» PURPÚREAS

Son los brécoles más resistentes y más populares para cultivar en el huerto familiar. Son muy útiles en suelos arcillosos y en zonas frías. Los brotes se vuelven verdosos cuando se cocinan. Existen tres variedades populares (si planta las tres podrá recolectar continuamente desde principios de invierno hasta mediados de primavera).

«RED ARROW»: una reciente introducción que proporciona cosechas más abundantes que las variedades antiguas, y con un sabor mejor que el estándar.

«EARLY PURPLE SPROUTING»: es la variedad más popular (puede cosecharse a mediados y finales de invierno). Es prolífica y resistente y constituye la elección acertada si desea cultivar un solo tipo de brécol para emplear durante la primavera.

«LATE PURPLE SPROUTING»: es resistente al invierno y vigorosa (las plantas alcanzan aproximadamente 1 m de altura). Los turiones no pueden recolectarse hasta principios de primavera.

«PURPLE SPROUTING»: algunas veces los paquetes de semillas no indican si éstas son «tempranas» o «tardías». Los brotes jóvenes aparecerán a finales de invierno o a principios de primavera.

variedades «SPROUTING» BLANCAS

Este grupo produce turiones pequeños parecidos a la coliflor. Estas variedades son menos populares que las purpúreas pero algunos las prefieren por el sabor y el aspecto blanquecino de la cosecha. Si proyecta cultivar brécol «Sprouting» blanco la elección es muy sencilla: sólo existe una variedad «temprana» y otra «tardía».

«EARLY WHITE SPROUTING» (temprana): es adecuada si desea recolectar a finales de invierno o a principios de primavera.

«LATE WHITE SPROUTING» (tardía): es ideal para los aficionados al brécol, tiene un largo período de recolección: los turiones aparecen a principios o mediados de primavera.

Early Purple Sprouting

variedades «CALABRESE»

El brécol «Calabrese» o «Sprouting» verde es una verdura útil pero muy subestimada. A diferencia de los tipos «Sprouting» purpúreos y blancos, produce turiones de exquisito sabor a finales de otoño. Algunas variedades producen turiones escalonadamente desde principios de otoño hasta que llegan las primeras heladas (si quiere plantas que produzcan una sola cabeza grande a mediados de verano escoja la variedad «Green Comet»).

«EXPRESS CORONA»: es un híbrido F$_1$ y una de las variedades «Calabrese» más tempranas. La cabeza central puede cortarse aproximadamente 45 días después de la plantación; luego los brotes laterales se desarrollarán libremente dando una sucesión de turiones muy suculentos.

«GREEN COMET»: se trata de otro híbrido F$_1$ y también de otra variedad muy temprana. Se diferencia de «Express Corona» porque su cabeza central es muy grande —su diámetro alcanza más de 18 cm y pesa aproximadamente 1/2 kg. Sin embargo, después de cortar la cabeza central produce escasos turiones laterales.

«ITALIAN SPROUTING»: es la variedad básica que todavía puede encontrarse en algunos catálogos a pesar de la aparición de híbridos F$_1$ más modernos. Es famosa por su buen sabor y por su largo período de recolección.

«CORVET»: se trata de un híbrido F$_1$ que alcanza la madurez aproximadamente a los sesenta días de ser trasplantado. Esta variedad produce inicialmente una cabeza grande y firme, pero más tarde, después de cortarla, produce una sucesión de turiones secundarios.

«ROMANESCO»: no se trata solamente de una variedad más; presenta dos características destacables: es un brécol de recolección tardía —sus cabezas aparecen a mediados de otoño— y de sabor excepcional. La textura es muy fina y los turiones deben cocerse al vapor y servirse como espárragos.

variedades PERENNES

El brécol perenne es una hortaliza de crecimiento alto (deje una distancia de 90 cm entre las plantas). En primavera, o a principios de verano, produce unas ocho cabezas pequeñas de color verde claro, cada una de las cuales recuerda a una coliflor pequeña. Cultive la variedad **«NINE STAR PERENNIAL»:** plántela junto a a una valla y abónela con un fertilizante general cada primavera. Efectúe un acolchado a principios de verano y no permita nunca que las flores se abran; de este modo podrá recolectar año tras año.

PROBLEMAS

Véase páginas 28-31

Express Corona

COLES DE BRUSELAS

Reconozca su culpa si las coles de Bruselas que recolectó no agradan a su familia. Si obtiene coles abiertas, sueltas y de escaso sabor no se debe a unas condiciones climáticas desfavorables sino a un suelo poco compacto o a una plantación incorrecta. Incluso si recolecta las coles en el momento más apropiado, es decir, cuando están frescas y firmes, si las empaqueta herméticamente éstas pueden malograrse si se cuecen en exceso. Para conseguir buenos resultados, escoja un híbrido F_1 moderno y siga las instrucciones de esta página, así como las dadas anteriormente en las páginas 27-31. Tanto si cultiva una variedad temprana como una tardía, puede cosechar desde finales de verano hasta finales de invierno. El período productivo por planta es aproximadamente de ocho semanas. Según los libros —aunque no las pruebas de degustación— las coles son mejores cuando han soportado una helada. Los textos también indican que las plantas deben estar a una distancia de 65 cm (si su parcela es pequeña olvídese de estas instrucciones y plante «Peer Gynt» a intervalos de 45 cm; obtendrá así una cosecha temprana de coles de Bruselas pequeña y deliciosas).

CARACTERÍSTICAS DE LAS SEMILLAS

Tamaño real

Duración esperada de la germinación:	7 a 12 días
Número aproximado por cada 100 g:	24 000
Producción esperada por planta:	1 kg
Índice de longevidad de la semilla almacenada:	4 años
Tiempo aproximado entre la siembra y la cosecha:	28 semanas (variedades tempranas) 36 semanas (variedades tardías)
Facilidad de cultivo:	no es difícil, pero debe seguir las reglas del cultivo básico y tener mucho cuidado con las plagas

CARACTERÍSTICAS DEL SUELO

- La principal causa de fracaso es un suelo infértil y suelto. El terreno debe ser compacto y estar suficientemente humidificado.
- Escoja una parcela bastante soleada y protegida de los vientos fuertes para cultivar las plantas hasta que alcancen la madurez. Cave en otoño —añada abundante estiércol descompuesto o *compost* si el suelo no es fértil. El terreno no debe ser ácido —si es necesario, abone con cal durante el invierno.
- En primavera aplique Growmore; considere la utilización de discos protectores si la zona es propensa a la mosca de la col. Antes de plantar las plántulas no trabaje la superficie del suelo con la horquilla: písela con suavidad, rastríllela ligeramente y retire los desperdicios superficiales.

SIEMBRA Y PLANTACIÓN

Siembre muy espaciadamente
Cubra con tierra
7,5 cm
1 cm

- Aclare las plántulas para evitar un crecimiento excesivo y débil. Debe dejar unos 7 cm de distancia entre ellas, en las hileras.
- Las plántulas pueden trasplantarse cuando alcanzan unos 4 a 6 cm de altura. Riegue las hileras el día antes de desarraigar los trasplantes y de trasladarlos a su ubicación definitiva. Plante firmemente dejando las hojas mía inferiores a ras de suelo. Deje 7,5 cm de distancia entre las plantas y riegue después de plantar.

CUIDADOS DEL CULTIVO

- Los pájaros son un problema: proteja las plántulas de los gorriones y el cultivo maduro, de las palomas.
- Escarde periódicamente y riegue las plantas jóvenes en tiempo seco. Si prepara el suelo correctamente el cultivo maduro apenas precisa riego. Las coles de Bruselas responden muy bien al fertilizante foliar a principios de verano. Las orugas y los áfidos pueden ser una amenaza: pulverice Permethrin.
- Al aproximarse el otoño, aporque los tallos y entutore las variedades altas antes de que lleguen los vientos fuertes de invierno. Antes había la costumbre de despuntar los tallos para acelerar la maduración, pero ya no se recomienda.

RECOLECCIÓN

- Empiece a recolectar cuando las coles («botones») basales han alcanzado el tamaño de una nuez y todavía están muy cerradas. Sepárelas mediante un brusco tirón hacia abajo o córtelas con un cuchillo afilado.
- Cada vez que recolecte, elimine del tallo las hojas amarillentas y todas las coles abiertas («marchitas»). Recuerde que sólo debe cortar algunas coles de cada tallo cada vez que recolecte.
- Cuando cese la producción de coles, corte los ápices de los tallos y cocínelos como la col repollo. Arranque y tire los tallos leñosos.

- Para obtener coles desde principios hasta mediados de otoño, siembre una variedad temprana al aire libre a finales de invierno y plante de asiento a mediados de verano. Para recolectar a finales de verano, siembre las semillas bajo campanas a finales de invierno y plante de asiento a mediados de primavera.
- En el caso de un cultivo tardío, que produce coles desde finales de otoño hasta finales de invierno, siembre una variedad tardía a principios de primavera y plante de asiento a principios de verano.

CALENDARIO

	Invierno	Primavera	Verano	Otoño
Siembra				
Plantación				
Cosecha				

Véase la clave de los símbolos en la página 7

EN LA COCINA

Las coles de Bruselas deben recolectarsee cuando todavía están fuertes y hervirse durante el menor tiempo posible para que al ingerirlas no estén demasiado blandas ni esponjosas. Ni siquiera hace falta hervirlas, puesto que las coles pequeñas pueden cortarse y servirse como uno de los ingredientes de una ensalada. Con frecuencia, y aunque no sea totalmente satisfactorio, se recomienda congelarlas y realmente ésta es la única forma de hacer frente a una recolección excesiva. Hierva las coles congeladas unos 2-3 min antes de servirlas.

CONGELACIÓN: emplee únicamente las coles pequeñas y fuertes. Elimine las hojas más externas si están dañadas y déjelas en remojo en agua fría durante 15 minutos. Blanquéelas durante 3 min, déjelas enfriar y luego escúrralas. Séquelas con un paño de papel y póngalas en bolsas de polietileno, con la menor cantidad de aire posible, antes de congelarlas.

ALMACENAMIENTO: guarde las coles sin lavar en una bolsa de polietileno en el frigorífico: las coles de Bruselas se conservarán frescas durante tres días.

COCCIÓN: el método estándar de preparar las coles de Bruselas consiste en hervirlas. Corte el tallo basal y arranque las hojas externas. Efectúe un corte transversal en la base mediante un cuchillo afilado y lávelas en agua fría —si en el interior de las coles hay áfidos, sumérjalas en agua salada durante 15 minutos. Llene una cacerola grande con 2,5 cm de agua y llévela a la ebullición. Añada las coles lentamente —para evitar que el agua deje de hervir—, tape la cacerola y deje que el agua burbujee durante 7 a 8 minutos. Escúrralas bien, añada un terrón de mantequilla (optativo) y sírvalas. Otra forma de prepararlas es hervir las coles 5 min y luego dejarlas cocer otros 5 min con castañas cocidas en mantequilla. Asimismo, puede cocer a fuego lento en una cacerola bien tapada las coles sancochadas con cebollas en un poco de caldo y panceta poco magra.

VARIEDADES

variedades HÍBRIDAS F₁

Los híbridos F_1 modernos están en auge. Su popularidad se debe a su tipo de crecimiento generalmente compacto y a los numerosos botones uniformes que cubren los tallos. Las coles de Bruselas tienden a madurar simultáneamente, lo cual es una ventaja si desea congelarlas; no obstante, esta característica se considera a menudo como un inconveniente si se desea un largo período de recolección. Esta desventaja es exagerada: generalmente los híbridos F_1 conservan sus botones maduros, es decir «sin marchitarse», durante algunas semanas.

«PEER GYNT»: es la col de Bruselas favorita y se encuentra en todos los catálogos. Los botones tienen un tamaño medio. Es una variedad temprana (la época de recolección abarca desde finales de verano hasta principios de invierno y alcanza su valor máximo a mediados de otoño).

«OLIVER»: una variedad temprana para recolectar a mediados de otoño. Las plantas son bastante cortas, pero los brotes son grandes. El sabor es bueno y las cosechas, altas.

«CITADEL»: es mejor que elija esta variedad antes que «Peer Gynt» si desea una variedad tardía con una producción máxima a principios de invierno. Las coles de color verde oscuro no son grandes pero se recomiendan mucho para congelar.

«WIDGEON»: se trata de una variedad nueva con una época de cultivo similar a la anterior, pero se valora por ser más resistente a la enfermedad y tener mejor sabor.

«DOLMIC»: si hasta ahora no ha tenido suerte, pruebe con esta variedad. Los expertos indican que es excepcionalmente tolerante con los suelos deficitarios y las condiciones climáticas adversas. Recolecte desde mediados de otoño hasta mediados de invierno.

«SHERIFF»: esta variedad ofrece algo distinto, una abundante cosecha de pequeños brotes que al cocinar no resultan amargos. Otra ventaja es la buena resistencia al mal blanco. Una variedad tardía de recolección invernal.

«RAMPART»: es otra variedad tardía que conserva sus coles sin marchitarse durante mucho tiempo. Tiene un crecimiento alto y las coles son bastante grandes y muy conocidas por su sabor.

«FORTRESS»: es la mejor elección si desea una variedad tardía para recolectar durante todo el invierno. Los botones de color verde oscuro son muy fuertes y las plantas son altas y soportan bien condiciones climáticas normalmente frías.

«TROIKA»: un «cruce de 3 caminos» más económico que los verdaderos híbridos F_1. Recolecte en invierno. Buena resistencia a la enfermedad y cosecha abundante.

Peer Gynt

variedades ESTÁNDAR

En la actualidad, las antiguas favoritas, a veces conocidas como variedades corrientes o autopolinizadas, han sido eclipsadas por los híbridos F_1. Sus coles no tienen la uniformidad ni la gran calidad de las de los híbridos modernos y, además, si no se recogen cuando están maduras se marchitan con bastante rapidez. Aunque algunos expertos ya no las recomiendan, estas variedades todavía conservan una o dos ventajas: producen las coles más grandes y quizás las de mejor sabor, y además el placer de recolectar cada col cuando está madura.

«EARLY HALF TALL»: es una elección alternativa del híbrido F_1 «Peer Gynt» si desea una planta compacta con una época de recolección durante el otoño.

«BEDFORD»: esta variedad, producida por los hortelanos de Bedfordshire, es famosa por sus coles grandes situadas sobre tallos altos. Puede elegir entre «Bedford-Asmer Monitor» y «Bedford-Fillbasket», según desee cosechas abundantes o bien una planta compacta destinada a un huerto pequeño.

«NOISETTE»: la col del gastrónomo; botones pequeños que saben a nueces. Es una favorita de los franceses (según éstos debe cocerse con vino blanco en una vasija bien tapada y a fuego lento).

«RUBINE»: es la col de Bruselas rojiza —se sirve cruda en las ensaladas o se hierve como cualquier otra variedad— y su sabor no es superado por el de ninguna otra col de Bruselas.

«CAMBRIDGE NO. 5»: es una variedad tardía que produce coles grandes. Anteriormente era popular pero en la actualidad no se encuentra en los catálogos.

«ROODNERF»: incluye varias variedades —«Roodnerf-Seven Hills», «Roodnerf-Early Button», etc.— que se caracterizan porque conservan sus coles sin marchitar durante más tiempo que las otras variedades.

PROBLEMAS

Véase páginas 28-31

Bedford-Fillbas

COL REPOLLO

Con frecuencia se empieza a cultivar este tipo de col basándose en la posibilidad de poder recolectar durante todo el año. Esto es verdad hasta cierto punto: si elige las variedades adecuadas, dispone de terreno en exceso y siembra y trasplanta en la época apropiada, podrá realmente conseguir un suministro continuo, aunque esto no siempre sea del agrado de su familia. En la parcela de hortalizas una planta de col repollo ocupa mucho espacio para producir un solo cogollo y, además, en muchos hogares este cogollo se transforma en la cocina en una verdura bastante maloliente y blanda. Ninguno de estos inconvenientes es insuperable —como se indica en el apartado inferior, las coles de primavera y de verano producen repollos continuamente, y la col repollo del huerto familiar puede convertirse en una verdura apetitosa con numerosos usos, siempre que se cocine adecuadamente. En muchos catálogos se ofrecen multitud de variedades y casi todas pueden incluirse en uno de los tres grupos principales: col repollo de primavera, de verano o de invierno. La estación se refiere a la época de recolección, no a la de plantación, y nadie puede exactamente decidir dónde deben incluirse coles como «Winnigstadt», que se recolecta en otoño. Algunos libros de horticultura las incluyen entre las coles de verano. Si desea algo distinto pruebe las variedades roja y «China» (un nuevo sabor para una verdura antigua).

TIPOS

PRIMAVERA **VERANO** **INVIERNO** **SABOYA** **ROJA** **CHINA**

CARACTERÍSTICAS DE LAS SEMILLAS

No siembre demasiadas simultáneamente: sólo una pequeña hilera a intervalos de algunas semanas.

Tamaño real

Duración esperada de la germinación:	7 a 12 días
Número aproximado por cada 100 g:	24 000
Producción esperada por planta:	0,3 a 1,4 kg
Longevidad de la semilla almacenada:	4 años
Tiempo aproximado entre la siembra y la cosecha:	35 semanas (variedades de primavera) 20 a 35 semanas (variedades de verano, invierno, «Saboya» y rojas) 10 semanas (variedades «China»)
Facilidad de cultivo:	es fácil si sigue las normas de cultivo y si no es atacado por la hernia de la col, la mosca de la col y otras plagas.

SIEMBRA Y PLANTACIÓN

Siembre muy espaciadamente

Cubra con tierra

15 cm

1 cm

- Aclare las plántulas para evitar un crecimiento excesivo y débil. Debe dejar unos 7 cm de distancia entre ellas, en cada hilera.
- Las plántulas pueden transplantarse cuando tienen cinco o seis hojas. Riegue las hileras el día antes de desarraigar los trasplantes y de trasladarlos a su ubicación definitiva. Sumerja las raíces en clortalonil si teme un ataque de la hernia de la col. Plante firmemente y riegue copiosamente.
- Deje una distancia de 30 cm entre las plantas, si la variedad es compacta, y de 45 cm si produce cabezas grandes. En el caso de la col repollo de primavera deje una distancia de 10 cm entre las plantas y de 30 cm entre las hileras: así obtendrá verduras de primavera a finales de invierno.
- La col «China» requiere unas normas de siembra y plantación específicas (véase pág. 38).

CUIDADOS DEL CULTIVO

- Los pájaros son un problema: proteja las plántulas de los gorriones. Escarde con cuidado hasta que el cultivo alcance el tamaño adecuado para eliminar las malas hierbas.
- Riegue si el tiempo es seco. Añada siempre un fertilizante líquido cuando las cabezas empiecen a madurar.
- En otoño aporque los tallos de la col de primavera. Durante el invierno, afirme todas las plantas que se han aflojado por el viento o las heladas.

RECOLECCIÓN

- A finales de invierno aclare las hileras de coles repollo de primavera y emplee las plantas jóvenes como verduras de primavera. Deje que las plantas restantes formen cogollos para cortar a principios o mediados de primavera.
- Recoja las coles cortándolas a ras de suelo con un cuchillo afilado. En el caso de las coles de primavera y de verano, córtelas dejando unos tocones de 1 cm de altura (sobre estas superficies) cortadas se formará un segundo cultivo de coles más pequeñas).
- En la mayoría de los casos las coles se cortan para emplearlas inmediatamente. La col repollo blanca de invierno y la roja pueden recolectarse a mediados de otoño y almacenarse para su consumo en invierno. Corte las raíces y los tallos, retire las hojas externas y colóquelas dentro de cajas con paja en un lugar frío y seco. Se conservarán bien hasta finales de otoño.

CARACTERÍSTICAS DEL SUELO

- La col repollo precisa de un suelo muy compacto y por ello debe dejar transcurrir algunos meses entre la cava y la plantación. Añada humus, pero nunca lo aplique fresco.
- Para cultivar las plantas escoja una parcela bastante soleada —puede usar una franja en la que anteriormente cultivó verduras diferentes de las coles— y añada *compost* o estiércol si el suelo es pobre. El terreno no debe ser ácido (si es necesario, abone con cal en invierno).
- Aproximadamente una semana antes de plantar cualquier tipo de col, excepto la col repollo de primavera, añada un fertilizante general. El tipo de primavera requiere cultivarse lentamente en una parcela protegida. Rastrille bromofos si la zona es propensa a la mosca de la col. Antes de plantar las plántulas no trabaje nunca la superficie con la horquilla: písela suavemente, rastríllela ligeramente y retire los desperdicios superficiales.

EN LA COCINA

Las coles repollo pueden prepararse de muchas formas y una de ellas consiste en hervirlas. En primer lugar, existe la col cruda aunque no es tan apetitosa como podría parecer. Los trozos de col blanca y roja son un ingrediente útil de la ensalada; sin embargo, la col blanca normalmente se mezcla con zanahorias ralladas, con manzanas, etc. y se cubre con salsa mahonesa para obtener así una ensalada de col. Las hojas de la col «China» se sirven normalmente cortadas en trozos con una salsa vinagreta. También existe la col repollo encurtida: en vinagre, la col roja y en salmuera (sauerkraut), la col blanca. No obstante la mayoría no consume la col repollo cruda o encurtida sino como una verdura cocida, aunque hervirla no es la única ni la mejor forma de prepararla. Los trozos de col también pueden freirse, un método recomendado preca forma repollos de tamaño medio. En Europa Oriental es muy popular la col repollo rellena de carne picada y en Grecia, las hojas de col pueden usarse en lugar de las hojas de parra para elaborar el típico plato griego *dolmades*. La sopa de col, la col a la cazuela, la col cocida a fuego lento en una vasija tapada son varias de las muchas recetas que puede ensayar si está cansado de la col hervida.

CONGELACIÓN: emplee sólo las cabezas duras y frescas. Lávelas y trocéelas groseramente en tiras. Blanquéelas durante 1 min, y empaquételas en bolsas de polietileno y congélelas.

ALMACENAMIENTO: guárdelas en el frigorífico recubiertas con una hoja de plástico adherida: la col repollo se conservará fresca durante una semana y la col «China» durante algunas semanas.

COCCIÓN: hervir la col repollo adecuadamente es un arte. Lávela y prepárela en el momento de cocinarla (en tiras o en trozos grandes, según su gusto). Llene una cacerola grande con agua ligeramente salada hasta una altura de 2,5 cm y déjela hervir. Añada un puñado de hojas a la vez para que el agua no deje de hervir. Coloque las hojas jóvenes sobre las viejas. Tape la cacerola y déjela a fuego medio durante 5 (las tiras) o 10 min (los trozos grandes). Seguidamente escúrralas y luego cúbralas con mantequilla y pimienta negra, o bien póngalas en una fuente, cúbralas con salsa cremosa y queso rallado y déjelas gratinar hasta que la superficie adquiera un color dorado. La col repollo roja precisa un tratamiento distinto: se cuece a fuego lento con mantequilla, vinagre, azúcar, cebollas y trozos de manzana (el *apfelrotkohl* alemán).

VARIEDADES

Coles repollo de PRIMAVERA

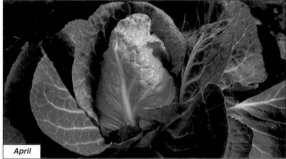

April

Coles repollo de VERANO

Stonehead

Estas coles se plantan en otoño y proporcionan tiernas verduras de de primavera (collards) a principios de la misma y repollos maduros al final de la estación. Generalmente tienen una forma cónica y son más pequeñas que las variedades de verano y de invierno.

«DURHAM EARLY»: es una variedad popular, especialmente como productora de hortalizas de primavera, de color verde oscuro y de forma cónica. De maduración precoz para repollos de tamaño medio.

«OFFENHAM 1-MYATT'S OFFENHAM COMPACTA»: una variedad con hojas externas de color verde oscuro, que se siembra a finales de verano y se corta a finales de primavera. Cultivada para ensalada.

«APRIL»: es una variedad muy recomendada —temprana, compacta y fiable. Presenta una forma cónica y tiene algunas hojas externas.

«FIRST EARLY MARKET 218»: es la elección apropiada si desea una col de primavera de cabeza grande. Los repollos son cónicos y de color verde oscuro.

«PIXIE»: las pequeñas y apretadas cabezas hacen de esta variedad temprana una buena opción para plantar una junto a otra. Un sustituto para la antigua variedad «Dorado».

«OFFENHAM-FLOWER OF SPRING»: es resistente a condiciones ambientales desfavorables. Los repollos son cónicos, grandes y fuertes.

«SPRING HERO»: es una variedad de primavera algo diferente (los repollos tienen forma esférica). Este híbrido F_1 es temprano, resistente y produce repollos redondeados que pesan aproximadamente 1 kg. Siémbrela a mediados de verano, no a principios de éste.

Estas coles maduran en verano o en otoño. Por lo general, tienen repollos de forma esférica, aunque existen excepciones tales como la siempre popular «Greyhound» y el híbrido F_1 «Hispi», que los presentan en forma cónica. Normalmente se siembran al aire libre a principios de primavera, se trasplantan a mediados de esta estación y pueden recolectarse a mediados o finales de invierno. Si desea recolectar a finales de primavera, siembre una variedad temprana bajo campanas a finales de invierno y trasplántela a principios de primavera.

«GREYHOUND»: es una variedad excelente para sembrar pronto ya que sus repollos, puntiagudos y compactos, maduran rápidamente.

«HISPI»: esta variedad moderna es incluso más temprana que la antigua favorita «Greyhound». Los repollos tienen la misma forma y perduran durante mucho tiempo sin partirse.

«PRIMO» (GOLDEN ACRE): es la col repollo de verano favorita, de cabeza redonda, compacta y muy firme.

«DERBY DAY»: esta variedad puede sembrarse a mediados de invierno y recolectarse en verano.

«STONEHEAD»: un híbrido F_1 que produce abundantes cabezas redondas, aunque las plantas son lo suficientemente compactas como para plantarlas juntas en el cuadro.

«MINICOLE»: es un híbrido F_1. Los repollos, pequeños y ovalados, se producen a principios de otoño y se conservan tres meses.

«WINNIGSTADT»: antigua favorita cuyos repollos, puntiagudos y grandes, se recolectan a finales de verano o a principios de otoño.

	Invierno	Primavera	Verano	Otoño
Siembra			▓	
Plant.				▓
Cosecha		▓		

	Invierno	Primavera	Verano	Otoño
Siembra	▓	▓		
Plant.		▓		
Cosecha			▓	

Coles repollo de INVIERNO

Celţic

Se caracterizan porque generalmente tienen repollos esféricos, o en forma de tambor, verdosos o blanquecinos y apropiados para su consumo inmediato. Las variedades de color blanco también se usan para elaborar ensalada de col y pueden almacenarse durante algunos meses (véase pág. 36). La col de invierno se siembra a mediados de primavera, se trasplanta a mediados de verano y se recolecta a partir de mediados de otoño.

«CELTIC»: híbrido F_1 entre una col repollo de invierno de color blanco y una col de «Saboya». Los repollos son esféricos, resistentes al viento, verdeazulados y perduran durante algunos meses sin partirse.

«CHRISTMAS DRUMHEAD»: se trata de la variedad más temprana: enana, verdeazulada y puede recolectarse a principios de otoño.

«JANUARY KING»: las cabezas de esta col tipo «Saboya» tienen forma de tambor y se diferencian por las hojas rojizas.

«HOLLAND LATE WINTER»: se trata de la col repollo blanca favorita de otras épocas para elaborar ensalada de col y para almacenar.

«TUNDRA»: una excelente opción, lista para principios de invierno, pero adecuada para cortar a principios de primavera.

	Invierno	Primavera	Verano	Otoño
Siembra		▣		
Plant.			▣	
Cosecha	▣			▣

Coles repollo de «SABOYA»

Ormskirk Late

Estas coles repollo se reconocen fácilmente por sus hojas de color verde oscuro, crespas y arrugadas. Se cultivan como las coles de invierno, pero la época de recolección es más larga (existen variedades que maduran a finales de verano y otras que alcanzan la madurez más tarde, a finales de invierno).

«BEST OF ALL»: es la elección estándar si desea una variedad de repollo grande con forma de tambor que madure a finales de verano.

«ORMSKIRK LATE»: esta antigua favorita se encuentra en una situación opuesta a la anterior ya que no alcanza el tamaño apropiado para su cosecha hasta mediados o finales de verano. Los repollos son grandes y de color verde oscuro.

«SAVOY KING»: muchos consideran que este híbrido F_1 es la mejor col de «Saboya». Las hojas tienen un color verde oscuro —raro en una variedad «Saboya»— y las cabezas tienen un tamaño insuperable. Siémbrela pronto para poder cosechar a finales de verano.

«WIROSA»: una buena elección si quiere cabezas de buena calidad en invierno.

	Invierno	Primavera	Verano	Otoño
Siembra		▣		
Plant.		▣		
Cosecha	▣		▣	▣

Coles repollo ROJAS

Ruby Ball

Estas coles son muy populares en muchos países europeos. Cultivelas como una col repollo de verano y córtelas a finales de verano, si desea consumirlas inmediatamente, o bien a finales de otoño, si proyecta almacenarlas para el invierno.

«RED DRUMHEAD»: es la variedad favorita entre los amantes de la col. Produce repollos compactos de color verde oscuro. Una planta compacta adecuada para un huerto pequeño.

«RUBY BALL»: se trata de un híbrido F_1 producido en América y valorado por ser una mejora dentro de las variedades tempranas. El repollo es redondeado, apretado y tiene algunas hojas externas. Puede cortarse a finales de verano.

«HARDORA»: una col de maduración tardía apta para almacenamiento, pero no será fácil encontrar un proveedor.

	Invierno	Primavera	Verano	Otoño
Siembra		▣		
Plant.		▣		
Cosecha			▣	▣

Coles repollo «CHINA»

Jade Pagoda

Se venden en los supermercados como «hojas de China». Por su aspecto, altas y cilíndricas, se parecen a una lechuga de «Cos». También se cultivan en forma distinta de las coles: siembre aproximadamente a intervalos de 10 cm, en hileras separadas 30 cm, y posteriormente efectúe un aclareo dejando una distancia de 30 cm entre las plantas. El espigado es un problema: no las trasplante y acuérdese de regar periódicamente en tiempo seco. A mediados de verano, ate flojamente los repollos.

«TIP-TOP»: es una variedad grande: cada repollo pesa aproximadamente 1 kg y es más resistente al espigado que las variedades más antiguas.

«KASUMI»: una variedad fiable cilíndrica con una buena resistencia y las cabezas no demasiado apretadas.

«PE-TSAI»: se trata de una de las variedades más antiguas, de color verde claro y alta (60 cm de altura). Siémbrela a partir de principios de verano.

«JADE PAGODA»: un tipo Michihili —las cabezas son más altas y delgadas que las otras.

	Invierno	Primavera	Verano	Otoño
Siembra		▣	▣	
Cosecha				▣

PROBLEMAS

Véase páginas 28-31

PIMIENTO

Las variedades de pimiento que están adquiriendo popularidad son las grandes y dulces. En la actualidad, estos frutos de sabor dulce se usan mucho en las ensaladas y también en las preparaciones culinarias, mientras que sus parientes, los chiles, pequeños y muy picantes, continúan siendo mucho menos populares. El pimiento es pariente del tomate y precisa unas condiciones de cultivo similares —es un cultivo de invernadero pero puede cultivarse al aire libre en zonas poco frías si hay buenas condiciones climáticas y se protege con campanas durante las primeras etapas del crecimiento. Los pimenteros alcanzan unos 90 cm de altura en el invernadero y unos 60 cm al aire libre. Los frutos están maduros cuando están hinchados y verdes. Si los frutos se vuelvan rojizos en la planta no aumentará su sabor.

CARACTERÍSTICAS DE LAS SEMILLAS

Duración de la germinación:	14 a 21 días
Producción esperada por planta:	6 a 10 frutos
Índice de longevidad de lasemilla almacenada:	5 años
Tiempo aproximado entre la siembra y la cosecha:	18 semanas
Facilidad de cultivo:	es difícil al aire libre (precisa protección y riegos y abonados periódicos)

Tamaño real

CARACTERÍSTICAS DEL SUELO

- El cultivo al aire libre requiere una parcela soleada y protegida con un suelo fértil y bien drenado. Añada fertilizante antes de plantar.
- En el invernadero se cultivan en macetas de 20 cm llenas de *compost* o se plantan en bolsas de crecimiento (tres por bolsa).

SIEMBRA Y PLANTACIÓN

- Cultive las plántulas en el invernadero con una temperatura entre 15 y 21 °C. Siembre dos semillas en una maceta de turba llena de *compost*. Elimine la plántula más débil.

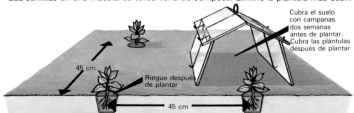

Cubra el suelo con campanas dos semanas antes de plantar. Cubra las plántulas después de plantar

45 cm

Riegue después de plantar

45 cm

Para un cultivo de invernadero plante a principios (con calefacción) o a mediados de primavera (sin calefacción)

CALENDARIO

	Invierno	Primavera	Verano	Otoño
Siembra y plantación (cultivo al aire libre)	▪	🌱		
Siembra y plantación (cultivo deinvernadero)	▪▪	🌱🌱		
Cosecha				

CUIDADOS DEL CULTIVO

- Durante el crecimiento, es necesario replantar varias veces hasta que las plantas tengan el tamaño apropiado para plantarse en lugar definitivo.
- Pulverice las plantas periódicamente para protegerlas de la araña roja y estimular el cuajado de los frutos. Precisan algún tipo de soporte —ate los tallos a estacas o bien a alambres horizontales. No es aconsejable despuntarlas.
- Riegue periódicamente pero no deje el *compost* de las macetas o de las bolsas empapado. Cuando los frutos empiecen a hincharse, añada abono rico en potasio cada vez que riegue.

RECOLECCIÓN

- Recoja los frutos cuando estén hinchados, verdosos y brillantes. Córtelos a medida que los precise (un pimiento verdoso maduro se vuelve rojizo a las tres semanas de permanecer en el invernadero).

EN LA COCINA

Los pimientos dulces tienen numerosos usos en la cocina. Los anillos estrechos pueden ser un ingrediente crujiente en las ensaladas de verano, o bien pueden freírse y servirse como una verdura caliente. Los pimientos troceados pueden asarse a la parrilla como parte integrante del *kebab* o añadirse a cocidos o estofados —los pimientos verdes y rojos son ingredientes esenciales de la *ratatouille* (estofado de verduras francés). También puede emplearse el fruto entero: llénelo de carne picada o de trozos de pollo, por ejemplo, y déjelo cocer al horno.

ALMACENAMIENTO: guarde los pimientos en un recipiente rígido cerrado herméticamente en el frigorífico: los pimientos se conservarán frescos durante dos semanas.

COCCIÓN: lave y seque los pimientos, luego corte el tallo y la zona adyacente. Quíteles las semillas y la médula interna. Si va a cocinarlos, blanquéelos en agua hirviendo durante 5 min antes de rellenarlos o de añadirlos a la cazuela.

VARIEDADES

«REDSKIN»: una variedad enana para cultivar en macetas, bolsas o cuadros en un terreno protegido. Los frutos son de color rojo brillante.

«NEW ACE»: se trata de una variedad muy apropiada en todos los aspectos: temprana, de producción elevada y más tolerante al frío que la mayoría de las otras variedades.

«GYPSY»: este nuevo híbrido F$_1$ se considera un perfeccionamiento de «Canape» y es muy asequible. Según los catálogos se caracteriza por «maduración temprana» y «cultivos inmensos».

«CALIFORNIA WONDER»: los frutos rojos y verdes cúbicos tienen un sabor agradable; es una variedad fiable.

PROBLEMAS

ARAÑA ROJA

Los pimientos rojos son susceptibles a la araña roja: preste especial atención a las manchas pálidas y de color de bronce de las hojas. En el envés pueden encontrarse arañas muy pequeñas. Pulverice copiosamente Malathion o Derris.

ÁFIDOS

El pulgón verde puede atacar tanto a los cultivos de invernadero como a los del aire libre. Para solucionarlo pulverice Permethrin o Heptenophos.

PODREDUMBRE APICAL

Se caracteriza por la aparición de manchas oscuras en la base de los frutos (con frecuencia se presenta cuando se usan bolsas de cultivo y generalmente se debe a un riego incorrecto).

ZANAHORIA

Si quiere impresionar a su familia, o ganar un premio en un concurso de horticultura, la clave para conseguir zanahorias muy largas y rectas consiste en hacer un profundo hoyo cónico mediante una palanca y llenarlo de *compost*. A continuación, siembre en la parte superficial tres semillas «St. Valery». Luego efectúe un aclareo dejando la plántula más fuerte y pulverícela periódicamente con abono foliar. Desde luego, este no es el método de cultivar zanahorias destinadas al consumo —actualmente se desean variedades más cortas, que crecen más rápidamente y con mayor facilidad. En la actualidad existen nuevas variedades y también nuevas ideas respecto a su cultivo: se recomienda cultivar un cuadro de zanahorias con las plantas bastante juntas a fin de eliminar la necesidad de escardar. Siembre muy espaciadamente para eliminar la necesidad de aclarar y tener una cosecha sin labores de mantenimiento —aunque siempre existe la amenaza de una temida mosca de la zanahoria (véase pág. 42).

CARACTERÍSTICAS DE LAS SEMILLAS

Mezcle las semillas con arena o turba fina. Es mucho mejor que siembre semillas capsuladas a una distancia de 2,5 cm.

Tamaño real

Duración esperada de la germinación:	17 días
Número aproximado por cada 100 g:	60 000
Producción esperada por hilera de 3 m:	3,5 kg (cultivo temprano) 4,5 kg (cultivo principal)
Longevidad de la semilla almacenada:	4 años
Tiempo aproximado entre la siembra y la cosecha:	12 semanas (cultivo temprano) 16 semanas (cultivo principal)
Facilidad de cultivo:	no es difícil sino ataca la mosca de la zanahoria

CARACTERÍSTICAS DEL SUELO

- Las zanahorias son plantas exigentes. Si desea cultivar una variedad larga y delgada el suelo debe ser profundo, fértil y bastante arenoso. Si su parcela es bastante arcillosa o pedregosa, cultive variedades de raíz corta. No cultive zanahorias si abonó el terreno con estiércol el año anterior.
- Elija una parcela soleada. Cave en otoño y, si es neceario, añada turba pero no estiércol o *compost*. Prepare el semillero una o dos semanas antes de sembrar. Rastrille bromofos y un fertilizante general en la superficie.

SIEMBRA

Siembre muy espaciadamente

Cubra con tierra

15 cm

1 cm

CUIDADOS DEL CULTIVO

- Aclare las plántulas cuando tengan el tamaño adecuado para ser manejadas. Las plantas deben estar a una distancia de 5 a 7 cm. Efectúe el aclareo cuidadosamente, ya que el olor del follaje estropeado atrae a la mosca de la zanahoria que destruye las raíces. Riegue si el suelo está seco y realice el aclareo por la tarde. Compacte el suelo alrededor de las plantas restantes y queme o entierre las que ha eliminado al aclarar.
- Arranque o escarde manualmente todas las malas hierbas que crecen entre las plántulas; sin embargo, no es recomendable escardar cuando estas últimas están arraigadas. La densa cobertura de hojas, debida a la proximidad de las plantas, impide el desarrollo de malas hierbas anuales, pero debe eliminar las perennes manualmente.
- Riegue durante los períodos de sequía para conservar la humedad del suelo —un chaparrón en un suelo seco puede provocar la rotura de las raíces.

RECOLECCIÓN

- Desarraigue las zanahorias pequeñas según sus necesidades a partir de finales de primavera. Levántelas con la horquilla si el suelo es compacto.
- A principios de otoño, recolecte las zanahorias de cultivo principal para almacenar. Emplee una horquilla para levantar las raíces y luego elimine la tierra que cubre la superficie. Las raíces estropeadas pueden consumirse o tirarse —sólo deben almacenarse las zanahorias sanas. Corte las hojas dejando 1 cm por encima de la corona y coloque las raíces en una caja sólida entre capas de arena o de turba seca. Las zanahorias no deben contactar entre sí; guárdelas en un cobertizo seco y obsérvelas de vez en cuando a fin de que pueda deshacerse de cualquier raíz podrida antes de que infecte a las demás. La cosecha se conservará hasta finales de invierno.

- Para conseguir una cosecha muy temprana, que pueda recolectarse a finales de primavera, siembre una variedad de raíz corta bajo campanas a finales de invierno.
- Para conseguir una cosecha temprana, que pueda recolectarse a principios de verano, siembre una variedad de raíz corta en una parcela protegida a finales de invierno o a principios de primavera.
- Para conseguir zanahorias de cultivo principal, siembre variedades de raíz larga o de raíz mediana entre mediados y finales de primavera y podrá recolectarlos a finales de verano y principios de otoño.
- Para conseguir un cultivo tierno a mediados y finales de invierno, siembre una variedad de raíz corta a mediados de verano y cubra las plantas con campanas al inicio del otoño.

CALENDARIO

	Invierno	Primavera	Verano	Otoño
Siembra				
Cosecha				

EN LA COCINA

Es posible que no conozca algunas de las verduras de este libro, pero con toda seguridad conoce a la zanahoria. Muy pocas verduras igualan su versatilidad: cortadas en forma de bastones como tentempiés, troceadas en ensaladas, en rodajas en los estofados y en los cocidos, o hervidas enteras como una verdura caliente. Pero incluso tiene usos que no son corrientes: encurtidas, fritas, para elaborar mermelada, vino e incluso como el ingrediente básico del pastel de zanahoria. Si desea comerlas crudas, acuérdese de recolectarlas cuando todavía sean bastante pequeñas, ya que es el momento en que son más dulces.

CONGELACIÓN: arranque las zanahorias para congelar cuando tengan el tamaño de un dedo. Corte sus extremos, lávelas y luego blanquéelas durante 5 minutos. Déjelas enfriar y pélelas, frotando si es necesario. Congélelas en bolsas de polietileno.

ALMACENAMIENTO: consérvelas en un lugar lo más fresco posible. Guárdelas en una bolsa de polietileno en el frigorífico: las zanahorias se conservarán frescas durante dos semanas.

COCCIÓN: quite las hojas y los extremos de las zanahorias con un cuchillo y elimine cualquier parte dañada o enferma. No las pele a menos que sean viejas —las raíces pequeñas simplemente deben limpiarse con un cepillo. Cocine las zanahorias pequeñas enteras y corte diagonalmente las más grandes. En general se hierven, y en este aspecto el fallo más grave es emplear demasiada agua. Emplee sólo la cantidad de agua, ligeramente salada, necesaria para cubrirlas y déjelas hervir durante 10 a 20 min, según su tamaño y edad. Escúrralas y sírvalas con un terrón de mantequilla y perejil cortado. Si las cuece al vapor, tardará más tiempo (1/2 a 1 h) pero conservarán más el sabor. Quizás el método más sabroso sea freírlas —rodajas delgadas fritas ligeramente con cebollas picadas. El hecho de cultivar zanahorias en su huerto le permite recogerlas frescas para su consumo inmediato o recogerlas para almacenar, durante nueve meses al año, pero existe el engorroso problema de que muchas raíces están plagadas de agujeros provocados por gusanos.

VARIEDADES

Variedades de RAÍZ CORTA

Estas variedades de raíz corta, redondas como una pelota de golf o largas como un dedo, maduran rápidamente. Son las primeras en sembrarse, y la cosecha temprana se usa inmediatamente o se congela. Aunque las favoritas son «Amsterdam Forcing» y «Early Nantes», existen muchas otras. Quizá son pequeñas, pero también son las de mejor sabor. Siémbrelas cada dos o tres semanas, desde principios de primavera hasta principios de verano, y de este modo tendrá un suministro continuo de raíces exquisitas.

«AMSTERDAM FORCING»: es famosa por ser la variedad más temprana: cilíndrica con un extremo despuntado (tocón). Tiene el corazón pequeño y es excelente para congelar.

«EARLY NANTES 2»: aunque las raíces son más largas y más afiladas que las de «Amsterdam Forcing», estas dos variedades se parecen en muchos aspectos: tempranas, tiernas y excelentes para congelar.

«EARLY FRENCH FRAME»: la variedad redonda es una excelente elección en suelos poco profundos. Puede alcanzar 5 cm de diámetro pero es mejor recolectarla antes de que llegue a la madurez. La variedad «Rondo» pertenece a este grupo.

«EARLY SCARLET HORN»: una buena zanahoria de tipo Nantes recomendada para sembrar bajo campana a principios de primavera.

«SYTAN»: esta zanahoria tipo Nantes es conocida por su resistencia a la mosca.

«KUNDULUS»: según los catálogos, es una zanahoria adecuada para suelos malos. Las raíces, cilíndricas y cortas, parecen casi una pelota. Es una elección acertada para una parcela pequeña.

Amsterdam Forcing

Variedades de RAÍZ INTERMEDIA

De tamaño mediano son las de mayor éxito para cultivarse en un huerto corriente. Generalmente se siembran más tarde que las variedades de raíz corta. Las raíces jóvenes se arrancan para usarse inmediatamente y las restantes se dejan madurar como zanahorias de cultivo principal, para almacenarse en invierno.

«CHANTENAY RED CORED»: es la elección popular y se encuentra en todas las listas de variedades de tamaño mediano recomendadas. Las raíces son gruesas y carecen de punta; la pulpa es de color naranja oscuro y la piel muy lisa. Existen subvariedades muy buenas, tales como «Royal Chantenay».

«BERLICUM BERJO»: se trata de una mejora de la antigua variedad «Berlicum». Las raíces cilíndricas son despuntadas y tiene buena reputación porque se conserva bien, produce cosechas abundantes y tiene un color atractivo.

«AUTUM KING»: aunque las raíces son inusualmente largas, para tratarse de zanahorias de este grupo, ninguna presenta una punta tan afilada como la de las variedades de raíz larga. «Autum King» tiene algunas ventajas: es muy resistente y permanecerá en el suelo durante todo el invierno; además atrae la mosca de la zanahoria mucho menos que otras variedades. Tiene una o dos subvariedades excelentes, incluyendo «Vita Longa».

«JAMES SCARLET INTERMEDIATE»: se trata de uan antigua favorita famosa por su total fiabilidad. Es mediana, ancha y ahusada.

«FLAKKEE»: esta variedad holandesa tiene, como «Autum King», las raíces demasiado largas para justificar la denominación «mediana»; sin embargo, son despuntadas y por ello no puede clasificarse entre las variedades de raíz larga.

«MOKUM»: se trata de un híbrido F_1 que produce raíces cilíndricas de una longitud superior a los 20 cm. Madura muy rápidamente y puede sembrarse desde finales de invierno hasta principios de verano.

«NANTES TIP TOP»: es la aristócrata del grupo «Nantes» —una elección popular para concursar. Las raíces, de 15 cm de longitud, son uniformemente cilíndricas y carecen de corazón.

Variedades de RAÍZ LARGA

En este grupo se incluyen las zanahorias gigantes, largas y ahusadas de los concursos. En general, se cultivan en un suelo especialmente preparado y no son aconsejables en el huerto familiar a menos que el suelo sea profundo, fértil y ligero.

«NEW RED INTERMEDIATE»: a pesar de su nombre «intermedia», se trata de una de las zanahorias más largas. Es muy adecuada para almacenar.

«ST. VALERY»: es la variedad que normalmente eligen los expositores. Las raíces son largas, uniformes y finamente ahusadas.

New Red Intermediate

PROBLEMAS DE LA ZANAHORIA Y DE LA CHIRIVÍA

No es fácil cultivar zanahorias con éxito; si su suelo es arcilloso o pedregoso es prácticamente imposible obtener zanahorias largas y rectas. En este caso, la única solución posible es elegir una variedad de raíz corta, aunque esto no lo ayudará en la lucha contra la mosca de la zanahoria. En algunas zonas los ataques de plagas alcanzan tales proporciones que debe considerarse seriamente antes de cultivar esta hortaliza. Ninguna variedad es resistente y, además, no existe un único método de control (véase la sección inferior). Las chirivías son menos susceptibles a las plagas: la principal enfermedad es en cancro y se soluciona cultivando variedades resistentes.

	Síntomas	Causas probables
Plántulas	— no aparecen	siembra demasiado profunda
	— derribadas	hongos del semillero (véase pág. 110)
Hojas	— moteado amarillento, luego rojizo	9
	— rojizas, posteriormente amarillentas	1
	— muy distorsionadas	10
	— desplomadas, pecíolos negruzcos	7
	— perforadas, con ampollas	mosca del apio (véase pág. 49)
	— cubiertas de pulgón negro	pulgón negro (véase pág. 20)
Plantas	— derribadas, zona afectada oscura	podredumbre blanda (podredumbre húmeda o gangrena húmeda) (v. pág. 56)
Raíces en el huerto	— partidas	12
	— bifurcadas	8
	— ahuecadas	13
	— ápice verdoso	2
	— pequeñas	5
	— cubiertas de moho purpúreo	6
	— cubiertas de moho blanquecino	7
	— manchas negruzcas escamosas	4
	— manchas negruzcas, interior podrido	11
	— perforadas	1 o gusano de alambre (v. pág. 110)
	— devoradas	Noctuela (véase pág. 110) o miriápodos (véase pág. 110) o babosas y caracoles (véase pág. 110)
Raíces almacenadas	— cubiertas de moho purpúreo	6
	— cubiertas de moho blanquecino	7
	— zonas negruzcas hundidas	3
	— blandas, fétidas	podredumbre blanca (v. pág. 85)

RAÍCES PERFORADAS

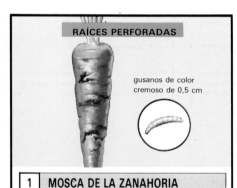

gusanos de color cremoso de 0,5 cm

1 MOSCA DE LA ZANAHORIA

Los síntomas indicativos son hojas rojizas que se marchitan en tiempo soleado. En una fase posterior, las hojas se vuelven amarillentas. Se trata de la principal enfermedad de las zanahorias y también ataca a las chirivías. Las plántulas mueren, las raíces maduras están agujereadas y tienden a pudrirse. Los ataques son más graves en suelos secos.

Tratamiento: ninguno.

Prevención: cultive las zanahorias lejos de plantas altas. Siembre espaciadamente y destruya todas las plántulas que ha aclarado. Rastrille pirimifos-metil en el suelo antes de sembrar o aplíquelo a lo largo de la hilera de semillas. Si no va a recolectar hasta otoño, riegue alrededor de las plantas con Lithocin a mediados de verano. Si su zona es propensa, recolecte las variedades tempranas antes de mediados de verano y demore la siembra de las variedades de cultivo hasta finales de primavera.

2 ÁPICE VERDOSO

A veces al recolectar se encuentran los ápices de las raíces de las zanahorias de color verdoso. Las raíces verdosas no son perjudiciales como las patatas, pero son repugnantes. Este problema se debe al efecto de la luz solar sobre las coronas expuestas y puede evitarse fácilmente acollando para cubrir los ápices de las raíces durante la estación de crecimiento.

5 RAÍCES PEQUEÑAS

Aunque los áfidos y los virus impiden el desarrollo y reducen la cosecha, muchos horticultores, incluso en ausencia de plagas y enfermedades obtienen zanahorias pequeñas y decepcionantes. En general, esto se debe a un suelo en malas condiciones — una o dos estaciones antes de cultivar zanahorias debe cavar el suelo profundamente y desmenuzar la arcilla añadiendo *compost* descompuesto o estiércol. Si las plantas crecen lentamente, pulverícelas periódicamente con un fertilizante foliar o riéguelas con abono líquido. Las zanahorias responden bien a este abono.

3 PICADO NEGRO

Es una enfermedad que afecta a las zanahorias almacenadas y las hace inservibles. Las lesiones, grandes y negruzcas, se ven claramente en el almacén pero en el campo no se observa ningún síntoma.

Tratamiento: queme las raíces enfermas inmediatamente.

Prevención: guarde las raíces apropiadas. No cultive zanahorias en este terreno el año próximo.

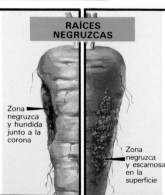

RAÍCES NEGRUZCAS

Zona negruzca y hundida junto a la corona

Zona negruzca y escamosa en la superficie

4 QUEMADAS

Este problema de la zanahoria es menos frecuente y grave, y siempre está asociado a la presencia de bolsas de arcilla en un suelo franco. Es provocado por sales nocivas contenidas en la arcilla. No afecta al valor culinario.

Tratamiento: ninguno.

Prevención: si cultiva zanahorias para concursar extraiga la arcilla del suelo.

RAÍCES MOHOSAS

6 | MAL VINOSO

Se trata de una enfermedad de las zanahorias y de las chirivías que se presenta raramente. El único síntoma externo es un ligero amarilleamiento del follaje, pero las raíces recolectadas presentan las partes inferiores cubiertas de una masa de hilos purpúreos parecida a un fieltro.

Tratamiento: ninguno. Destruya las raíces enfermas.

Prevención: no almacene nunca raíces afectadas por esta enfermedad puesto que perderá toda la cosecha. No cultive hortalizas de raíz o espárragos en una parcela afectada la estación anterior.

7 | MONILIOSIS

Se trata de la principal enfermedad de las zanahorias almacenadas. Las raíces están recubiertas de un moho lanoso y blanquecino, rápidamente mueren. En raras ocasiones, esta enfermedad ataca al cultivo en crecimiento, en cuyo caso los pecíolos más inferiores y la corona ennegrecen.

Tratamiento: ninguno. Si observa un ataque en el huerto, destruya las plantas enfermas y luego riegue las plantas sanas con compuesto Cheshunt. Retire las raíces podridas inmediatamente.

Prevención: controle el crecimiento de las malas hierbas. Guarde sólo las raíces sanas en un lugar ventilado y seco. No cultive zanahorias, chirivías o apio en una parcela afectada por moniliosis en alguna de las dos últimas estaciones.

BIFURCADAS

8 | DENTADAS

En general, se debe a la adición de abono o de estiércol al suelo poco antes de la siembra. También puede deberse a que cultiva zanahorias en un suelo pedregoso o arcilloso que no ha sido cavado adecuadamente.

Tratamiento: ninguno.

Prevención: emplee tierra abonada en un cultivo anterior. No construya el semillero demasiado compacto.

HOJAS DECOLORADAS

9 | ENANO MULTICOLOR

Las hojas centrales presentan un moteado amarillento característico y las más externas, un color rojizo. Este virus se propaga a través del áfido de la zanahoria. Si el ataque se produce cuando las plantas están en la etapa de plántulas, el crecimiento es muy reducido y la cosecha es baja.

Tratamiento: ninguno.

Prevención: mantenga los áfidos lejos de las zanahorias jóvenes pulverizando Permethrin, Heptenophos o pirimicarb.

HOJA DISTORSIONADA

10 | ÁFIDO DE LA ZANAHORIA

Los ataques de pulgón verde pueden ser graves durante un verano cálido y seco. Las hojas están distorsionadas, decoloradas y se atrofian. Las plantas se debilitan, pero el problema más grave es la transmisión del virus enano multicolor por este insecto.

Tratamiento: pulverice acefato, Lithocin o fenitrotión al detectar la primera señal de ataque.

Prevención: no existe ningún método práctico disponible.

RAÍCES DE CHIRIVIA NEGRUZCAS

Zona negruzca en el ápice de la raíz

11 | CANCRO DE LA CHIRIVÍA

Se trata de una enfermedad grave de las chirivías, que puede deberse a varias causas: acidez del suelo, presencia de abono orgánico fresco en el suelo, raíces dañadas y precipitaciones irregulares. Las zonas negruzcas de las raíces se agrietan y las chirivías se pudren.

Tratamiento: ninguno.

Prevención: abone con cal. No siembre demasiado pronto. No cultive una variedad propensa en el mismo lugar el año siguiente; escoja una variedad resistente tal como «Avonresister» o «White Gem».

12 | SECCIONADAS

Se trata de un problema mucho más grave que la bifurcación ya que estas raíces no se conservarán. Se debe a una lluvia intensa o a una riego copioso después de una sequía prolongada.

Tratamiento: ninguno. Emplee las raíces seccionadas inmediatamente.

Prevención: riegue periódicamente durante las épocas de sequía. Aplique un acolchado de turba o de *compost* alrededor del cultivo durante el tiempo seco.

PARTIDAS

RAÍCES AHUECADAS

orugas blanquecinas de 2 cm

13 | HEPIALIDOS

Estas orugas, que viven en el suelo y que huyen al ser molestadas, vacían las raíces de las zanahorias y de las chirivías.

Tratamiento: ninguno. Queme las raíces afectadas. Destruya las orugas.

Prevención: este problema puede controlarse con Bromphos, producto que también se usa para prevenir la mosca de la zanahoria.

COLIFLOR

Según Mark Twain «la coliflor no es nada más que una col repollo instruida». Por supuesto, al realizar esta comparación se refería a su sabor más refinado, pero para el horticultor existe también otra diferencia de la misma importancia: la coliflor es mucho más difícil de cultivar. Requiere un suelo fértil y profundo, y durante la estación de crecimiento no debe sufrir ningún contratiempo. Con frecuencia, la falta de estos requisitos da lugar a la producción de cabezas «botones» muy pequeñas y a un gran esfuerzo inútil. Es esencial que prepare el suelo adecuadamente, que plante con cuidado, que riegue periódicamente y también que elija las variedades adecuadas. Algunos tipos producen cabezas prácticamente durante casi todo el año, pero no cultive las variedades «Roscoff» que pueden recolectarse desde finales de otoño hasta principios de primavera. Cultive variedades gigantes, tales como «Autum Giant», para impresionar a sus vecinos o bien, en el extremo opuesto, plante la variedad estival «Predominant» a una distancia de 15 cm con el fin de obtener coliflores diminutas para congelar

CARACTERÍSTICAS DE LAS SEMILLAS

Tamaño real

Duración esperada de la germinación:	7 a 12 días
Número aproximado por cada 100 g:	24 000
Producción esperada por planta:	450 a 900 g
Índice de longevidad de la semilla almacenada:	4 años
Tiempo aproximado entre la siembra y la cosecha:	18 a 24 semanas (variedades de verano y de otoño) 40 a 50 semanas (variedades de invierno)
Facilidad de cultivo:	difícil (precisa de un buen suelo, trasplante cuidadoso, riegos periódicos y protección contra sus enemigos).

CARACTERÍSTICAS DEL SUELO

- La coliflor precisa de un suelo muy compacto y por ello es básico dejar transcurrir algunos meses desde la cava hasta la plantación.
- Escoja un lugar bastante soleado en donde pueda cultivar las plantas hasta alcanzar la madurez. No cultive las variedades de invierno en suelos propensos a helarse. Cave en otoño y mezcle, poco a poco, una gran cantidad de estiércol descompuesto o de *compost* con la parte superficial del suelo. Si es necesario, abone con cal en invierno.
- Durante la primavera, rastrille fertilizante Growmore –utilice discos protectores si la mosca de la col es un problema. Antes de plantar las plántulas no trabaje el suelo con la horquilla: pise la superficie suavemente, rastrille ligeramente y retire los desperdicios.

SIEMBRA Y PLANTACIÓN

Siembre muy espaciadamente

Cubra con tierra

15 cm — 1 cm

- Efectúe un aclareo de las plántulas para evitar un crecimiento excesivo y débil. Debe estar a una distancia de 8 cm en las hileras.
- Las plántulas pueden trasplantarse cuando tienen cinco o seis hojas. Riegue las hileras el día antes de desarraigar las plantas y levántelas cuidadosamente, con la máxima cantidad de tierra posible alrededor de las raíces. Sumerja las raíces en tiofanato-metil si están atacadas por la hernia de la col. Plante firmemente, hundiendo las plántulas al mismo nivel que se encontraban en el semillero. Deje 60 cm de distancia entre las variedades de verano y de otoño y de 75 cm entre las variedades de invierno.

CUIDADOS DEL CULTIVO

- Escarde regularmente y proteja, de alguna forma, las plantas jóvenes de los pájaros.
- Evite cualquier deficiencia de riego, especialmente durante las primeras etapas del crecimiento, puesto que rápidamente se formarán cabezas muy pequeñas. El cultivo requerirá abonos ocasionales.
- Proteja del sol las cuajadas en desarrollo de las variedades de verano tapándolas con algunas hojas.
- Proteja del cultivo de invierno de las heladas y de la nieve doblando algunas hojas sobre la cuajada.

RECOLECCIÓN

- Empiece la recolección mientras las coliflores sean bastante pequeñas, sin esperar a que todas maduren y se produzca una exceso. Si las florecillas ya empiezan a separarse, será demasiado tarde para recolectar.
- Corte las cabezas por la mañana cuando todavía están cubiertas de rocío; sin embargo, si hiela espere hasta el mediodía. Si desea guardar las cabezas durante tres semanas antes de su uso, desarraigue las plantas, sacuda la tierra que rodea a las raíces, y luego déjelas colgadas en un cobertizo frío. Pulverice las cuajadas ocasionalmente para que se conserven frescas.

- **Variedades de verano:** siembre a principios de invierno en el invernadero, trasplante las plántulas a finales de esta estación o a principios de primavera y recolecte entre finales de primavera y mediados de verano. Si siembra al aire libre a principios de primavera y trasplanta a finales de esta estación, podrá cosechar entre mediados y finales de verano.
- **Variedades de otoño:** siembre al aire libre desde principios hasta mediados de primavera y trasplante a finales de esta estación.
- **Variedades de invierno:** siembre al aire libre a mediados de primavera y trasplante a principios de verano.

CALENDARIO

	Invierno	Primavera	Verano	Otoño
Siembra				
Plantación				
Cosecha		Variedades de INVIERNO	Variedades de VERANO	Variedades de OTOÑO

Véase la clave de los símbolos en la página 7

EN LA COCINA

Existen dos formas populares de servir la coliflor. Por una parte, puede hervirse y servirse tal cual o con una salsa blanca, y por otra, puede cubrirse la coliflor hervida con una salsa de queso y gratinarse al horno para obtener el antiguo plato de coliflor al queso. Es una lástima no ser más emprendedor con esta hortaliza exquisita: pruebe, por ejemplo, servir las ramitas crudas con salsa mahonesa, como los franceses, o rebócelas y fríalas hasta que adquieran un color dorado. Otras formas de prepararlas es en buñuelos, sopas, suflés y encurtidos.

CONGELACIÓN: separe las ramitas y emplee solamente las cabezas compactas y firmes. Blanquéelas durante 3 min en agua y limón. Déjelas enfriar y escúrralas. Empaquételas con cuidado y congélelas en bolsas de polietileno.

ALMACENAMIENTO: guárdelas en el frigorífico envueltas con una hoja de plástico: la coliflor se conservará fresca durante una semana.

COCCIÓN: las cabezas compactas pueden hervirse enteras, pero en general se dividen en ramitas. Deje las pequeñas hojas basales adheridas y corte la parte superior de cada tallo con un cuchillo afilado. Habitualmente la coliflor se cocina en exceso —debe ser ligeramente crujiente y no esponjosa. Para cocerla de forma correcta debe colocar 2,5 cm de agua en una cacerola, añadir 1 l de jugo de limón y luego dejar que hierva. Retire la cacerola del fuego y añada cuidadosamente las ramitas teniendo en cuenta que los tallos deben hundirse en el agua pero las floretes no. Tape la cacerola y deje hervir las ramitas durante 10 minutos. Escúrralas muy bien antes de servirlas con una salsa blanca o de perejil. Alternativamente puede cubrirlas con mantequilla fundida y pimienta negra.

VARIEDADES

Variedades de VERANO

Estas coliflores que maduran durante el verano pueden obtenerse sembrando semillas en una cajonera fría a finales de invierno, o bien al aire libre a principios de primavera. Son plantas compactas; puede escoger una variedad temprana, tal como «Snowball», que produce cabezas a mediados o a finales de verano, o puede cultivar un tipo de maduración tardía como «All the Year Round», que puede cortarse a mediados de verano si se ha sembrado a principios de invierno.

«ALL THE YEAR ROUND»: se trata de una antigua favorita. Las cuajadas son grandes y pueden recolectarse durante todo el verano y principios de otoño si efectúa una siembra temprana en el invernadero o bien más tardía al aire libre.

«SNOWBALL»: es la variedad más elegida si se desea un cultivo temprano. Las cabezas son estrechas y pequeñas; si desea coliflores de este tipo redondeadas escoja el híbrido F_1 «Snow Crown».

«DOK-ELGON»: según muchos expertos, «All The Year Round» ya ha dejado de ser útil. Cultive esta variedad si desea una coliflor de verano tardía para emplear en la cocina o en exposiciones.

«BAMBI»: existen algunas coliflores pequeñas o minicoliflores que se pueden sembrar directamente en el terreno y se aclaran más tarde, dejando una separación de 15 × 15 cm. «Bambi» es una de ellas; las otras: «Cargill» y «Predominant».

«DOMINANT»: se trata de una variedad de mediados de estación que madura a mediados de verano. Es apropiada para congelar (sus cabezas son grandes y su constitución es robusta).

«ALPHA»: es una variedad temprana muy apreciada debido a que sus cabezas prematuras resisten condiciones desfavorables. Tiene algunos descendientes: como «Climax», «Polaris» o «Paloma».

Snowball

Variedades de OTOÑO

Estas coliflores maduran durante el otoño y se agrupan en dos tipos bastante diferentes: hay variedades grandes y vigorosas, tales como «Autum Giant» y «Flora Blanca», y variedades australianas que son más compactas, como «Barrier Reef» y «Canberra».

«AUTUM GIANT»: en otro tiempo, «Autum Giant» y sus descendientes dominaron este grupo; sin embargo, en la actualidad han sido desplazadas por los tipos más nuevos. Todavía vale la pena elegirla si desea cabezas grandes a principios de invierno. «Veitch's Self Protecting» es la habitual.

«FLORA BLANCA»: es el nombre alternativo de la vieja favorita «Autum Glory». Cultívela para el concurso de otoño (las cabezas blancas y de tamaño gigante pueden cortarse a finales de verano y principios de otoño).

«CANBERRA»: es una variedad australiana popular que madura a mediados de otoño. Las cuajadas están muy protegidas por hojas gruesas.

«BARRIER REEF»: se trata de otra variedad australiana con las características corrientes: crecimiento compacto y cuajada cubierta por hojas. Puede cortarse a partir de mediados de otoño.

Walcheren Winter

Variedades de INVIERNO

La denominación «coliflor de invierno» para agrupar a las variedades que aquí se citan es técnicamente incorrecta. Los tipos estándar maduran en primavera, no en invierno, y en realidad están incluidas en los brécoles. Aunque tienen un sabor menos exquisito que las coliflores verdaderas, las variedades populares de invierno son más fáciles de cultivar.

«ENGLISH WINTER»: en otro tiempo era la variedad más resistente básica que producía cabezas grandes desde finales de invierno hasta finales de primavera. Entre sus numerosos descendientes se encuentran «St George» «Late Queen» y «Late June».

«WALCHEREN WINTER»: esta variedad holandesa ha ocupado el lugar de «English Winter». Presenta la misma resistencia y las cabezas son de mejor calidad. Tiene algunos descendientes: «Armado April», «Markanta» y «Birchington».

«ST AGNES»: es una variedad «Roscoff» típica que madura muy pronto, a finales de otoño, pero, al igual que todas las demás «Roscoff», es muy sensible a las heladas.

«VILNA»: se incorpora gradualmente a los catálogos. Es muy resistente, y a finales de primavera podrá cortar las cabezas.

«PURPLE CAPE»: es una variedad algo distinta: una coliflor resistente que produce cabezas purpúreas a finales de invierno. En la cocina emplee tanto las hojas jóvenes como la cuajada.

PROBLEMAS

Véase páginas 28-31

Purple Cape

APIONABO

El apionabo, o apio con raíces napiformes, es muy popular en casi toda Europa. Los principales proveedores de semillas ofrecen su propia variedad, pero no hay muchas diferencias entre ellas. En todos los casos se produce un tallo de base hinchada y nudosa de unos 10-12 cm de diámetro y de un inconfundible sabor a apio. Por la información que dan los catálogos deseará cultivarlo, puesto que lo presentan como un cultivo fácil comparado con el del popular apio: no precisa un aporcado, no espiga, es resistente a las plagas y a las enfermedades y presenta buenas propiedades de almacenamiento. Probablemente tendrá que producir sus propias plántulas, ya que no las encontrará fácilmente en los centros de jardinería. Asimismo, debe proporcionarles un suelo fértil que retenga la humedad y regarlos bastante en tiempo seco.

CARACTERÍSTICAS DE LAS SEMILLAS

Tamaño real

Duración de la germinación:	12 a 18 días
Producción por hilera de 3 m:	3 kg
Longevidad de la semilla almacenada:	5 años
Tiempo aproximado entre la siembra y la cosecha:	30 a 35 semanas
Facilidad de cultivo:	bastante difícil (prepare adecuadamente el suelo, riegue periódicamente y deshoje según convenga)

CARACTERÍSTICAS DEL SUELO

- Es esencial un suelo fértil y que retenga la humedad. Escoja una parcela bastante soleada y cave en otoño. Añada la máxima cantidad posible de estiércol o *compost*.
- Aplique un fertilizante general, aproximadamente una semana antes de la plantación.

SIEMBRA Y PLANTACIÓN

- Cultive las plántulas en el invernadero a principios de primavera. Siembre dos semillas en una maceta de turba llena de *compost*. Elimine luego la plántula más débil. Aclimátelas antes de plantarlas al aire libre.

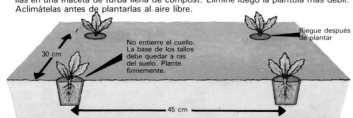

30 cm

No entierre el cuello. La base de los tallos debe quedar a ras del suelo. Plante firmemente.

Riegue después de plantar

45 cm

CALENDARIO

	Invierno	Primavera	Verano	Otoño
Siembra	▪▪			
Plantación		🌱🌱		
Cosecha				

CUIDADOS DEL CULTIVO

- Escarde periódicamente y abone de vez en cuando (un acolchado a principios de verano ayuda a conservar la humedad).
- Elimine los brotes laterales; a partir de mediados de verano, quite las hojas inferiores para dejar al descubierto el cuello.
- A finales de verano, retire el suelo que rodea las bases de los tallos.

RECOLECCIÓN

- Recolételos cuando hayan engrosado al máximo, puesto que ni el sabor ni la textura se deterioran con la edad. La recolección empieza a principios de otoño; en la mayoría de las zonas puede cubrir las raíces con turba o paja y luego recolectar hasta principios de primavera.
- Si el suelo de su huerto es arcilloso y el lugar carece de protección, es mejor que coseche a mediados de otoño. Separe las partes superiores torciéndolas, corte las raíces y guárdelas en cajas llenas de turba humedecida. Consérvelas en un cobertizo fresco.

EN LA COCINA

Si es aficionado al apio es muy probable que le guste el apionabo. Rállelo grueso o córtelo en tiras para dar sabor a una ensalada de invierno —en Francia se mezcla con salsa rosa para obtener apionabo *à la rémoulade*. Emplee las hojas para aderezar ensaladas o para dar sabor a las sopas o sirva la «raíz» caliente como una verdura de invierno.

CONGELACIÓN: córtelo en cubos y blanquéelo durante 3 minutos. Séquelo y congélelo tal cual; luego guárdelo en bolsas de polietileno.

COCCIÓN: el apionabo es una verdura difícil de limpiar y debe ser frotado a fondo. Córtelo en tiras gruesas y quítele la piel como a un nabo; luego corte las tiras en cubos. Coloque agua ligeramente salada, añada jugo de limón y hiérvalos durante 1/2 hora. Escúrralos y sírvalos con mantequilla derretida o con una salsa blanca.

VARIEDADES

«MARBLE BALL»: es la variedad más conocida, de tamaño medio, globular y de sabor fuerte. Se conserva bien durante el invierno.

«IRAM»: es de tamaño medio como la variedad anterior y al cocinar se mantiene el color blanquecino.

«TELLUS»: se trata de otra variedad que, después de hervida, mantiene el color blanquecino. Crece rápidamente y la piel es más lisa que la de la mayoría de las variedades.

«BALDER»: raíces de tamaño medio con un fuerte sabor a apio. Fiable y fácil de cultivar.

«GIANT PRAGUE»: esta variedad en forma de tonel aparece en mayor número de catálogos que ninguna otra.

«SNOW WHITE»: una variedad con sabor «a nueces». Al cocinar se vuelve blanca y aumenta de tamaño.

PROBLEMAS

BABOSAS

Las babosas tienen predilección por las plantas jóvenes (véase pág. 110 respecto a las medidas de control).

MOSCA DE LA ZANAHORIA

Es una plaga grave muy poco frecuente; pero si la mosca de la zanahoria ha atacado su huerto en estaciones anteriores, consulte los métodos de control de la página 42.

MOSCA DEL APIO

Este insecto ataca al apionabo con menos frecuencia que al apio. Por lo general, es necesario arrancar los ocasionales foliolos llenos de ampollas. Si el problema es más grave, vea las medidas de control de la página 49.

APIO

Los horticultores novatos aprenden rápidamente que el cultivo tradicional del apio requiere mucho esfuerzo. Deben prepararse zanjas y los tallos deben aporcarse periódicamente hasta que aparezcan los ápices frondosos y verdosos. Con frecuencia, este último proceso se denomina blanqueamiento, pero este nombre no es correcto. La principal finalidad no es blanquear los tallos sino alargar y reducir la fibrosidad de los pecíolos y mejorar el sabor. En la actualidad existen variedades de color blanco que no precisan del enzanjado y del aporcado. Estas variedades son menos crujientes y sabrosas y no pueden dejarse en el suelo cuando llegan las heladas, pero gracias a ellas el cultivo del apio es más fácil. Más fácil, pero no fácil puesto que todavía se necesita que el suelo sea rico en humus, así como abonos y riegos periódicos.

CARACTERÍSTICAS DE LAS SEMILLAS

Tamaño real

Duración esperada de germinación:	12 a 18 días
Número aproximado por cada 100 g:	210 000
Producción esperada por hilera de 3 m:	5,5 kg
Índice de longevidad de la semilla almacenada:	5 años
Tiempo aproximado entre la siembra y la cosecha (variedades de zanja):	40 semanas
Tiempo aproximado entre la siembra y la cosecha (variedades auto-blanqueantes):	25 semanas
Facilidad de cultivo:	difícil (especialmente las variedades de zanja)

CARACTERÍSTICAS DEL SUELO

- Todas las variedades precisan un lugar soleado bien preparado. En los tipos auto-blanqueantes cave un cuadro a principios de primavera y añada una capa de estiércol o *compost.*
- En las variedades de zanja prepare una «zanja de apio» a principios de primavera, tal como se indica más adelante y deje que el suelo se asiente antes de plantar.
- Inmediatamente antes de plantar, rastrille un fertilizante general en la superficie del suelo del cuadro o de la zanja.

SIEMBRA Y PLANTACIÓN

- Siembre las semillas en el invernadero y aclimate las plántulas antes de plantarlas en el exterior. Las plántulas pueden trasplantarse cuando tienen cinco o seis hojas.

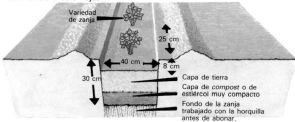

Variedad de zanja · 25 cm · 40 cm · 8 cm · 30 cm · Capa de tierra · Capa de *compost* o de estiércol muy compacto · Fondo de la zanja trabajado con la horquilla antes de abonar.

- Las variedades auto-blanqueantes se plantan a una distancia de unos 25 cm en una parcela cuadrada (no en hileras) para que las plantas se protejan mutuamente del sol. Las variedades de zanja deben plantarse a una distancia de 25 cm. Llene el surco de agua después de plantarlas.

CUIDADOS DEL CULTIVO

- El apio precisa nutrientes y agua en abundancia: riegue copiosamente en tiempo seco y abone con un fertilizante soluble durante los meses de verano.
- Blanquee las variedades de zanja a mediados de verano, cuando tengan unos 30 cm de altura. Elimine los brotes laterales, rodee los pecíolos con papel de periódico o con una cartulina ondulada y átelos flojamente; luego llene la zanja con tierra. A mediados de verano, amontone tierra húmeda alrededor de los tallos y, a finales de verano, termine de aporcar formando un montón abrupto que sólo permita visualizar la parte superior de los ápices. Si hiela, cubra la parte superior de las hojas con paja.
- En los apios auto-blanqueantes ponga paja entre las plantas que forman la hilera externa del cuadro.

RECOLECCIÓN

- Coseche las variedades auto-blanqueantes según sus necesidades y termine la recolecta antes de que lleguen las heladas. Desarraigue las plantas externas con un desplantador para no dañar a las plantas vecinas.
- Recolecte las variedades de zanja según el tipo: los tipos blancos, a finales de otoño, y los coloreados, a principios de invierno. No es necesario esperar una helada fuerte —existen muy pocas pruebas científicas de que las heladas mejoran la calidad. Empiece a recolectar por un extremo de la hilera aporcada y reponga la tierra para proteger las plantas restantes.

CALENDARIO

- Compre plántulas de apio para replantarlas a mediados o finales de primavera. O bien, obtenga sus propias plántulas sembrando semillas en el invernadero desde finales de invierno hasta principios de primavera. Asegúrese de que las plántulas no sufran ningún contratiempo al crecer y que se han aclimatado adecuadamente antes de plantar.
- Las variedades auto-blanqueantes pueden recolectarse desde mediados de verano hasta principios de otoño. Las variedades de zanja se cultivan a partir de otoño para usarse durante el invierno.

	Invierno	Primavera	Verano	Otoño
Siembra	▣▣			
Plantación		🌱🌱		
Cosecha				

Véase la clave de los símbolos en la página 7

EN LA COCINA

Para la mayoría, el apio es una verdura que se consume principalmente cruda. Los tallos se sirven enteros y se comen con queso o troceados, como ingrediente de ensaladas y mezclados con manzana, camarones y mahonesa, como un *hors d'oeuvre*. Los tallos de apio llenos de queso cremoso o de paté son exquisitos. La forma característica de preparar el apio para consumirse crudo muestra la versatilidad de esta verdura: corte las raíces y reserve los tallos más externos para cocinar. Limpie las hojas y úselas para dar sabor a la sopa o como aderezo. A continuación, separe los tallos y límpielos a fondo —no los deje en agua en posición vertical durante unas horas antes de comer porque dejan de ser crujientes. En el caso de los apios rizados, sumerja los tallos delgados en agua muy fría durante dos horas.

CONGELACIÓN: corte los tallos limpios en trozos de unos 2,5 cm de longitud y blanquéelos durante 3 minutos; déjelos enfriar y secar. Póngalos en bolsas de polietileno y congélelos. El apio congelado no se emplea en las ensaladas puesto que no cruje.

ALMACENAMIENTO: guárdelos en una bolsa de polietileno en el frigorífico: el apio se conservará fresco durante tres días.

COCCIÓN: existen muchas formas de cocinar el apio, pero la ebullición no es una de ellas. Los tallos externos pueden cortarse en trozos o en tiras y emplearse en estofados, sopas o fritos. Las hojas pueden cortarse y emplearse en platos de carne como sustituto del perejil o pueden freírse en aceite abundante para usarse como guarnición crujiente del pescado. La mejor forma de cocinar los corazones de apio consiste en cocerlos a fuego lento en una cazuela tapada. Hiérvalos en agua a fuego lento durante 10 min, luego escúrralos y déjelos secar. Coloque ordenadamente los corazones de apio secos en una fuente de horno sobre una capa de zanahorias y cebollas, con un caldo de carne o pollo, y déjelos cocer sobre un fuego suave durante 45 minutos. Deje que el líquido espese y continúe cociendo a fuego lento durante unos minutos más.

VARIEDADES

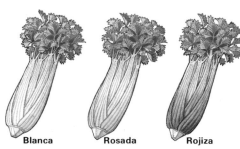

Blanca **Rosada** **Rojiza**

Variedades de ZANJA

Estas variedades son difíciles de cultivar, puesto que el enzanjamiento y el posterior aporcado son tareas que requieren tiempo. Escoja este grupo si es un expositor o si dispone de una parcela con suelo fértil y profundo, aunque aun así el éxito es difícil. En caso contrario, cultive variedades de auto-blanqueo. Las variedades de zanja de color blanco son las de mejor sabor pero también son las menos resistentes. Cultive un apio rosado o rojizo si quiere una cosecha a principios de año.

«GIANT WHITE»: se trata del apio tradicional de tallos blancos, alto, crujiente y muy sabroso, pero precisa de buenas condiciones de cultivo. En los semilleros se venden varios descendientes: en los catálogos puede encontrar «Solid White», «Hopkin's Fenlander» o «Brydon Prize White». «Prizetaker» es una elección popular para concursar.

«DWARF WHITE»: es una variedad de crecimiento bajo que requiere un blanqueamiento menos cuidadoso que la variedad «Giant White».

«GIANT PINK»: es una variedad resistente que puede emplearse a principios o mediados de invierno. Los tallos crujientes forman un corazón compacto, tienen un pálido color rosado y se blanquean fácilmente. Puede catalogarse como «Unrivalled Pink», cuyo descendiente «Clayworth Prize Pink» es muy famoso.

«GIANT RED»: se trata de una variedad resistente y robusta. Los tallos externos son verde purpúreos y se vuelven de color rosa-nacarado al blanquearse.

«WHITE PASCAL»: una variedad blanca pura de corazón fuerte que se recolecta desde finales de otoño a mediados de invierno, pero no es fácil de encontrar.

Giant White

Amarillenta **Verdosa**

Variedades AUTO-BLANQUEANTES

El cultivo de estas variedades requiere menos tiempo que el de las variedades de zanja, puesto que no precisan enzanjado ni aporcado y maduran antes de que finalice el verano. Tienen un sabor suave, son menos fibrosas que las variedades de zanja y no resisten el invierno.

«GOLDEN SELF-BLANCHING»: es la variedad amarillenta básica, de crecimiento bajo, maduración temprana y sabor bastante bueno aunque no excepcional. Puede recolectarse a partir de mediados de verano como las otras variedades amarillentas.

«LATHOM SELF-BLANCHING»: es una elección mejor que la anterior si desea un apio amarillento. Es menos propensa al espigado y de sabor superior. Los corazones son tiernos y carecen de fibra pero, como todas las variedades de auto-blanqueo, debe consumirse en lo posible en el día de la recolección.

«CELEBRITY»: es una variedad reciente, alabada por ser una mejora de «Lathom Self-Blanching». Tiene todas las cualidades de la anterior pero con tallos más largos.

«AMERICAN GREEN»: es la variedad verdosas básica: corazones compactos y tallos de color verde claro, crujientes y carentes de fibras. Puede recolectarse a partir de principios de otoño. El descendiente más popular es «Greensnap» pero existen otras tales como «Utah».

American Green

PROBLEMAS DEL APIO

No es fácil cultivar apios con éxito y su cuidado es aun más difícil debido a que esta hortaliza puede presentar cuatro problemas graves. Tres de éstos pueden observarse fácilmente cuando se presentan: la mosca del apio, la viruela del apio y las babosas. El cuarto problema es la deficiencia de agua y, en este caso, los efectos son menos evidentes, aunque no por ello menos devastadores. Una sequedad prolongada a nivel radicular conduce invariablemente a la producción de plantas con corazones no comestibles.

	Síntomas	Causas probables
Plántulas	— derribadas	**hongos del semillero** (véase pág.110) o **podredumbre húmeda** (véase pág. 56)
Hojas	— perforadas, con ampollas	1
	— cubiertas de manchas oscuras	2
	— amarillentas, marchitas	**deficiencia de boro** (véase pág. 109)
	— amarilentas, no marchitas	**mosaico amarillo del pepino** (véase pág. 54)
Tallos	— duros, amargos	1
	— jugosos, no crujientes	**suelo seco**
	— partidos verticalmente	5
	— partidos horizontalmente	**deficiencia de boro** (véase pág. 110)
	— bases mohosas	**moniliosis** (véase pág. 43)
	— devorados por encima del nivel del suelo	6
	— devorados a ras del suelo	**noctuela** (véase pág. 110)
Corazones	— ausentes, sólo existen los tallos florales	3
	— partidas	4
Raíces	— devoradas	**mosca de la zanahoria** (véase pág. 42)

H. CON AMPOLLAS

1 MOSCA DEL APIO

Gusanos blancos de 0,5 cm forman túneles en el interior de las hojas y provocan el desarrollo de ampollas. El ataque se produce a partir de mediados de primavera y los efectos son más graves en las plantas jóvenes. Todas las hojas pueden marchitarse y morir, y los tallos son duros y amargos.

Tratamiento: separe y destruya los foliolos afectados. Pulverice con Malathion al detectar la primera señal de ataque.

Prevención: no plante nunca plántulas cuyas hojas tengan ampollas.

3 ESPIGADO

Se trata de un problema grave y, por desgracia, muy común durante las estaciones secas. En la época de la recolección se encuentra que el corazón sólo contiene un tallo floral no comestible, en lugar de los esperados racimos de tallos comestibles. Hay varias causas posibles y quizás la más probable sea la sequedad alrededor de las raíces. No se olvide nunca de regar las plantas. Este problema también puede deberse a la plantación de asiento de plántulas demasiado crecidas o que han sido afectadas por el frío o la sequedad.

6 BABOSAS Y CARACOLES

Las babosas se nutren de muchas verduras del huerto bajo condiciones de humedad, pero tienen una especial predilección por los apios. Los tallos pueden ser atacados en cualquier etapa del crecimiento, pero con frecuencia las babosas son más molestas después de efectuar el aporcado. Reduzca este peligro esparciendo un producto específico espaciadamente alrededor de las plantas y eliminando las malas hierbas y los desperdicios de la superficie.

2 VIRUELA DEL APIO (Necrosis)

Inicialmente aparecen manchas oscuras en las hojas más externas y, más tarde, estas manchas se extienden a todo el follaje. Durante una estación húmeda puede destruirse toda la planta si no se controla la enfermedad

Tratamiento: pulverice con carbendazim al detectar la primera señal de ataque. Repita esta operación si es necesario.

Prevención: compre semillas descritas como «tratadas con thiram» o «tratadas con agua caliente». No plante plántulas con hojas moteadas.

HOJAS MOTEADAS

CORAZÓN PODRIDO

4 PODREDUMBRE

Esta enfermedad se observa en la época de recolección. Al abrir la planta cortada, el corazón aparece como una masa oscura y viscosa. La bacteria que provoca la podredumbre penetra en los tallos a través de heridas provocadas por babosas, por heladas o por un cultivo descuidado.

Tratamiento: ninguno. Destruya las plantas enfermas.

Prevención: cultive apios en un terreno bien drenado. Mantenga las babosas bajo control y efectúe el aporcado con cuidado. No cultive apio en un terreno afectado la estación anterior, puesto que después del ataque las bacterias siguen desarrollándose en el suelo.

TALLO PARTIDO

5 AGRIETADO

Algunas veces los tallos de los apios están estropeados por hendiduras verticales. Este problema, por lo general, se debe a la sequedad alrededor de las raíces, pero también puede deberse a un exceso de nitrógeno en el suelo.

Tratamiento: ninguno.

Prevención: riegue abundantemente en época de sequía, especialmente durante las primeras etapas del crecimiento. Abone periódicamente con un fertilizante líquido, con más potasio que nitrógeno.

ENDIBIA

A pesar de que todas las endibias pueden emplearse para preparar una crujiente ensalada de invierno, estas hortalizas no gustan a todos. Sus partidarios las encuentran refrescantes y ácidas, pero los que las detestan las encuentran amargas. Existen dos tipos básicos a elegir. Las endibias forzadas son las más populares y producen cabezas frondosas e hincadas, «cogollos», a partir de raíces mantenidas en la oscuridad durante los meses de invierno. En general son blanquecinas, pero es posible forzar a una variedad rojiza para que produzca las hojas blancas y oscuras —que se sirven como *radicchio* en las ensaladas europeas. El otro tipo de endibias, las no forzadas, no precisan blanquearse y producen cabezas grandes que pueden recolectarse en otoño.

CARACTERÍSTICAS

Tamaño real

Duración esperada de germinación:	7 a 14 días
Número aproximado por cada 100 g:	60 000
Producción esperada por hilera de 3 m:	3 kg
Índice de longevidad de la semilla almacenada:	5 años
Tiempo aproximado entre la siembra y la cosecha:	18 a 30 semanas
Facilidad de cultivo:	fácil en las variedades no forzadas (las forzadas exigen más trabajo)

CARACTERÍSTICAS DEL SUELO

- La endibia no es exigente en cuanto a tipo de suelo, pero precisa un lugar soleado.
- Cave el suelo en otoño o en invierno y añada *compost* si presenta deficiencia de humus. Prepare el semillero algunos días antes de sembrar y rastrille un fertilizante general en la superficie.

SIEMBRA

Siembre muy espaciadamente

Cubra con tierra

30 cm

CUIDADOS DEL CULTIVO

- Escarde para limitar las malas hierbas y riegue en tiempo seco. Aclare las plántulas dejando entre ellas una distancia de 15 cm (variedades forzadas) o de 30 cm (variedades no forzadas).
- Variedades forzadas: desarraigue las raíces semejantes a las chirivías a mediados de otoño. Descarte las que sean dentadas o las que tengan un diámetro de corona inferior a 2,5 cm. Corte las hojas aproximadamente a 2,5 cm por encima de la corona. Póngalas horizontalmente en una caja con arena, déjelas en un cobertizo fresco y guárdelas hasta que sea necesario. Realice el forzado entre mediados de otoño y finales de invierno. Plante cinco raíces en una maceta de 22 cm y ponga turba húmeda o *compost* alrededor de cada raíz, dejando visible la corona. Cubra la maceta con otra más grande y vacía y tape los orificios de drenaje para que no entre luz. Manténgala entre 10 y 15 °C para favorecer la formación del cogollo.

RECOLECCIÓN

- Variedades forzadas: los cogollos pueden recolectarse cuando tienen unos 15 cm de altura —aproximadamente a las tres o cuatro semanas del inicio del forzado. Córtelos justo por encima del nivel de la corona. Riegue el *compost* y vuelva a colocar la cubierta (se producirán cogollos secundarios más pequeños).
- Variedades no forzadas: corte las cabezas a finales de otoño y empléelas inmediatamente o bien consérvelas en un lugar fresco para usarlas posteriormente. Proteja las plantas de las heladas en el caso de que no vaya a cortarlas hasta el invierno.

EN LA COCINA

La mejor forma de servir la endibia es como una verdura cruda y crujiente. Los cogollos que se adquieren en las verdulerías son amargos porque han estado expuestos a la luz —los de cosecha propia guardados en la oscuridad hasta la época de su consumo son mucho menos amargos. Algunos consejos: descarte las hojas más externas, no deje la endibia en remojo y añada tomates o una salsa dulce a la ensalada.

ALMACENAMIENTO: guárdelas en una bolsa de polietileno negra en el frigorífico. La endibia no forzada se conservará fresca durante un mes.

COCCIÓN: añada los cogollos a agua salada hirviendo y déjelos hervir a fuego lento durante 10 a 15 minutos. Escúrralos y sírvalos con salsa de queso, o bien añada mantequilla, nuez mosada, pimiento y jugo de limón y déjelos cocer a fuego lento durante 20 minutos.

VARIEDADES

«WITLOOF»: Se trata de la variedad forzada tradicional y algunas veces también se la denomina endibia belga o de Bruselas. Es de buena calidad y fiable, pero precisa un forzado bajo una capa de suelo o de turba de 20 cm de grosor para mantenerse bien cerrada.

«NORMATO»: es una variedad forzada moderna que no precisa el estrato del suelo para el forzado.

«SUGAR LOAF»: es la variedad no forzada tradicional y hay catálogos que la citan «Pain de Sucre».

«CRYSTAL HEAD»: se trata de una de las variedades no forzadas modernas —otras son «Snowflake» o «Winter Fare». Son más resistentes que «Sugar Loaf».

«PALLA ROSSA»: se puede tratar como una variedad forzada o no forzada. De hojas rojas, no resistente.

CALENDARIO

		Invierno	Primavera	Verano	Otoño
Siembra	Variedades FORZADAS		▓		
	Variedades NO FORZADAS		▓	▓	
Cosecha	Variedades FORZADAS	▓			▓
	Variedades NO FORZADAS	▓			▓

PROBLEMAS

PLAGAS DEL SUELO

Las noctuelas, los gusanos de alambre y las orugas de hepiálidos pueden ser un problema: utilice un insecticida con nematodos antes de sembrar si antes el huerto fue atacado por estas plagas. Las babosas destruirán las hojas cuando el tiempo sea templado y húmedo: aplique un producto específico.

PEPINO DE INVERNADERO

Un ejemplar de pepino de invernadero («cajonera»), recto y cilíndrico, de piel suave y brillante, puede alcanzar una longitud de 45 cm o más si se cultiva de forma adecuada. Aunque son agradables de observar, especialmente en un concurso, su cultivo es difícil. Los pepinos de invernadero precisan calor y cuidados, además de abonados y riegos periódicos, tutores y despuntaduras, protección contra las plagas y las enfermedades, etc. Teóricamente, la humedad ambiental debe ser superior a la que se proporciona a las tomateras; sin embargo, muchos cultivan ambas verduras juntas en el invernadero con bastante éxito. En la actualidad se tiende a cultivar los pepinos al aire libre puesto que requieren mucho menos trabajo y las variedades han mejorado. Si quiere recolectar frutos a mediados o a finales de primavera para ensaladas de principios de verano, tendrá que cultivarlos necesariamente en el invernadero.

CARACTERÍSTICAS DE LAS SEMILLAS

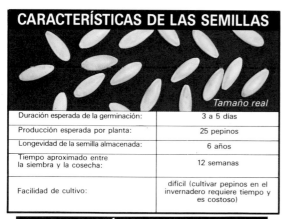

Tamaño real

Duración esperada de la germinación:	3 a 5 días
Producción esperada por planta:	25 pepinos
Longevidad de la semilla almacenada:	6 años
Tiempo aproximado entre la siembra y la cosecha:	12 semanas
Facilidad de cultivo:	difícil (cultivar pepinos en el invernadero requiere tiempo y es costoso)

CARACTERÍSTICAS DEL SUELO

- Normalmente sólo se cultivan algunas plantas (no las plante en los bordes). Emplee J.I. Compost N.º 3 en macetas de 20 cm o compre bolsas de crecimiento.

SIEMBRA Y PLANTACIÓN

- Cultive las plántulas en el invernadero: es esencial un ambiente cálido (21 a 26 °C). Siembre una sola semilla ladeada, a 1 cm de profundidad, en una maceta de turba de 7,5 cm llena de *compost* de semillas. La siembra debe realizarse a mediados de invierno, si el invernadero dispone de calefacción, o bien a principios de primavera, si carece de ella o si efectúa la siembra en cajonera. Mantenga el *compost* humedecido y abone si es necesario.

- Plante de asiento a finales de invierno (invernadero con calefacción), colocando una planta por maceta y dos por bolsa de cultivo. Riegue después de plantar.

CALENDARIO

	Invierno	Primavera	Verano	Otoño
Siembra y plantación				
Cosecha				

CUIDADOS DEL CULTIVO

- Después de la germinación, la temperatura mínima debe mantenerse a 15 °C (variedades comunes) o a 21 °C (variedades totalmente hembras).
- Mantenga el *compost* completamente húmedo, pero nunca anegado: la norma es regar poco y a menudo. Mantenga el ambiente lo más húmedo y ventilado que permitan las otras plantas del invernadero. Pulverice el suelo, no las plantas, para mantener alta la humedad.
- Guíe el tallo hacia arriba mediante una caña o un alambrado vertical. Despúntelo cuando llegue al techo. El ápice de cada brote lateral se despunta a dos hojas por encima de una flor femenina. Las flores femeninas tienen un pepino miniatura por detrás, mientras que las flores masculinas sólo tienen un pedúnculo delgado. Despunte los brotes laterales carentes de flores cuando tengan una longitud de 60 cm.
- Elimine todas las flores masculinas de las variedades comunes pues el fruto fecundado es amargo.
- Cuando los primeros frutos empiecen a hincharse abone las plantas quincenalmente con un fertilizante de tomates.

RECOLECCIÓN

- Corte los frutos (no los arranque) cuando hayan alcanzado un tamaño razonable y sean cilíndricos. Si permite que los pepinos maduren y se vuelvan amarillentos, deberá suspender la recolección.

VARIEDADES

Variedades COMUNES

Son los pepinos apropiados para el concursante. Se trata de los pepinos tradicionales de una ensalada veraniega: largos, rectos, suaves y de color verde oscuro.

«TELEGRAPH»: Es una variedad antigua que recibió este nombre cuando el telégrafo se acababa de inventar. A pesar de su edad es bastante popular.

«BUTCHER'S DISEASE RESISTING»: se trata de otra variedad antigua que no tiene la piel tan suave como «Telegraph» pero que es famosa por ser una planta más resistente.

«CONQUEROR»: es una elección excelente si dispone de un invernadero sin calefacción o de una cajonera: los frutos son largos, lisos y de sabor fuerte.

Variedades TOTALMENTE FEMENINAS

Estos híbridos F_1 modernos tienen algunas ventajas. No es necesario efectuar la fastidiosa tarea de eliminar las flores masculinas puesto que sólo presentan flores femeninas y, además, también son mucho más resistentes a las enfermedades y bastante más prolíficos. Presentan dos inconvenientes: los frutos tienden a ser más cortos que los de las variedades comunes y precisan una temperatura más elevada. Si su invernadero carece de calefacción, escoja una variedad común.

«PEPINEX»: es la primera variedad femenina, anteriormente denominada «Femina». Es un buen ejemplo: producciones altas, carencia de amargor y de gomosis.

«TOPSY»: según los expertos, es la variedad más sabrosa. No obstante, las producciones no son muy buenas y las semillas no se consiguen fácilmente.

«PETITA»: los frutos sólo tienen 20 cm de longitud, pero la producción es elevada. Tolera condiciones desfavorables mejor que la mayoría de las otras variedades totalmente femeninas, pero produce flores masculinas.

«BIRGIT»: una variedad comercial ampliamente utilizada, cuya popularidad ha ido en aumento. Las cosechas son abundantes y la calidad es muy buena.

«EUPHYA»: una variedad notoria por su gran resistencia al mal blanco. «Tyria» es otra.

«FEMSPOT»: variedad temprana con buena resistencia a la enfermedad, pero requiere de una temperatura mínima de 12 °C.

PROBLEMAS

Véase páginas 54-56

PEPINO AL AIRE LIBRE

El pepino caballón o de exterior se consideraba, hasta hace muy poco, como el pariente pobre del elegante pepino de invernadero, de frutos largos y bordes rectos. Los tipos de exterior eran frutos cortos y gruesos, cubiertos de protuberancias y verrugas; sin embargo, la situación ha cambiado. Actualmente existen variedades de exterior que producen pepinos de piel lisa y de unos 30 cm de longitud, variedades que no tienen rival en cuanto a sabor y jugosidad y variedades que han ganado en digestibilidad. Ya no hay ninguna necesidad de cultivar esta verdura en el invernadero para obtener frutos razonablemente largos y lisos. La denominación «pepino de caballón» se debe a la antigua costumbre de cultivarlos en lechos elevados o en caballones —ahora se cultivan, por lo general, en terreno plano. Las plantas son rastreras como sus parientes de invernadero; en los cultivos de exterior se deja que las plantas rastreras se extiendan a lo largo del suelo o bien se entutoran mediante redes, estacas, postes, etcétera.

CARACTERÍSTICAS

Semillas en remojo la noche anterior a la siembra.

Tamaño real

Duración esperada de la germinación:	6 a 9 días
Producción esperada por planta:	10 pepinos
Índice de longevidad de la semilla almacenada:	6 años
Tiempo aproximado entre la siembra y la cosecha:	12 a 14 semanas
Facilidad de cultivo:	difícil (debe prepararse el suelo y precisa riegos y abonos periódicos

CARACTERÍSTICAS DEL SUELO

- Es esencial una parcela soleada y protegida de los vientos fuertes porque los pepinos de exterior no son fuertes ni resistentes.
- El suelo debe tener un buen drenaje y ser rico en humus. Para el consumo particular se precisan pocas plantas; así, prepare los hoyos de plantación dos semanas antes de sembrar o de plantar.

SIEMBRA Y PLANTACIÓN

Cave un hoyo

30 cm

30 cm → ← 45 cm

Esparza Compo Antilimacos entre los hoyos

Pulverice la superficie con un fertilizante

Llene el hoyo con una mezcla de *compost* o estiércol descompuesto y tierra. Deje un pequeño montículo en la parte superior.

- Siembre tres semillas a 2,5 cm de profundidad y a escasos centímetros dentro de cada hoyo. Cúbralas con una campana o con un bote grande para acelerar la germinación. En cuanto aparezcan las primeras hojas verdaderas, efectúe un aclareo dejando la plántula más fuerte.
- Alternativamente puede cultivar las plántulas en el interior, aunque este método es menos satisfactorio. Coloque una sola semilla a 1 cm de profundidad en una maceta de 7,5 cm llena de *compost* de semillas. Mantenga la temperatura entre 21 y 26 °C hasta que germinen. Aclimate las plántulas poco a poco antes de plantarlas al aire libre. Cuando plante de asiento, altere las raíces lo menos posible y riegue abundantemente.

CUIDADOS DEL CULTIVO

- Despunte los ápices cuando las plantas tengan seis o siete hojas. A continuación se desarrollarán los brotes laterales, que pueden dejarse rastrear sobre el suelo o guiarse hacia arriba mediante redes resistentes. Todos los brotes que carezcan de flores deben despuntarse a nivel de la séptima hoja.
- Mantenga el suelo húmedo. Riegue *alrededor* de las plantas, no sobre ellas. Pulverícelas ligeramente en tiempo seco.
- Durante el verano, y antes de la formación de los frutos, cubra el suelo con polietileno negro. De este modo, aumentará la temperatura del suelo, conservará la humedad, limitará las malas hierbas y evitará la podredumbre del fruto.
- Cuando los primeros frutos empiecen a hincharse, abone con fertilizante líquido de tomates.
- La polinización es esencial: no elimine nunca las flores masculinas.

RECOLECCIÓN

- No intente cultivar frutos excepcionales. Deben cortarse antes de que alcancen su tamaño máximo, ya que esto fomentará la fructificación posterior. La mayoría de los tipos tendrán de 15 a 20 cm de longitud, los pepinillos, 10 cm de longitud y los pepions manzana, el tamaño del huevo de un pato.
- Use un cuchillo afilado —no los arranque tirando del tallo. La época de recolección es bastante corta puesto que las plantas mueren con las primeras heladas. A pesar de todo, si dispone de un suelo adecuado, cuida el cultivo y cosecha de forma continua podrá obtener más frutos por planta que los que obtiene del pepino de invernadero.

- Siembre al aire libre a mediados de primavera. Si el clima es riguroso cubra las plántulas con campanas durante algunas semanas. Podrá empezar a recolectar a mediados de verano.
- Si desea un cultivo temprano siembre en invernadero a principios de primavera. Plante de asiento las plántulas a finales de esta estación, cuando ya no se prevean heladas.

CALENDARIO

	Invierno	Primavera	Verano	Otoño
Siembra (exterior)				
Siembra (invernadero)				
Cosecha				

Véase la clave de los símbolos en la página 7

EN LA COCINA

Por lo general el pepino se sirve crudo, y de este modo se degusta como una verdura crujiente de sabor refrescante. Las rodajas finas (no es necesario pelarlas) constituyen un ingrediente básico de la ensalada mixta y verde, y todos los restaurantes griegos ofrecen el plato de yogur y pepino conocido como *sadziki*. Los trozos de pepino ahuecados y llenos de crema de queso pueden servirse como tentempié y, mezclando pepinos con jugo de zanahoria y de limón en una batidora, se obtiene una bebida veraniega excelente.

CONGELACIÓN: no es buena idea congelar pepinos puesto que dejan de ser crujientes.

ALMACENAMIENTO: guárdelos envueltos con una hoja de plástico adherente en el frigorífico: los pepinos se conservarán frescos durante una semana.

COCCIÓN: no se trata solamente de una verdura para ensaladas: corte en rodajas los frutos firmes, rebócelos y fríalos cómo los calabacines. O bien, puede tratarlos como las calabazas comunes en miniatura y rellenarlos; para ello, hierva las mitades huecas durante 5 min, rellénelas luego con carne picada, cebollas, pan rallado, etc. y cuézalas al horno hasta que adquieran un color dorado.

ENCURTIDOS: los pepinillos encurtidos son una guarnición deliciosa de los platos de carne, desde el asado hasta la hamburguesa. Lave los frutos, séquelos y elimine cualquier aspereza. Colóquelos en un plato y cúbralos con sal durante 24 horas. Enjuáguelos a fondo y póngalos en botes de vidrio. Cubra los pepinillos con vinagre de malta caliente, añada 1/2 cucharadita de semillas de eneldo y cierre herméticamente cada bote: los pepinillos podrán consumirse aproximadamente dos meses más tarde.

VARIEDADES

Variedades ESTÁNDAR DE CABALLÓN

Las variedades tradicionales son gruesas, de tamaño medio y con una superficie nudosa y áspera. En los últimos años han aparecido numerosos híbridos F_1 que tienen mejor forma, más vigor, menos enfermedades y son extralargos.

«MARKETMORE»: una forma mejorada de «King of the Ridge». Verde oscuro con frutos erguidos hasta 20 cm de largo; buena resistencia a la enfermedad.

«BUSH CROP»: una variedad híbrido F_1 compacta para cuadros o recipientes, resistente a los virus.

«BURPEE HYBRID»: se trata de una elección excelente: vigorosa y prolífica. Los pepinos de 20 cm tienen la piel suave y un color verde oscuro y la planta es famosa por su fiabilidad.

«MARION»: cultive este híbrido F_1 si antes tuvo problemas con los virus.

«LONG GREEN RIDGE»: una forma mejorada de la antigua favorita «Bedfordshire Prize», con una cosecha abundante.

«BUSH CHAMPION»: es más probable encontrar este híbrido F_1 en los catálogos que «Bush Crop». Se desarrolla bien en bolsas de cultivo, madura con rapidez y es resistente a los virus.

Variedades TOTALMENTE FEMENINAS

Una mejora interesante: estos pepinos no precisan fecundación y por ello no producen la gran cantidad de semillas características de los pepinos de exterior.

«PASKA»: un híbrido F_1 con brillantes frutos verde oscuro que se desarrollan hasta 25 cm. Resistente al mal blanco.

«JAZZER»: los frutos no cuentan con semillas y las plantas tienen buena resistencia a la enfermedad. Los pepinos miden 22,5 cm.

Variedades JAPONESAS

Este grupo incluye los pepinos de exterior más largos y de piel más lisa. Las variedades de fruto largo deben guiarse mediante un armazón sólido de redes o estacas.

«YAMATO»: frutos delgados de piel lisa que crecen hasta 30 cm.

«KYOTO»: se trata de otra variedad que produce pepinos lisos, rectos y largos que rivalizan con las otras variedades.

«BURPLESS TASTY GREEN»: según los expertos, es la variedad apropiada para conservar en vinagre. Los frutos no son tan grandes como los de la mayoría de las otras variedades japonesas (córtelos cuando tienen unos 20 cm de longitud y disfrute de su pulpa jugosa y crujiente que carece de amargor y es digestible).

«TOKYO SLICER»: esta variedad produce frutos de piel verde oscura y lisa que son más cortos que los de «Chinese Long Green» y «Kyoto». Este inconveniente es superado por su productividad.

Variedades PEPINILLO

Estas variedades producen pequeños y verrugosos frutos que se usan para encurtir.

«VENLO PICKLING»: se trata del pepinillo más ampliamente recomendado, aunque no por ello sea el mejor. Cada semillero parece tener su propia variedad favorita y algunas, tales como «Bestal», «Hokus» y «Conda», son famosas por ser más tempranas y más prolíficas que «Venlo Picking».

Variedades MANZANA

Este grupo es muy raro: pequeño, redondo y amarillento. Destaca por el sabor y la jugosidad.

«CRYSTAL APPLE»: es la única variedad que probablemente encuentre catalogada, prolífica y fácil de cultivar.

Burpee Hybrid

Burpless Tasty Green

PROBLEMAS DE LAS CUCURBITÁCEAS
PEPINO - CALABAZA COMÚN - CALABACÍN - CALABAZAS DE VERANO Y DE INVIERNO - CALABAZA GRANDE

Los pepinos de invierno son un cultivo delicado y pueden ser atacados por numerosas infecciones fúngicas y bacterianas. La mayor partea de los problemas se deben a una preparación incorrecta del suelo o al manejo descuidado de las plantas en desarrollo, y por ello es conveniente que estudie las instrucciones de la página 51. Los pepinos de exterior y las calabazas comunes son mucho más fáciles de cultivar y generalmente no presentan problemas, aunque las babosas, la podredumbre, el mildiu pulverulento y el mosaico del pepino pueden provocar pérdidas graves.

	Síntomas	Causas probables
Plántulas	— devoradas	[10] **oníscido** (véase pág. 110) o **altisa** (véase pág. 30)
	— derribadas	**hongos del semillero** (véase pág. 110)
Tallos	— bases roídas	**miriápodo** (véase pág. 110)
	— manchas oscuras secas	[18]
	— manchas mohosas	[6] o [16] o [22]
	— base blanda y oscura y podrida	[19]
Hojas	— agujereadas	[10] o **oníscido** (véase pág. 110)
	— marchitas	[1] o [4] o [5] o [18] o [19] o [20]
	— amarillentas a partir de la base de la planta	[20]
	— moteado amarillento y verdoso	[1]
	— cubiertas de una película sedosa	[21]
	— cubiertas de manchas	[16] o [17]
	— cubiertas de moho	[6] o [22]
	— infestadas de pulgón verde	**áfido** (véase pág. 110)
	— polillas minúsculas, superficie viscosa	**mosca blanca del invernadero** (v. pág. 110)
	— manchas parecidas al papel	[23]
	— manchas oscuras, aureola amarilla	[18]
Raíces	— negruzcas, podridas	[5]
	— cubiertas de agallas	[4]
Fruto	— sin flores	**falta de humedad**
	— sin fruto	[2]
	— cubierto de moho	[6] o [12]
	— manchas hundidas	[7] o [9]
	— ápice podrido que rezuma goma	[13]
	— devorado	[10] o [11]
	— frutos jóvenes marchitos	[14]
	— amargo	[15]
	— cosecha escasa	[3]
	— deforme, verrugoso	[8]

HOJAS MOTEADAS

1 MOSAICO DEL PEPINO

El mosaico del pepino es una enfermedad muy grave y frecuente. Las calabazas comunes son mucho más susceptibles que los pepinos. Las hojas aparecen moteadas, con manchas amarillentas y de color verde oscuro. La superficie foliar se arruga y distorsiona. Las plantas están muy atrofiadas y si el ataque es grave, no prosperan.

Tratamiento: ninguno. Destruya todas las plantas infectadas; lávese las manos y todo el material empleado en esta operación antes de tocar otras plantas.

Prevención: esta enfermedad se propaga a través del pulgón verde, por tanto pulverice inmediatamente con Permethrin si observa estos insectos.

2 AUSENCIA DE FRUTOS

Un problema común de las calabazas comunes y de los calabacines es la ausencia de fructificación. En general esto se debe a una polinización escasa y es acertado fomentarla realizando una polinización artificial. Esto exige fertilizar dos o tres flores femeninas (calabazas comunes detrás de los pétalos) con polen de una flor masculina (tallo delgado detrás de los pétalos). Esta tarea debe realizarse por la mañana, preferiblemente en un día seco. Asegúrese que el suelo se mantenga húmedo.

3 PRODUCCIÓN ESCASA

Algunas veces los pepinos de invernadero pierden su vigor poco despuésde la recolección de los primeros frutos. Para que las plantas continúen produciendo es necesario seguir algunas reglas sencillas. Elimine los primeros frutos cuando aún sean bastante pequeños. Fomente la actividad radicular efectuando un acolchado alrededor de los tallos. Abone quincenalmente con un fertilizante de tomates. Corte los frutos cuando hayan alcanzado un tamaño razonable; si éstos maduran, la producción de flores cesará.

4 ANGUILULA

Tanto los cultivos de exterior como los de invernadero pueden ser atacados por la anguilula de la raíz. Las raíces pueden desarrollar tumores parecidos a agallas. Las hojas se decoloran.

Tratamiento: ninguno. Arranque y destruya las plantas marchitas.

Prevención: no cultive pepinos en un suelo infestado durante seis años.

P. DE LA RAÍZ

5 PODREDUMBRE

El sistema radicular puede ser afectado por varias enfermedades fúngicas y la podredumbre radical negruzca es la peor. Los extremos de las raíces se vuelven negruzcos y la planta se marchita.

Tratamiento: ninguno. Destruya las plantas afectadas.

Prevención: cultive plantas en un suelo esterilizado. Evite cultivarlas cuando el tiempo sea frío húmedo.

P. DEL FRUTO

6 MOHO GRIS (Botrytis)

En los frutos podridos aparece un moho peludo grisáceo. El botrytis puede provocar graves pérdidas en los cultivos de exterior durante una estación húmeda y en los cultivos de invernadero si la humedad es alta. Con frecuencia los tallos están infectados y el punto de infección es una zona dañada o muerta.

Tratamiento: elimine y queme las hojas y los frutos infectados. Pulverice con carbendazim al primer síntoma.

Prevención: evite la anegación. Pulverice las plantas con carbendazim.

7 GOMOSIS

Se trata de una enfermedad grave propia de los pepinos de invernadero cuando se cultivan en condiciones húmedas y frías. Los frutos infectados muestran manchas completamente hundidas que rezuman goma parecida al ámbar. En la superficie de esta goma se desarrolla un moho oscuro.

Tratamiento: destruya todos los frutos enfermos. Aumente la temperatura y reduzca la humedad.

Prevención: mantenga el invernadero o la cajonera cálida y asegure la ventilación.

8 MOSAICO DEL PEPINO

Los frutos, pequeños y deformes, tienen unas verrugas de color verde oscuro características. La superficie es blanquecina o amarillenta con puntos o manchas verdosas. La gravedad de los síntomas aumenta cuando se eleva la temperatura del invernadero.

Tratamiento: ninguno. No toque las plantas sanas después de cortar los frutos infectados. Sin embargo, no corre ningún riesgo si ingiere pepinos o calabazas comunes afectados por el virus.

Prevención: véase página 54.

9 ANTRACNOSIS

En el extremo de los frutos aparecen manchas y puntos hundidos de color verde claro. Las zonas afectadas se vuelven rosadas, ya que el moho se desarrolla sobre la superficie, y luego algunas veces se vuelven negruzcas y pulverulentas. Puesto que la enfermedad se propaga, los frutos afectados adquieren un color amarillento y mueren.

Tratamiento: ninguno. Destruya los frutos infectados y espolvoree las plantas con sulfuro semanalmente.

Prevención: cultive pepinos en un suelo esterilizado o en *compost*.

10 BABOSAS Y CARACOLES

A medida que las calabazas comunes aumentan de tamaño se vuelven más susceptibles al ataque de las babosas y de los caracoles. Éstos raspan las capas externas y luego devoran la pulpa blanda.

Tratamiento: esparza Mesurol o Compo Antilimacos alrededor de las plantas al primer ataque.

Prevención: mantenga la zona completamente limpia de desperdicios. Coloque polietileno o una baldosa debajo de cada fruto en desarrollo.

11 RATONES

De vez en cuando los ratones roen la pulpa de las calabazas maduras grandes, comunes, de verano o de invierno; sin embargo, estos roedores constituyen una plaga mucho más grave si atacan en una etapa más temprana, pues encuentran irresistibles las semillas.

Tratamiento: ninguno.

Prevención: no es necesario que tome precauciones si antes no ha sufrido ningún daño. Cubra la zona sembrada con ramitas espinosas o ponga en el suelo un cebo como Racumín.

12 MONILOSIS

Los pepinos de invernadero presentan zonas oscuras y podridas, en las que se desarrolla un mantillo blanquecino y algodonoso. En este mantillo se forman unos cuerpos grandes, oscuros y parecidos a quistes.

Tratamiento: ninguno. Arranque y destruya los frutos inmediatamente.

Prevención: evite salpicar el fruto durante el riego y que éste caiga al suelo.

13 PODREDUMBRE NEGRA

Los síntomas indicativos de un ataque del hongo que provoca al fusariosis (véase pág. 56) son la podredumbre de los extremos de los pepinos y el rezumado de goma por la zona enferma y marchita.

Tratamiento: ninguno. Arranque y destruya los frutos infectados inmediatamente. No pulverice el suelo temporalmente.

Prevención: cultive pepinos en un suelo esterilizado o en *compost*.

14 MARCHITEZ DEL FRUTO JOVEN

Los pepinos y las calabazas comunes dejan de crecer cuando tienen muy pocos centímetros de longitud y la marchitez se propaga a partir del ápice. Por desgracia, puede deberse a muchas causas, tales como sequías, una poda intensa o el uso de estiércol del corral fresco. La causa más probable es la falta de actividad radicular a consecuencia de una drenaje escaso, una anegación o una débil preparación del terreno. La clave para mantener un desarrollo continuo está en regar cuidadosamente. Si los frutos jóvenes se marchitan, elimine los dañados y pulverice con abono foliar. Durante la semana siguiente no riegue y ventile el invernadero, pero conserve el suelo húmedo como de costumbre.

15 AMARGOR

Si el fruto tiene un aspecto normal pero es amargo, es señal de que falla una de las condiciones de cultivo. Las causas más corrientes son un descenso de la humedad del suelo o de la temperatura y un aumento repentino de la radiación solar o una poda. El segundo tipo de amargor está asociado a frutos de invernadero deformes y parecidos a bastones. En este caso, la causa es la polinización; acuérdese de eliminar las flores masculinas. Esta tarea pesada puede evitarse cultivando las variedades totalmente femeninas tales como «Pepinex». En general, los pepinos amargos son inservibles; puede probar la antigua costumbre de cortar el fruto a un par de centímetros del extremo y de frotar ambas superficies cortadas.

PROBLEMAS DE LAS CUCURBITÁCEAS continuación

MANCHAS

16 ANTRACNOSIS

Las manchas pequeñas y claras aumentan de tamaño rápidamente y oscurecen. Cada mancha tiene un borde amarillento. Si el ataque es grave las manchas se fusionan y la hoja se marchita. En los tallos y en los pecíolos se desarrollan unas áreas grandes de moho rosado que ennegrecen más tarde.

Tratamiento: elimine y queme las hojas punteadas. Espolvoree semanalmente con sulfuro. Queme las plantas muy enfermas.

Prevención: cultive pepinos en un suelo esterilizado o en *compost*. Asegúrese de que el invernadero esté aireado de forma adecuada.

17 CERCOSPORIOSIS

Es una enfermedad menos frecuente que la antracnosis y, en general, las manchas son más pequeñas y claras. Si el ataque es grave las hojas se pudren rápidamente. A diferencia de la antracnosis, esta enfermedad no afecta a los tallos y éstos no desarrollan moho rosado.

Tratamiento: elimine y queme las hojas punteadas. Espolvoree semanalmente con sulfuro. Queme las plantas muy enfermas.

Prevención: cultive pepinos en un suelo esterilizado o en *compost*. Elija una variedad masculina.

MANCHAS SECAS

18 FUSARIOSIS

Las manchas foliares tienen una aureola amarillenta característica. La zona afectada oscurece y se seca. Los tallos también están afectados (necrosis gomosa del tallo) y pueden morir. Los frutos también están afectados (podredumbre negra, véase pág. 55).

Tratamiento: elimine y queme todas las plantas enfermas.

Prevención: cultive pepinos en un suelo esterilizado o en *compost*.

TALLOS COLAPSADOS

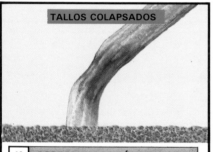

HOJAS AMARILLENTAS

PELÍCULA SEDOSA

19 PODREDUMBRE HÚMEDA

Esta enfermedad bacteriana tiene varios nombres comunes, como podredumbre blanda, podredumbre del pie del pepino y cancro. La podredumbre viscosa y oscura ataca la base de los tallos de los pepinos de invernadero. Las hojas se marchitan y la planta puede colapsarse.

Tratamiento: si la planta no está demasiado dañada, espolvoree sulfuro sobre la zona oscura y, a continuación, efectúe un acolchado de turba húmeda alrededor del tallo. Si el ataque es grave, arranque y destruya las plantas afectadas.

Prevención: evite la anegación y no riegue la base del tallo.

20 MARCHITEZ

Las hojas inferiores amarillean y la decoloración progresa hacia la parte superior. Por último, todas las hojas se secan y marchitan. Los signos son la aparición de unas líneas oscuras en el interior de los tallos (véase pág. 103). Las plantas jóvenes son muy susceptibles a esta enfermedad en condiciones húmedas y frías.

Tratamiento: mantenga el aire húmedo y cálido. Proteja el invernadero del sol directo y no riegue en exceso.

Prevención: cultive pepinos en un suelo esterilizado o en *compost*.

21 ARAÑA ROJA

Los tallos y las hojas están cubiertos de una fina película sedosa. El follaje aparece moteado y blanquecino, y en el envés pueden encontrarse las arañas diminutas. El crecimiento se retrasa y los brotes son delgados y débiles. Las arañas son de color verde en verano y de color rojo en invierno.

Tratamiento: pulverice con Malathion o Derris al primer signo de ataque de las arañas.

Prevención: mantenga la atmósfera del invernadero húmeda.

22 MAL BLANCO

Las hojas y los tallos están cubiertos de manchas pulverulentas y blanquecinas. Esta enfermedad afecta a los pepinos de exterior durante un verano cálido y seco, y también a los de invernadero. Es fomentada por una atmósfera húmeda junto a un suelo seco.

Tratamiento: pulverice con carbendazim al detectar los primeros signos de la enfermedad.

Prevención: conserve siempre el suelo húmedo y ventile el invernadero adecuadamente.

MOHO PULVERULENTO

MANCHAS PARDAS

23 QUEMADURA SOLAR

Algunas veces aparecen manchas pardas parecidas al papel en los bordes foliares. Estas manchas secas posteriormente se contraen. Esto se debe a una intensa radiación solar.

Tratamiento: ninguno.

Prevención: encale las paredes del invernadero. Humedezca adecuadamente, pero no al mediodía ya que las gotitas de agua pueden actuar como lentes de aumento.

ESCAROLA

Es una hortaliza muy popular en las ensaladas europeas. La escarola posee un sabor mucho más característico que la lechuga y tiene la ventaja de poderse recolectar desde principios hasta finales de invierno. Si siembra escalonadamente, a intervalos de un mes, podrá recolectar los cogollos durante seis o más meses del año; sin embargo, en todos los casos siempre tendrá que blanquearlas antes de cortar para eliminar gran parte de su amargor. Las variedades de hoja rizada se siembran en primavera y verano para que sus hojas, muy ensortijadas y divididas, aparezcan en verano y otoño. Las variedades de hoja ancha son similares a las lechugas y las plantas son más resistentes (los cogollos protegidos bajo una campana soportan bien el invierno).

CARACTERÍSTICAS DE LAS SEMILLAS

Tamaño real

Duración esperada de la germinación:	3 a 7 días
Número aproximado por cada 100 g:	60 000
Producción esperada por hilera de 3 m:	10 a 15 cogollos
Longevidad de la semilla almacenada:	5 años
Tiempo aproximado entre la siembra y la cosecha:	15 a 20 semanas
Facilidad de cultivo:	difícil (requiere un suelo adecuado, riegos regulares y blanqueado).

CARACTERÍSTICAS DEL SUELO

- Se requiere un suelo adecuado porque la escarola no crece bien en suelos arcillosos. Escoja una parcela soleada para los cultivos que siembre en verano y otoño; en el caso de las escarolas sembradas en primavera es apropiado un lugar semisombrío.
- Cave en otoño y añada estiércol o *compost* si el suelo es deficiente en humus. Aproximadamente una semana antes de plantar añada un fertilizante general.

SIEMBRA

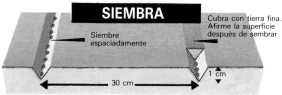

Siembre espaciadamente

Cubra con tierra fina. Afirme la superficie después de sembrar

30 cm

1 cm

- Siembre las variedades de hoja rizada desde finales de invierno hasta mediados de verano, o las variedades de hoja ancha durante el verano para emplearlas a finales de otoño y en invierno.

CALENDARIO

	Invierno	Primavera	Verano	Otoño
Siembra				
Cosecha				

Véase la clave de los símbolos en la página 7

CUIDADOS DEL CULTIVO

- Aclare las plántulas tan pronto como aparezcan las primeras hojas verdaderas. Continúe efectuando el aclareo de forma periódica hasta que las plantas estén separadas 20 cm (las variedades de hoja rizada) o 30 cm (las de hoja ancha).
- Escarde regularmente y abone, de vez en cuando, con un fertilizante líquido. Es esencial que riegue copiosamente en tiempo seco (las plantas espigarán por falta de agua).
- Empiece la operación de blanqueo unos doce meses después de la siembra. Escoja algunas plantas a medida que las necesite y asegúrese de que sus hojas estén secas. Ate flojamente las hojas con rafia y cubra las plantas con una maceta de plástico. Tape los orificios de drenaje para evitar la penetración de la luz. Los cogollos estarán listos en tres semanas (verano) o en cinco (invierno)

RECOLECCIÓN

- Corte los cogollos con un cuchillo afilado cuando las hojas tengan un color cremoso.

EN LA COCINA

Tanto la escarola de hoja rizada como la de hoja ancha son un componente excelente de una ensalada, puesto que proporcionan una textura crujiente y una pizca de amargor. Para prepararla, elimine cualquier hoja verde o dañada y lave a fondo. Seque las hojas blanquecinas antes de servir y aderece la ensalada con una salsa a base de vinagre.

CONGELACIÓN: no es apropiada.

ALMACENAMIENTO: las escarolas deben usarse inmediatamente. Si no es posible, guárdelas en una bolsa de polietileno negra en el frigorífico durante tres días.

COCCIÓN: aunque las escarolas pueden cocinarse como espinacas es mucho mejor que prepare escarolas cocidas a fuego lento. Lave bien el cogollo, elimine el exceso de agua sacudiéndolo y séquelo. Fría una cebolla picada en un poco de mantequilla y luego añádala a la cacerola. Coloque la escarola encima y añada bastante caldo para evitar que se pegue. Tape la cacerola y deje cocer a fuego moderado en el horno durante 20 minutos.

VARIEDADES

Variedades de HOJA ANCHA

«BATAVIAN GREEN»: es la escarola de hoja ancha más popular. En ocasiones se nombra en los catálogos como N.° 5 2.

«EMINENCE»: esta variedad posee un corazón compacto de hojas amarillas. No es fácil de encontrar.

Variedades de HOJA RIZADA

«GREEN CURLED»: es la escarola de hoja rizada básica. También llamada «Moss Curled».

«SALLY»: destaca por su corazón apretado de hojas rizadas. Una variedad fácil con la ventaja de ser autoblanqueadora en el centro.

PROBLEMAS

BABOSAS

Pueden ser un problema en la época de blanqueo. Si es necesario, utilice un producto para babosas.

ÁFIDO

Aunque para los pulgones verdes la escarola es menos atractiva que la lechuga, algunas veces son un problema. Pulverice con Permethrin si hay muchos insectos.

ESPIGADO

Las escarolas sembradas en primavera o a principios de verano, a veces espigan en tiempo seco y caluroso. Evite este problema manteniendo el suelo humedecido.

COL ENANA

Aunque esta verdura de invierno y primavera está catalogada en todos los catálogos como col enana o col crespa, no la encontrará en todos los huertos puesto que en ralidad sólo la cultivan unos pocos horticultores. Esta condición de «Cenicienta» sorprende si consideramos sus ventajas. Ninguna verdura supera la resistencia de la col enana —no hay peligro de que una helada fuerte y prolongada destruya el duro trabajo realizado. A diferencia de otras coles, tolerará unas condiciones edáficas pobres y los temidos enemigos de la familia de la col —las palomas, la hernia de las coles y la mosca de la col— rara vez la atacarán. A pesar de todos estos aspectos positivos, esta verdura es despreciada debido al sabor amargo del producto final. Así, algunas de las variedades viejas son mucho más adecuadas como alimento para el ganado que para la familia y además los horticultores corrientes recogen las hojas y los brotes cuando éstos son demasiado grandes. Elija una buena variedad y recójala cuando sea joven y tierna; si la cocina correctamente, pronto perderá sus prejuicios contra esta verdura desestimada.

CARACTERÍSTICAS

Tamaño real

Duración esperada de la germinación:	7 a 12 días
Número aproximado por cada 100 g:	24 000
Producción esperada por planta:	1 kg
Longevidad de la semilla almacenada:	4 años
Tiempo aproximado entre la siembra y la cosecha:	30 a 35 semanas
Facilidad de cultivo:	fácil (pero debe trasplantarse)

CARACTERÍSTICAS DEL SUELO

- La col enana es mucho más adaptable que otras coles, como la col repollo, la coliflor y las coles de Bruselas. Crecerá en casi todos los suelos siempre que el drenaje sea satisfactorio.
- Elija un lugar suficientemente soleado para cultivar las plantas. Ya que las plántulas no se trasplantarán hasta finales de primavera o principios de verano, lo normal es que use un terreno en el que recientemente se hayan cultivado guisantes, patatas tempranas u otras cosechas de principios de verano. No cave: simplemente consolide el terreno, elimine cualquier mala hierba y cúbralo con un poco de fertilizante. Abone con cal si el suelo es ácido. El terreno no debe ser muy compacto ni esponjoso en la época de la plantación: esta es la única regla a seguir.

SIEMBRA Y PLANTACIÓN

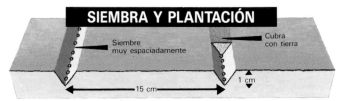

Siembre muy espaciadamente

Cubra con tierra

15 cm

1 cm

- Aclare las plántulas para evitar que sean endebles y demasiado altas y delgadas. Éstas deben estar separadas 7,5 cm en las hileras.
- Cuando las plántulas hayan alcanzado una altura de 10 a 15 cm pueden trasplantarse. Riegue las hileras el día antes de trasladar los trasplantes a su emplazamiento definitivo. Plante firmemente de modo que las hojas inferiores de la plántula estén por encima de la superficie del suelo. Deje 45 cm entre ellas y riegue después de la plantación.
- Las variedades de col enana silvestre no se trasplantan. Disponga las hileras de semillas con una separación de 45 cm y aclare periódicamente hasta dejar 45 cm entre las plantas.

CUIDADOS DEL CULTIVO

- Escarde regularmente y pise firmemente alrededor de los tallos para prepararlos contra las sacudidas del viento. Riegue las plantas jóvenes cuando el tiempo sea seco.
- Arranque las hojas amarillentas. Cuando se acerque el otoño, aporque alrededor de los tallos para proteger las raíces de las heladas y de las sacudidas del viento. Estaque las variedades altas si se cultivan en un lugar expuesto.
- En invierno, es posible que las plantas tengan un aspecto lamentable; no se preocupe, a principios de primavera obtendrá una socecha de brotes laterales tiernos. Abone con un fertilizante líquido a finales de invierno.

RECOLECCIÓN

- Se necesita más destreza en recolectar la col enana que en cultivarla. Empiece a recolectar la col crespa por el cuello de la planta a mediados de otoño, eliminando algunas hojas jóvenes cada vez que coseche. Emplee un cuchillo afilado o tire hacia abajo con fuerza. No recoja hojas maduras o amarillentas para su uso en la cocina.
- Esta eliminación del cuello estimulará el desarrollo de brotes laterales suculentos. En todas las variedades, éstos se recolectan desde mediados de invierno y mediados de primavera, rompiéndolos o usando para su eliminación un cuchillo afilado. Deben ser jóvenes y tener una longitud de 10 a 13 cm (los brotes maduros son amargos al cortarlos).

- Si desea verduras a finales de otoño, siembre una variedad de col de hojas crespas a principios de primavera. Para cosechas más tardías siembre variedades «Leaf & Spear» o una col de hojas lisas a mediados de primavera. La época exacta para trasplantar depende de la altura de las plántulas más que de la fecha.
- Aclare periódicamente hasta dejar 45 cm entre las plantas.
- La col enana silvestre se siembra a finales de primavera. Para manejos posteriores véase el apartado «Siembra y plantación».

CALENDARIO

	Invierno	Primavera	Verano	Otoño
Siembra				
Plantación				
Cosecha				

Véase la clave de los símbolos en la página 7

EN LA COCINA

El sabor amargo de una col enana madura que se ha cocido demasiado puede desalentarlo para siempre de tal manera que no vuelva a probar esta verdura. Sin embargo, no hay necesidad de que sea amarga: el secreto consiste en recoger sólo las hortalizas jóvenes después de haber estado expuestas a las heladas, y a continuación cocerlas rápidamente en una pequeña cantidad de agua, como se describe más abajo. Aunque los brotes jóvenes son más aceptables, la col enana nunca podrá convertirse en una verdura de delicado sabor. Sin embargo, es rica en hierro y vitamina C, y el sabor fuerte puede convertirse en una ventaja. Corte las hojas y aderécelas con vinagre para darle sabor a una ensalada de invierno, o hiérvalas y sírvalas con mantequilla o salsa blanca.

CONGELACIÓN: emplee los brotes tiernos. Blanquéelos durante 1 min, enfríelos y escúrralos cuidadosamente. Córtelos y después enváselos en bolsas de polietileno para su congelación.

ALMACENAMIENTO: guárdela en una bolsa de polietileno en el frigorífico y expulse el aire de la bolsa antes de precintarla. La col enana se conservará fresca durante tres días.

COCCIÓN: el método normal de preparación es la ebullición. Deseche las hojas estropeadas, amarillentas y viejas, y elimine los nervios centrales del resto con un cuchillo afilado. Límpielas cuidadosamente y a continuación colóquelas en 2,5 cm de agua hirviendo; cúbralas y déjelas cocer a fuego moderado durante unos 8 minutos. Los huevos escalfados, la panceta, el cerdo y la comida grasa combinan bien con la col enana. Ésta puede tener otros usos: en sopas, en estofados o como crema de verduras. Quizá la mejor forma de servir las hojas y los brotes sea hervirlos o cocerlos a fuego lento en una cacerola tapada con cebollas, perejil, especias y panceta on incluso un hueso de jamón.

VARIEDADES

Variedades de HOJA RIZADA

Estas coles enanas «Escocesas» dominan los catálogos de semillas y son mucho más populares que las otras clases. El borde de cada hoja está sumamente rizado y arrugado, otorgándole un aspecto semejante al perejil.

«DWARF GREEN CURLED»: es la variedad que normalmente se escoge para un cuadro pequeño (estas plantas de 45 a 60 cm no precisan un entutorado y su sabor se tan bueno como cualquiera).

«TALL GREEN CURLED»: es la versión adulta de la variedad anterior, catalogada a veces como 'Tall Scotch Curled'. Es adecuada para congelar, al igual que todas las variedades de hoja rizada catalogadas aquí.

«FRIBOR»: un híbrido F_1 enano con hojas verde oscuro, que crecen sólo 22,5 cm. Constituye una excelente opción si se dispone de un espacio menor.

«WESTLAND AUTUM»: es otra variedad enana que le proporcionará hojas desde mediados de otoño hasta mediados de invierno. Es la col enana de hojas más arrugadas.

«SPURT»: es una de las variedades nuevas que parece cruzar los claros límites entre los diversos tipos de col enana. Sus hojas son rizadas pero puede cultivarse sin necesidad de ser trasplantada. Obtendrá la primera cosecha a los dos meses de la siembra.

«DARKIBOR»: se trata de un híbrido F_1 moderno, alto, de color verde oscuro.

Variedades de HOJA LISA

Estas coles enanas altas suelen ser menos finas que las variedades de hoja rizada, pero son sumamente resistentes, prolíficas y mucho menos propensas a las plagas. Consuma los brotes jóvenes a principios de primavera (nunca las hojas de otoño).

«THOUSAND-HEADED KALE»: los establecimientos de semillas la venden bastante y recomiendan la recolección y la cocción de los brotes laterales a partir de mediados de invierno. «Pentland Brig» es una opción mejor.

«COTTAGERS»: las plantas son altas, 1 m de altura, con hojas que se vuelven de un intenso color púrpura en invierno. Se consumen los brotes de principios de primavera.

Variedades de COL ENANA SILVESTRE

Estas coles enanas proporcionan brotes tiernos desde finales de invierno hasta mediados de primavera, y no se cultivan como las otras variedades. Se siembran en el lugar en que madurarán ya que no les gusta ser trasplantadas.

«HUNGRY GAP»: es una productora tardía, como todas las coles enanas silvestres. Es robusta, fiable y produce brotes que son apropiados para ser congelados.

«ASPARAGUS KALE»: esta variedad de col enana silvestre se cultiva en lugares donde el espacio es limitado. Encontrará esta variedad en los libros de horticultura, aunque no en muchos catálogos de semillas.

Variedad LEAF & SPEAR

Sólo existe una variedad: un cruce entre una col enana de hoja rizada y otra de hoja lisa. Su aparición marcó una nueva era para la humilde col enana (si sólo puede cultivar una variedad, cultive ésta).

«PENTLAND BRIG»: las plantas alcanzan una altura de unos 60 cm, y su uso en la cocina difiere de las demás coles enanas. Empiece a recolectar las hojas jóvenes del cuello a mediados de otoño —éstas son rizadas, aunque menos que una col enana de hoja rizada. A principios de primavera corte los frondosos brotes laterales y más tarde coja las cabezas florales inmaduras («turiones») que puedan prepararse igual que un brécol. ¡Es una variedad realmente versátil!.

Fribor

Pentland Brig

PROBLEMAS

Es las páginas 28-31 se describen los problemas de las coles. La col enana es extraordinariamente resistente a la mayoría de ellos, tales como la mosca de la col y la hernia de las coles, pero pueden ser una molestia el áfido harinoso, la mosca blanca y la oruga de la col. Al primer síntoma, pulverice con insecticida.

COLIRRÁBANO

El colirrábano es una col de tubérculo que se cultiva mucho mejor en zonas de clima seco y caluroso que el nabo, verdura mucho más popular. La parte engrosada y comestible del colirrábano en realidad no es una raíz, es la parte basal del tallo («tubérculo»), por lo que puede por tanto desarrollarse en suelos poco profundos en los cuales no lo harían ni los nabos ni los colinabos. Su crecimiento es escaso —alcanza unos 30 cm de altura— y su maduración muy rápida, ya que se desarrolla en un par de meses desde el momento de la siembra hasta la recolección. A pesar de estar en desuso, los libros de horticultura intentan describir el sabor del tubérculo con las siguientes frases: «una mezcla de nabo y col», cuando la verdura está hervida, y un «sabor a nueces con un ligero sabor a apio», cuando el colirrábano está crudo y rallado. Esta verdura puede ser sabrosa y tierna, pero sólo si la cultiva rápidamente y la recolecta cuando los tubérculos estén poco desarrollados.

CARACTERÍSTICAS DE LAS SEMILLAS

Tamaño real

Duración esperada de la germinación:	10 días
Número aproximado por cada 100 g:	24 000
Producción esperada por hilera de 3 m:	20 tubérculos
Índice de longevidad de la semilla almacenada:	4 años
Tiempo aproximado entre la siembra y la cosecha:	8 a 12 semanas
Facilidad de cultivo:	fácil

CARACTERÍSTICAS DEL SUELO

- La situación ideal es un lugar soleado con un suelo ligero. Cave en otoño —si el suelo es pobre añada *compost*. Si es necesario, abone con cal en invierno.
- En primavera aplique Growmore y, si la zona es propensa a la mosca de la col, utilice discos protectores. Una semana más tarde prepare el semillero, pisando y rastrillando la superficie.

SIEMBRA

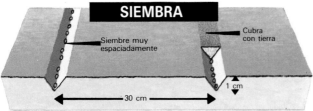

Siembre muy espaciadamente

Cubra con tierra

30 cm

1 cm

- Siembre variedades verdes entre finales de invierno y finales de primavera. Siembre una variedad purpúrea a principios o mediados de verano si desea obtener una cosecha a finales de otoño o invierno.

CALENDARIO

	Invierno	Primavera	Verano	Otoño
Siembra				
Cosecha				

CUIDADOS DEL CULTIVO

- Tan pronto como aparezcan las primeras hojas verdaderas, aclare las plántulas. Continúe el aclareo periódicamente hasta que las plántulas estén separadas unos 15 cm. Protéjalas del ataque de los pájaros.
- Escarde regularmente y abone de vez en cuando si el crecimiento es lento. Humedezca el suelo en épocas de sequedad.

RECOLECCIÓN

- Saque los tallos basales engrosados («tubérculos») cuando no estén excesivamente desarrollados. No los arranque ni los almacene ya que una vez fuera de la tierra se estropean. Deje que las plantas se desarrollen en el huerto y recójalas a discreción hasta finales de otoño.

EN LA COCINA

El colirrábano es una verdura sumamente versátil. Los tubérculos jóvenes pueden trocearse para proporcionar un ingrediente con sabor a nueces a las ensaladas de verano e invierno, pero lo más corriente es cocerlas antes de servir. Las hojas jóvenes se hierven como las espinacas; los tubérculos se hierven, se cuecen a fuego lento en una cacerola tapada o se emplean como un ingrediente en las sopas o en los guisados.

CONGELACIÓN: separe el tubérculo del resto de la planta, ráspelo, córtelo en tiras y blanquéelo durante 2 min antes de congelar.

ALMACENAMIENTO: póngalos en una bolsa de polietileno en el frigorífico: el colirrábano se mantendrá fresco durante dos semanas.

COCCIÓN: los tubérculos jóvenes deben separarse del resto de la planta y rasparse —no los pele. Hiérvalos enteros, o cortados en rodajas, durante 20 a 30 min, séquelos y pélelos; a continuación sírvalos con mantequilla derretida o salsa blanca. Por otra parte, los tubérculos hervidos pueden emplearse para hacer puré.

VARIEDADES

«GREEN VIENNA»: de piel verdosa y pulpa blanca (se escoge esta variedad de maduración temprana para la siembra de primavera y verano). A veces la encontrará como «White Vienna».

«LANRO»: se trata de un híbrido F_1 de piel clara, pulpa blanquecina, que destaca por su textura y sabor.

«PURPLE VIENNA»: la piel de este tubérculo es purpúrea pero la pulpa sigue siendo blanca. Para una siembra tardía y una cosecha de invierno escoja esta variedad.
«ROWEL»: es un nuevo híbrido F_1. Se considera netamente superior a las antiguas variedades «Viena». La pulpa es más dulce y se vuelve leñosa si se deja que se desarrolle demasiado.

PROBLEMAS

Los problemas de las coles se describen en las páginas 28-31. A veces se presentan muchos de estos problemas, aunque no es probable que sean graves. El cultivo madura rápidamente por lo que no se ve afectado por las enfermedades de desarrollo lento ni por las plagas que se hallan en su apogeo cuando el colirrábano ya ha sido cosechado. Los pájaros y los áfidos pueden ocasionar algún problema.

Véase la clave de los símbolos en la página 7

PUERRO

Mucha gente cultiva el puerro de maceta y le presta grandes cuidados con la intención de superar el récord de 4,5 kg; pero en su hogar, su aspiración debe ser producir especies de 250 a 450 g para la cocina que, si bien son más pequeñas, son más sabrosas que las gigantes. Los puerros son los miembros de la familia de la cebolla más fáciles de cultivar: soportan inviernos rigurosos, no son afectados por las plagas y enfermedades y requieren menos fertilizante que la cebolla. Sin embargo, algunos libros de horticultura exageran al decir que los puerros se hallan entre las verduras más fáciles de cultivar. No es cierto. Necesitan un trasplante, un aporcado cuidadoso y permanecer en el suelo durante bastante tiempo. A pesar de todo, es un excelente cultivo para cualquier terreno —la época de la cosecha dura más de seis meses y las fuertes raíces blanquecinas rompen los suelos arcillosos mejor que una espada. En la cocina, este «tallo» blanquecino y grueso (más correctamente, el mango de hojas arrolladas) tiene numerosos usos.

CARACTERÍSTICAS DE LAS SEMILLAS

Tamaño real

Duración esperada de la germinación:	14 a 18 días
Número aproximado por cada 100 g:	30 000
Producción esperada por hilera de 3 mm.	4,5 kg
Índice de longevidad de la semilla almacenada:	3 años
Tiempo aproximado entre la siembra y la cosecha (variedades tempranas):	30 semanas
Tiempo aproximado entre la siembra y la cosecha (variedades tardías):	45 semanas
Facilidad de cultivo:	no es difícil pero permanecen en el suelo durante tiempo.

CARACTERÍSTICAS DEL SUELO

- Los puerros son menos exigentes que las cebollas y crecerán en cualquier tipo de suelo, a condición de que éste no sea muy compacto ni esté mal drenado.
- La cosecha será decepcionante si el terreno es deficiente en nutrientes y humus. En invierno se requiere una cava minuciosa (añada *compost* o estiércol descompuesto si no lo hizo en la cosecha anterior).
- Elija un lugar soleado donde crezcan las plantas. Después de la cava de invierno, deje el suelo rugoso y en primavera, nivele la superficie rastrillándola y pisándola. Incorpore un fertilizante general a la superficie una semana antes de la plantación.

SIEMBRA Y PLANTACIÓN

Siembre muy espaciadamente — Cubra con tierra — cm — 15 cm

- Aclare las plántulas de modo que estén separadas unos 4 cm.
- Los puerros jóvenes pueden trasplantarse cuando hayan alcanzado los 20 cm de altura y sean tan gruesos como un lápiz. Si el tiempo es seco, riegue la parcela el día anterior a la cosecha. Corte los cabos de las raíces y las puntas de las hojas, después sáquelos y dispóngalos en hileras con una separación de 30 cm, dejando una distancia de 15 cm entre los trasplantes.
- Realice un hoyo de 15 cm de profundidad con un desplantador, coloque el trasplante y después llene poco a poco la cavidad con agua para fijar las raíces. No llene el hoyo con tierra.

CUIDADOS DEL CULTIVO

- Escarde cuidadosamente para limitar el crecimiento de las malas hierbas y asegúrese de que no les falte agua a las plantas durante las épocas de sequedad. No llene los hoyos con tierra.
- Blanquee para aumentar la longitud del tallo blanquecino. Cuando las plantas estén bien desarrolladas, tire suavemente tierra seca alrededor de los tallos. Efectúe esta operación en etapas, incrementando la altura poco a poco cada vez. No permita, bajo ningún concepto, que la tierra caiga entre las hojas para no tener luego, a la hora de comer, un puerro lleno de suciedad. Termine el aporcado a principios de otoño.
- El abono aumenta el grosor de los tallos. Debe evitarse, sin embargo, un abono tardío en aquellas plantas que invernarán en el huerto (éste debe interrumpirse a mediados de verano).

RECOLECCIÓN

- No pretenda producir gigantes con fines culinarios ya que el sabor disminuye a la par que el tamaño aumenta.
- Empiece la recolección cuando los puerros todavía son pequeños; de este modo alargará la época de recolección. No intente nunca sacar bruscamente la planta del suelo: sáquela poco a poco con una horquilla.
- Los puerros pueden dejarse en la tierra durante todo el invierno hasta su consumo.

- Para las producciones de otoño, siembre las semillas a principios o mediados de invierno en invernadero y a principios de primavera al aire libre.
- Para usos culinarios, emplee las plantas obtenidas de semillas sembradas al aire libre durante la primavera, cuando el suelo era laborable y suficientemente caliente para tolerar la germinación —en las zonas cálidas y protegidas esto significa a finales de invierno o más tarde. Trasplante las plántulas a finales de primavera.
- Si desea una cosecha a principios de primavera, puede sembrar semillas de una variedad tardía a finales de primavera y trasplantar a principios de verano.

CALENDARIO

	Invierno	Primavera	Verano	Otoño
Siembra				
Plantación				
Siembra (invernadero)				
Cosecha				

Véase la clave de los símbolos en la página 7

EN LA COCINA

Los puerros son el ingrediente favorito de las sopas tradicionales de muchos países: sopa de patata y puerro de Inglaterra, *cock-a-leekie* de Escocia (puerro y caldo de pollo) y el *vichyssoise* frío francés, entre otras. Muchas familias rechazan esta verdura debido a la arenosidad y limosidad que presentan los puerros mal hervidos. Estas dos desagradables características pueden evitarse fácilmente y hay muchas maneras diferentes de prepararlos, además de la ebullición. No hay ninguna necesidad de cocinarlos: prepare una ensalada de invierno cortando los puerros jóvenes en rodajas y mezclándolos con una col troceada y una salsa.

CONGELACIÓN: elimine los ápices verdes. Limpie los tallos a fondo, córtelos en trocitos y blanquéelos durante 3 minutos. Enfríe, escurra y seque los trozos con un papel secante; después envuélvalos en bolsas de polietileno antes de congelarlos.

ALMACENAMIENTO: manténgalos en una bolsa de polietileno en el frigorífico: los puerros se conservarán frescos durante cinco días.

COCCIÓN: la mejor manera de eliminar la suciedad es cortar el ápice de las hojas y algunas de las hojas gruesas más externas —no elimine toda la parte verde. Trocee longitudinalmente el puerro con un cuchillo e introduzca los trozos en un cuenco de agua, con los extremos verdosos hacia abajo, durante una hora. Por último, lávelos con un chorro de agua corriente fría, separando las hojas si es necesario. El siguiente problema es el de la limosidad: evite la hirviendo los puerros en una cantidad de agua pequeña durante unos 10 min y escurriéndolos seguidamente. Ahora vuelva a disponer los puerros en la cazuela y caliéntelos poco a poco durante unos 5 min para que pierdan el exceso de agua. Sírvalos con una salsa blanca o con mantequilla derretida. Hay mejores maneras de usar los puerros: cuézalos en un caldo de carne de vaca a fuego lento en una vasija bien tapada con zanahorias y apio o córtelos en rodajas y fríalos con un poco de mantequilla.

VARIEDADES

Variedades TEMPRANAS

| SEP | OCT | NOV |

Estas variedades son populares entre los expositores ya que pueden sembrarse en invernadero a principios de año y alcanzar su máximo tamaño a tiempo para las exposiciones de otoño. Por otra parte, pueden sembrarse al aire libre para proporcionar puerros de tallo largo para la cocina antes de finalizar el año.

«LYON 2-PRIZETAKER»: es uno de los favoritos de los concursos desde hace muchos años: tallos largos y gruesos con hojas de color verde oscuro que captan la atención de los jueces. Aptas para la cocina por su sabor dulce.

«SPLENDID»: este popular descendiente de «Gennevilliers» madura a principios de otoño y puede recolectarse hasta principios de invierno. La longitud es de 15 cm.

«WALTON MAMMOTH»: es otra descendiente de «Autumn Mammoth». Muy recomendada para exposiciones y usos culinarios. Recomendable por su resistencia al severo clima invernal.

«KING RICHARD»: encontrará esta variedad temprana en muchos catálogos, con la promesa de que si la cuida obtendrá plantas de 30 cm de longitud. El color de las hojas es verde claro. Se trata de una variedad moderna de alta calidad que ha adquirido popularidad entre los exhibidores.

Variedades de MEDIADOS DE TEMPORADA

| DIC | ENE | FEB |

Estas variedades maduran a lo largo del invierno y una de ellas está considerada desde hace tiempo como la principal elección de los horticultores aficionados. Todas ellas, son, desde luego, resistentes al invierno; sin embargo, la longitud del tallo es considerablemente variable.

«MUSSELBURGH»: esta variedad escocesa sigue siendo uno de los puerros favoritos de producción casera. Es muy resistente, fiable y de delicado sabor. Los tallos son gruesos aunque no grandes.

«SNOWSTAR»: es una variedad moderna muy similar a «Musselburgh» por su aspecto general y muy capaz de ser una gran ganadora en los concursos.

«ARGENTA»: tiene las características esperadas de una variedad estándar de mediados de temporada: tallos blanquecinos de 15 cm, pulpa dura pero frágil y un sabor dulce. Madura a mediados o finales de otoño y resiste las heladas de invierno.

«GOLIATH»: otra descendiente de «Autumn Mammoth» como «Argenta». En los catálogos pueden parecer muy distintas, pero en la práctica son muy similares.

Variedades TARDÍAS

| FEB | MAR | ABR |

Estas variedades son, tal vez, las más útiles para usos culinarios, ya que maduran desde principios de invierno a principios de primavera, cuando otras verduras escasean.

«GIANT WINTER-CATALINA»: la variedad «Giant Winter» ha dado lugar a un número impresionante de descendientes, y de ellos «Catalina» es uno de los mejores. Posee tallos gruesos y fuertes que pueden permanecer en el suelo durante un tiempo considerable.

«WINTERREUZEN»: otra descendiente de «Giant Winter», en ocasiones catalogada como «Giant Winter 3». Los tallos son bastante largos y tarda en espigarse.

«YATES EMPIRE»: su aspecto es como el de «Musselburgh, con tallos gruesos y muy blancos, pero aguantará en el suelo bastante bien hasta principios de primavera.

«WINTER CROP»: esta variedad tiene fama de ser la más resistente (normalmente se recomienda para lugares de clima muy riguroso).

Prizetaker

Musselburgh

PROBLEMAS

Normalmente carece de problemas (véase págs. 74-79)

LECHUGA

Tal vez resulte extraño que se dediquen tres páginas a esta verdura popular y aparentemente sencilla. Es fácil cultivarlas en parcelas de tamaño medio —una hilera o dos en primavera y nuevamente a principios de verano, espaciando las plántulas cuando estén muy juntas y cortando las cabezas cuando estén maduras—. Por desgracia, si descuida el cultivo de esta hortaliza, muy apreciada para las ensaladas, los resultados serán decepcionantes. Las plagas y las enfermedades producen pérdidas y las verduras sobrevivientes maduran simultáneamente (el intervalo entre su desarrollo máximo y el inicio del espigado es sólo de una semana). Compre un paquete de semillas mezcladas que contengan variedades que maduren en distintas épocas para evitar una producción excesiva o, mejor aún, siembre las semillas en hileras muy cortas cada quince días para asegurar una sucesión escalonada. Otro inconveniente es que espigue antes de su maduración —normalmente es debido a que el trasplante se efectuó en una época errónea o de un modo equivocado, pero existen otras causas. Por último, aunque las cabezas estén completamente formadas existe el riesgo de que las hojas se vuelvan coriáceas; la razón de ello es que el cultivo no crece con suficiente rapidez. Asegúrese de que el suelo tiene el humus y la humedad adecuados. Las lechugas no son tan fáciles de cultivar como se dice, pero si escoge las variedades adecuadas, sigue las instrucciones y adquiere algunas campanas podrá poseer lechugas frescas en el huerto durante casi todo el año.

TIPOS

| COS | REPOLLO: HOJA LISA | REPOLLO: HOJA RIZADA | HOJA SUELTA |

CARACTERÍSTICAS

En las épocas calurosas la germinación es irregular.

Tamaño real

Duración esperada de la germinación:	6 a 12 días
Número aproximado por cada 100 g:	60 000
Producción esperada por hilera de 3 m:	10 a 20 cabezas
Longevidad de la semilla almacenada:	3 años
Tiempo aproximado entre la siembra y la cosecha:	8 a 14 semanas (variedades repollo y cos) 6 a 8 semanas (variedades de hoja suelta)
Facilidad de cultivo:	no es difícil si las siembra adecuadamente y las riega regularmente. La lechuga de primavera no es fácil.

CARACTERÍSTICAS DEL SUELO

- Para obtener lechugas de calidad deben cumplirse tres necesidades básicas: la tierra debe tener la materia orgánica apropiada, no debe ser ácida y debe estar húmeda durante todo el cultivo.
- Si desea lechugas en verano elija un lugar soleado o ligeramente sombreado. Cave el suelo e incorpore *compost* en otoño o a principios de invierno. Justo antes de la época de la siembra, rastrille la superficie para efectuar un pequeño surco y aplique un fertilizante general. Si antes las plagas del suelo han causado problemas, aplique pirimifosmetil.
- En las regiones templadas, las lechugas de primavera pueden cultivarse en lugares soleados al aire libre sin ningún tipo de protección, pero no prosperarán en lugares poco drenados o expuestos.

SIEMBRA

Siembre las semillas espaciadamente o emplee semillas capsuladas

Cubra con tierra

30 cm

cm

- Si desea cultivar lechugas para trasplantar, siembre dos semillas en una maceta de turba pequeña. Después de que hayan germinado elimine la plántula más débil y aclimátela antes de trasplantarla.

CUIDADOS DEL CULTIVO

- Tan pronto como aparezcan las primeras hojas verdaderas, aclare las plántulas —evite a toda costa un excedente. Riegue el día anterior al aclareo. Prosiga el aclareo periódicamente hasta que las plantas estén separasdas 30 cm entre sí (20 cm «Tom Thumb» y «Litle Gem, 15 cm «Salad Bowl»).
- Intente trasplantar los aclareos en primavera o bien plantar plántulas compradas en tiendas —no entierre las hojas más inferiores. Las lechugas prefieren no ser trasplantadas; siempre que pueda, siembre en lugares donde el cultivo vaya a desarrollarse y madurar.
- Esparza un producto contra babosas y proteja las plántulas de los pájaros. Escarde con regularidad. Riegue las plantas que no han sido protegidas, no las que se encuentren en invernadero. Ventile las lechugas cultivadas en invernadero siempre que sea posible.
- Riegue siempre por la mañana o a mediodía: el riego por la tarde incrementará la probabilidad de aparición de enfermedades.
- El pulgón estropea el cultivo: pulverice con un insecticida. Si descubre moho gris, trátelas con carbendazim.

RECOLECCIÓN

- La lechuga puede cortarse tan pronto como se haya formado un cogollo sólido. Compruébelo presionando el ápice de la planta suavemente con el dorso de la mano la presión directa en el cogollo podría dañarlo).
- Si en esta etapa no se corta la lechuga, el cogollo empezará a crecer hacia arriba, lo que constituye la señal de que está a punto de espigar. Debe, entonces, cortarla inmediatamente para emplearla en la cocina, o desecharla.
- Es tradicional cortarlas por la mañana cuando están cubiertas de rocío. Arranque la planta y corte las raíces y las hojas más inferiores. Ponga los desperdicios en el montón de *compost*.

EN LA COCINA

Preparar una ensalada de lechuga, desde luego, es una tarea muy sencilla, pero debe seguir ciertas reglas. Quite el polvo y los insectos lavando las dos caras de cada hoja —esto lo sabe cualquier ama de casa, pero a veces omite secarlas concienzudamente. Sacúdalas enérgicamente en la ensaladera o pase con suavidad un trapo seco sobre las hojas para que el aliño se pueda adherir bien. Deje enteras las hojas pequeñas y corte en trozos las más grandes. Si el cogollo interno no tiene insectos, suciedad ni agujeros de babosa no debe lavarse; no separe sus diminutas hojas sino córtelo por la mitad o en pedazos. Antes de preparar la ensalada, coloque las hojas de lechuga lavadas y secas en el frigorífico durante 30 min para que se endurezcan y enfríen. Ahora, puede añadir su mezcla acostumbrada de pepino, rábanos, tomates, etc., o puede prepararla al estilo norteamericano: hojas enteras de lechuga de hoja rizada con un aliño de su elección.

CONGELACIÓN: no es conveniente.

ALMACENAMIENTO: guarde las hojas sin lavar en una bolsa de polietileno en el frigorífico: la lechuga se conservará fresca durante tres días (hoja lisa) o cinco días (cos u hoja rizada).

COCCIÓN: es raro que se considere a la lechuga como una verdura para cocer; no obstante, existen muchas maneras de usar la casi invariable producción excesiva de lechugas de verano o las hojas de las lechugas que han empezado a espigar. El plato *Pois à la française* es una combinación de guisantes, lechuga y cebollas pequeñas cocidas en un caldo a fuego lento, en una vasija bien tapada y con un poco de mantequilla. En restaurantes orientales se sirve lechuga salteada cuya preparación consiste en freír las hojas en aceite vegetal caliente durante unos 2 minutos. Lechuga cocida a fuego lento, lechuga rellena… en los recetarios encontrará muchas ideas que vale la pena probar.

CALENDARIO

		Invierno	Primavera	Verano	Otoño
Cosecha de verano/otoño Siembre al aire libre desde finales de invierno a principios de verano para cosechar desde finales de primavera a principios de otoño. Para obtener una cosecha temprana (a mediados o finales de primavera) siembre en un invernadero a mediados de invierno.	Siembra				
	Cosecha				
Cosecha de principios de invierno A mediados de verano siembre al aire libre una variedad resistente al mildiu, como «Avondefiance» o «Avoncrisp». A finales de esta estación cubra con campanas y cierre los extremos con planchas de cristal.	Siembra				
	Cosecha				
Cosecha de mediados de invierno Se precisa un invernadero caliente con un mínimo de 7 °C (en invierno). Siembre las semillas en invernadero a finales de verano o principios de otoño y plante de asiento tan pronto como las plántulas sean suficientemente grandes para manipularlas. La lechuga podrá cosecharse a principios o finales de invierno. Cultive una variedad forzada como «Kloek» o «Dandie».	Siembra				
	Cosecha				
Cosecha de primavera Si vive en una región templada, siembre al aire libre una variedad resistente al invierno, como «Winter Density», a mediados o finales de verano. A principios de otoño aclare las plántulas a 8 cm de distancia y a principios de primavera complete el aclareo hasta una distancia de 30 cm. En regiones menos favorecidas, siembre bajo campanas a principios de otoño y coseche a principios de primavera. Utilice una variedad forzada o resistente al invierno.	Siembra				
	Cosecha				

Véase la clave de los símbolos en la página 7

VARIEDADES

Variedades de COS

Es fácil reconocer la lechuga de Cos o Romana por su crecimiento erguido y su cabeza oblonga. Las hojas son crespas y su sabor es bueno. Son un poco más difíciles de cultivar que las del tipo repollo y tardan más en madurar.

«LOBJOIT'S GREEN»: es una de las viejas favoritas, una variedad grande y compacta, verde oscura y muy crespa.

«PARIS WHITE»: al igual que «Lobjoit's Green», esta variedad es popular, grande y crespa. El cogollo, sin embargo, es verde claro.

«LITTLE GEM»: es una variedad de Cos de maduración rápida y algo parecida al tipo repollo. Siémbrela pronto para obtener una cosecha a mediados o finales de primavera —ate flojamente las cabezas con lana. Muchos expertos consideran esta variedad como la más dulce. Las cabezas son pequeñas y compactas.

«BUBBLES»: una lechuga de Cos del tipo «Little Gem» útil si el espacio es limitado. Su superficie es altamente sinuosa («burbujeante»).

«WINTER DENSITY»: esta variedad rivaliza en cuanto a sabor dulce con «Little Gem», pero su época de crecimiento es distinta. Siémbrela a mediados o finales de invierno. Para obtener una cosecha a principios de primavera.

Paris White

LA TÉCNICA DE LA LECHUGA

Esta técnica está diseñada para proporcionar la máxima producción en un mínimo de tiempo. Emplee una variedad de Cos y siembre las semillas a 2,5 cm de distancia en hileras separadas 10 cm. Empiece a principios de primavera y efectúe siembras quincenales hasta mediados de esta estación. No aclare porque esta técnica produce un grupo de lechugas muy apretadas. Puede empezar a cortarlas de cuatro a seis semanas después de la siembra (deje los tocones en la tierra pues rebrotará una segunda cosecha unas seis semanas más tarde).

Variedades de HOJA LISA

All The Year Round

El grupo de lechugas más popular sigue siendo el de hoja lisa. Su maduración es rápida y generalmente toleran unas condiciones más pobres que las de otras clases. las hojas son blandas y sus bordes lisos. La mayoría son variedades de verano, pero algunas lechugas resistentes que se emplean para producir cosechas de primavera y otras son variedades forzadas para cultivar en invernadero.

«ALL THE YFAR ROUND»: es muy popular ya que es idónea para la siembra de otoño, verano y primavera. De tamaño medio y verde claro, brota lentamente en tiempo seco.

«TOM THUMB»: es la favorita para parcelas pequeñas y produce cabezas del tamaño de una pelota de tenis. Tiene maduración rápida y delicado sabor (cultívela como variedad de verano).

«AVONDEFIANCE»: es la variedad a elegir si proyecta sembrar al aire libre entre finales de primavera y mediados de verano. Las cabezas de color verde oscuro, son resistentes al mildiu. Espiga lentamente y es resistente al pulgón de la raíz, razón por la cual es tan popular entre los cultivadores comerciales para una siembra tardía.

«CONTINUITY»: es la lechuga de verano cuyas hojas son de color rojizo. Apretada y de crecimiento prolongado, es una elección adecuada para suelos arenosos.

«DOLLY»: es una nueva variedad que interesará a los que deseen una lechuga de verano grande que sea resistente al mosaico y que espigue lentamente.

«BUTTERCRUNCH»: el cogollo central de hojas cremosas es duro y apretado —suficientemente crujientes para que algunos libros la cataloguen como una lechuga de hoja rizada. Es una variedad americana; pruébela por su sabor diferente.

«HILDE»: es una elección popular para sembrarla en invernadero y plantarla temprano para una cosecha a mediados de primavera.

«SUZAN»: otra variedad que puede sembrarse en invernadero a mediados de invierno, o al aire libre en primavera, para obtener una cosecha de verano. Los cogollos son grandes y de color verde claro.

«WINTER CROP»: una de las variedades resistentes a las heladas, adecuada para cultivar al aire libre a finales de verano-principios de otoño si quiere recolectar en primavera.

«IMPERIAL WINTER»: es otra lechuga resistente al invierno que puede sembrarse a finales de verano y cosecharse a mediados de primavera. Es una alernativa de «Valdor» si desea cabezas grandes.

«ARTIC KING»: resistente al invierno; elíjala si desea una lechuga de primavera más apretada que «Imperial Winter».

«KWIEK»: es una lechuga de cama caliente, popular para cultivarse en invernadero y producir una cosecha a principios de invierno.

«PREMIER»: es una variedad de cama caliente para cultivarse en invernadero. Siémbrela a principios de otoño para cosecharla a principios de primavera. Los cogollos son de color verde claro y grandes.

«MAY QUEEN»: es otra lechuga de invernadero, recomendada para una siembra temprana bajo campanas. Las hojas son de color rojizo.

«KLOEK»: es una lechuga de invierno para cultivar desde principios a finales de esta estación. Se precisa un invernadero con calefacción. Siembre las semillas a finales de verano, o a principios de otoño, para obtener unos cogollos grandes y apretados a mediados de invierno.

«MUSETTE»: esta lechuga verde oscuro se cultiva para recolectar en verano/otoño. Buena resistencia a las enfermedades.

Variedades de HOJA RIZADA

Iceberg

Las variedades de hoja rizada producen cogollos de hojas crespas. Por lo general, son más resistentes al espigado que las de hoja lisa, y su popularidad va en aumento. La variedad más conocida es «Iceberg», por su apretado cogollo de hojas rizadas y el escaso número de hojas externas.

«WEBB'S WONDERFUL»: es una lechuga de hoja rizada —incluida en todos los catálogos— que prospera incluso en los veranos calurosos.

«WINDERMERE»: es otra excelente variedad de hoja rizada para cosechas de verano. Siémbrela al aire libre desde finales de invierno hasta principios de verano, o en invernadero a mediados de invierno. Puede cultivarse en una cajonera fría como lechuga de primavera (algunos expertos las prefieren antes que a «Webb's Wonderful»).

«AVONCRISP»: elíjala si está preocupado por los problemas de la lechuga o si desea producir una cosecha de otoño. Es resistente al mildiu y al pulgón de la raíz y no es probable que espigue.

«GREAT LAKES»: es una lechuga de hoja rizada grande y extensa, originaria de América.

«ICEBERG»: puede comprar las semillas de esta lechuga de hoja superrizada y cogollo blanquecino, que cada vez se encuentra con más facilidad en los supermercados. Siémbrela en primavera o a principios de verano.

«LAKELAND»: es una lechuga de hoja rizada tipo «Iceberg» que ha sido mejorada en Gran Bretaña para que supere a la variedad original.

«MARMER»: es una novedad, la primera variedad de hoja rizada cultivable en invernadero. Es del tipo «Iceberg», siémbrela a principios de otoño o en un invernadero sin calefacción y córtela a principios de primavera.

Variedades de HOJA SUELTA

Salad Bowl

Estas variedades no producen cogollo. Las hojas son rizadas y se recolectan como la espinaca: unas cuantas cada vez sin cortar la planta entera. Siembre las semillas a principios o mediados de primavera.

«SALAD BOWL»: es la variedad básica; es una planta parecida a la escarola que produce hojas muy rizadas y recortadas, las cuales dan vistosidad a cualquier ensalada. Recolecte las hojas con regularidad y la planta será productiva durante muchas semanas. Es posible adquirir una variedad marrón rojiza, «Red Salad Bowl».

«LOLLO ROSSA»: las hojas rizadas de esta lechuga, que no presenta cogollos, son muy adornadas. Están teñidas de rojo, por lo que resulta a la par decorativa y gustosa.

PROBLEMAS DE LA LECHUGA

Es fácil cultivar una lechuga al aire libre, pero no hacerlo bien. Debe protegerla de las plagas del suelo, de las babosas y de los pájaros; cuando hace frío o hay humedad, las dos principales enfermedades (el mildiu falso y el moho gris) pueden ser destructivas. Por encima de todo debe intentar evitar cualquier contratiempo para el crecimiento. Las lechugas cultivadas en invernadero son vulnerables a una gama de problemas aún más amplia; sin embargo, pocos son graves en un cultivo bien cuidado.

	Síntomas	Causas probables
Plántulas	— germinación lenta o escasa	semilla almacenada a temp. excesiva
	— devoradas	5 o 10 o **pájaros** (véase pág. 110) o **ratones** (véase pág. 20) o **miriápodos** o **típula** (véase pág. 22)
	— derribadas	9 o **podredumbre negra** (véase pág. 110)
	— rotas	10
Hojas	— agujereadas	4 o 5
	— manchas mohosas o polvorientas	1 o 9
	— bordes oscuros	1 o 9 o 13
	— manchas grandes amarillentas	1
	— manchas oscuras	4
	— moteadas	12
	— infestadas de pulgón verde	8
Plantas	— espigadas	2
	— sin cogollos	3
	— marchitas	6 o 7 o 9 o 10 o 11
	— base podrida	9
	— base cubierta por moho grisáceo	9
	— base cubierta por manchas de moho blanquecino velloso	**moniliosis** (véase pág. 43)
Raíces	— devoradas	10 o **miriápodos** o **típula** (véase pág. 110)
	— perforadas	11
	— infestadas de pulgón verde	6
	— cubiertas de manchas blanquecinas	6
	— cubiertas de protuberancias semejantes a las agallas	7

MOHOSIDAD BLANCA

1 FALSO MILDIU

Aparecen grandes manchas amarillentas entre las nervaduras de las hojas más adultas. Las áreas mohosas blanquecinas se desarrollan en el envés. Más tarde, los trozos contagiados oscurecen y mueren. Esta grave enfermedad es peor cuando hace frío y hay humedad.

Tratamiento: elimine las hojas afectadas tan pronto como las divise y pulverice las plantas con Mancozeb.

Prevención: practique la rotación de cultivos. Evite una superpoblación. En el invernadero, asegúrese de que las plantas estén ventiladas adecuadamente y no estén anegadas.

2 ESPIGADO

Las lechugas producen tallos florales si se dejan en la tierra después de la formación de los cogollos. A veces las plantas desarrollan estos tallos antes de que estén a punto para ser recolectadas —este estado se conoce como «espigado». La causa es algún contratiempo en el crecimiento, en algún momento del ciclo vital de la planta. La causa más común es el trasplante retrasado o hecho a la ligera, aunque frecuentemente se debe a una superpoblación o a la sequedad en la raíz. Arránquela y colóquela en el montón de *compost;* cúbrala con tierra para no atraer a los áfidos.

3 SIN COGOLLOS

Una amplia variedad de factores puede hacer que las lechugas no formen cogollos. La razón más probable es la deficiencia de materia orgánica; por tanto debe enriquecer la tierra con *compost* o estiércol si desea asegurarse una cosecha exuberante con cogollos. También puede deberse al crecimiento de las plantas en un lugar sombrío, al ataque de los áfidos, a la superpoblación o a la sequía.

4 MANCHAS

No es común, pero de vez en cuando afecta a las variedades de invierno. Aparecen manchas pequeñas, oscuras y anulares en las hojas más externas, ofreciendo un aspecto oxidado. La parte central de las manchas puede caer. La línea delgada oxidada aparece en los nervios centrales.

Tratamiento: destruya las plantas gravemente infectadas. Pulverice las restantes con fungicida cúprico.

Prevención: al aire libre, practique la rotación de cultivos. En invernadero, asegúrese de que hay una buena ventilación.

H. AGUJEREADAS

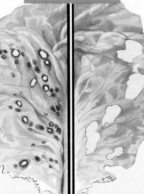

5 BABOSAS

Tanto las babosas como los caracoles son una amenaza para las lechugas en todas las etapas del crecimiento. Las plántulas son particularmente susceptibles y pueden ser destruidas. Las hojas y los tallos son atacados severamente cuando hay humedad. Las plagas generalmente no se ven durante el día, por tanto, busque los rastros de baba.

Tratamiento: esparza un producto específico alrededor de las plantas a la primera señal de ataque.

Prevención: mantenga la zona circundante limpia de desperdicios.

RAÍCES DAÑADAS

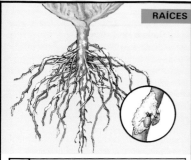

6 | PULGÓN DE LA RAÍZ

Pulgones de color grisáceo atacan las raíces, las que llegan a estar cubiertas de manchas blanquecinas polvorientas. El crecimiento se atrofia y las hojas pueden volverse amarillentas y marchitarse. Los peores ataques son los de finales de verano.

Tratamiento: arranque y destruya las plantas con podredumbre. Riegue alrededor de las plantas restantes con malatión.

Prevención: riegue las plantas en tiempo caluroso. Cultive variedades resistentes («Salad Bowl» o «Avoncrisp») si se repiten los ataques.

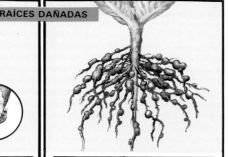

7 | ANGUILILLA

La anguilulosis de las raíces a veces ataca a las lechugas, atrofiando el crecimiento y decolorando las hojas. Si el ataque es grave, las plantas se marchitan y mueren. Busque las protuberancias parecidas a las agallas en las raíces de las plantas cosechadas.

Tratamiento: ninguno. Desarraigue y destruya las plantas infectadas.

Prevención: no cultive lechugas en un suelo afectado al menos durante seis años.

PULGÓN VERDE

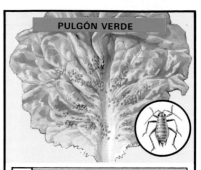

8 | ÁFIDO

Los pulgones pueden ser una plaga grave en dos aspectos: por propagar el mosaico, una enfermedad vírica, y por cubrir las plantas con una sustancia pegajosa que las hace inservibles. Los ataques son peores en una primavera seca en la que las hojas pueden arrugarse y torcerse gravemente.

Tratamiento: pulverice a la primera señal del ataque. Emplee Heptenophos o Permethrin si las plantas están a punto de recolectarse.

Prevención: ninguna.

TALLOS PODRIDOS

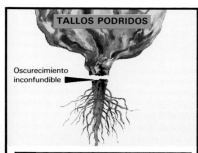

Oscurecimiento inconfundible

9 | MOHO GRIS (Botrytis)

Las plantas se infectan por las superficies dañadas o muertas, y el hongo produce una putrefacción rojizo-amarronada al alcanzar el tallo. Las plantas se marchitan y se rompen a nivel del suelo. El tejido infectado produce grandes cantidades de moho gris. Las temperaturas bajas y una humedad elevada fomentan esta enfermedad.

Tratamiento: destruya las plantas enfermas de inmediato. Pulverice cuidadosamente las restantes con carbendazim.

Prevención: manipule las plántulas con cuidado. Plántelas sin enterrar las partes basales de la hoja.

TALLOS ROTOS

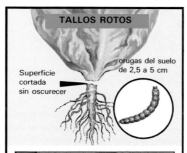

Superficie cortada sin oscurecer

orugas del suelo de 2,5 a 5 cm

10 | NOCTUELA

Estas grandes orugas de color marrón, gris o verde constituyen la mayor amenaza para las lechugas jóvenes. Las plantas son atacadas por la noche y los tallos pueden ser seccionados completamente a ras del suelo. En las plantas más adultas las raíces son roídas. La época más peligrosa es a finales de primavera y principios de verano.

Tratamiento: escarde la tierra que rodea las plantas. Destruya las orugas emergidas a la superficie.

Prevención: rastrille con insecticidas con nematodos en el suelo antes de la plantación.

RAÍCES PERFORADAS

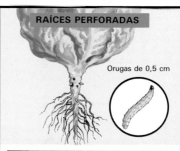

Orugas de 0,5 cm

11 | ORUGA

Es una plaga poco frecuente de la lechuga que se cultiva en invernadero. Los gusanos perforan las raíces y devoran su parte central. Sobre la superficie del suelo, las hojas se marchitan y el crecimiento se atrofia. El principal huésped de esta planta es el crisantemo, en donde se conoce como mosca del crisantemo.

Tratamiento: arranque y destruya las plantas afectadas. Riegue alrededor de las plantas restantes con Lindane.

Prevención: no plante lechugas en un terreno empleado para crisantemos la estación anterior.

12 | MOSAICO

Sobre las hojas aparecen manchas amarillentas o de color verde claro, y el crecimiento se atrofia. Las nervaduras aparecen casi transparentes. Los áfidos propagan esta enfermedad.

Tratamiento: ninguno. Arranque y queme las plantas infectadas.

Prevención: pulverice las plantas jóvenes con Heptenophos o Permethrin.

HOJAS MOTEADAS

H. CON BORDES OSCUROS

13 | PODREDUMBRE

La marchitez de los bordes de las hojas se debe a la podredumbre marginal (o «mugre»). Normalmente, ocurre a consecuencia de una súbita pérdida de agua. Esto puede suceder en un período caluroso a principios de primavera o al principio de la ola de calor veraniega.

Tratamiento: ninguno.

Prevención: ninguna.

CALABAZA

Las calabazas comunes, los calabacines, las calabazas de verano e invierno y las calabazas grandes pertenecen, dentro de la familia del pepino, al grupo de las calabazas —verduras carnosas con sabor a fruta que pueden cultivarse al aire libre. No hay definiciones exactas de cada clase y los límites de éstas son imprecisos. Hasta hace poco, la calabaza común —grande, oblonga y rayada— era el miembro dominante. A pesar de ser demasiado grande cuando se recolecta e insípida una vez cocida todavía se emplea extensamente como verdura hervida, o se utiliza su cavidad vacía para rellenarla con carne de vaca picada u otros productos. Si no dispone de espacio suficiente, cultive una variedad arbustiva antes que una trepadora. Los calabacines, que han ido ganando terreno, no son más que calabazas comunes cortadas en un estadio inmaduro de su crecimiento la pulpa es más firme y el sabor superior.

CARACTERÍSTICAS

Ponga las semillas en remojo la noche anterior a la siembra.

Tamaño real

Duración esperada de la germinación:	5 a 8 días
Producción esperada por planta (c. comunes):	4 calabazas
Producción esperada por planta (calabacines):	16 calabacines
Índice de longevidad de la semilla almacenada:	6 años
Tiempo aproximado entre la siembra y la cosecha:	10 a 14 semanas
Facilidad de cultivo:	no es difícil si no se olvida de preparar el suelo adecuadamente y regar periódicamente

CARACTERÍSTICAS DEL SUELO

- Es esencial un lugar soleado protegido de los vientos fuertes: las calabazas comunes, las de verano e invierno, etc. no son fuertes ni resisten condiciones adversas.
- El suelo debe estar bien drenado y ser rico en humus. La mayoría de las familias sólo necesitarán algunas plantas, por lo tanto prepare algunos hoyos como se describe a la derecha antes que sembrar largas hileras.

SIEMBRA Y PLANTACIÓN

Cave un hoyo

Esparza un producto contra babosas entre los hoyos

Extienda fertilizante sobre la superfic[ie]

30 cm

30 cm

120 cm (variedades trepadoras)

60 cm (variedades arbustivas)

Llene el hoyo con una mezcla de *compost* o esti[ércol] descompuesto y ti[erra] Deje un pequeño montículo en la parte superi[or]

- Siembre tres semillas a 2,5 cm de profundidad y a unos centímetros del centro de cada hoyo. Cúbralas con una lata grande o una campana para acelerar la germinación. Cuando hayan aparecido las primeras hojas verdaderas aclárelas dejando la plántula más fuerte.
- Por otra parte puede cultivar las plántulas en invernadero, aunque este método suele ser menos satisfactorio. Coloque una sola semilla ladeada a una profundidad de 1 cm en una maceta de turba prensada de 7,5 cm llena de *compost*. Manténgala a un mínimo de 18 °C hasta que germine (aclimate gradualmente las plántulas).

CUIDADOS DEL CULTIVO

- Desyeme los ápices de los tallos principales de las trepadoras cuando midan 60 cm. Extienda producto contra babosas al primer síntoma de enfermedad.
- Mantenga el suelo humedecido —riegue copiosamente *alrededor* de las plantas, no sobre ellas. Rocíelas ligeramente en tiempo seco.
- En verano, coloque polietileno negro o un acolchado alrededor de las plantas, antes de la formación del fruto.
- Si el tiempo es frío, polinice las flores femeninas con una flor masculina. Arranque una flor masculina madura en un día seco, curve hacia atrás los pétalos y presiónela sobre la flor femenina.
- Una vez que los frutos empiecen a hincharse, fertilícelos cada catorce días con un fertilizante de tomate. Restrinja las calabazas grandes a dos frutos por planta. Mantenga las calabazas sobre un ladrillo o un vidrio para prevenir la podredumbre y el ataque de babosas.

RECOLECCIÓN

- Elimine los frutos para su consumo inmediato cuando aún sean bastante pequeños —calabacines 10 cm, calabazas comunes 20 a 25 cm de longitud. Clave una uña sobre la superficie cercana al pedúnculo: si se hunde con bastante facilidad es señal de que la calabaza está en el estado adecuado para la recolección de verano. Es esencial que recolecte continuamente para prolongar la formación de los frutos. Tenga cuidado: corte las calabazas en donde estén situadas y recójalas.
- Si desea almacenar en invierno calabazas grandes, calabazas de invierno y calabazas comunes, deje que los frutos maduren en las plantas y coséchelos antes de las heladas. Almacénelos en una habitación fría para que se mantengan.

- Siembre al aire libre a mediados o a finales de primavera. Si el clima es riguroso cubra si puede las plántulas con campanas durante algunas semanas. Los primeros calabacines estarán a punto a principios de verano.
- Si desea una cosecha más temprana siembre las semillas en invernadero a principios de primavera. Trasplante las plántulas a finales de esta estación una vez que hayan pasado las heladas.

CALENDARIO

	Invierno	Primavera	Verano	Otoño
Siembra (al aire libre)				
Siembra (interior)		🪴 🌱		
Cosecha				

EN LA COCINA

Actualmente los calabacines son las calabazas comestibles más populares: crujientes y sabrosos, se encuentran abundantemente en las tiendas y también en el huerto, donde los obtendrá a partir de pocas plantas. No es necesario que los pele ni que les saque las semillas; simplemente lávelos, córtelos y sírvalos crudos o cocidos. Si los usa para ensalada, blanquee los frutos duante unos 2 min en agua hirviendo para eliminar su sabor amargo, séquelos, córtelos en rodajas y sírvalos. Las calabazas comunes maduras deben pelarse antes de hervirse y luego sacarles el corazón cortando el fruto longitudinalmente y sacando las semillas y las fibras duras. La calabaza hervida es un plato flojo, soso. Las calabazas de verano también son suaves pero las de invierno son distintas, con una pulpa fibrosa, anaranjada y firme.

CONGELACIÓN: Los calabacines (no las calabazas comunes) son apropiados para congelar. Córtelos en trozos de 1 cm, blanquéelos durante 2 min, enfríelos, escúrralos y séquelos. Póngalos en bolsas de polietileno y congélelos.

ALMACENAMIENTO: mantenga los calabacines en una bolsa de polietileno en el frigorífico: los frutos se conservarán durante una semana.

COCCIÓN: hierva los calabacines (5 a 8 min en muy poca agua) si no es partidario de las frituras, aunque saben mejor si, una vez cortados, los fríe ligeramente. Lo mejor son los buñuelos de calabacín: sale los trozos para sacar el agua, séquelos, enharínelos o remójelos en huevo batido y a continuación fríalos hasta que se doren. Las calabazas comunes maduras son excelentes para la preparación de mermeladas o vino, para la elaboración de salsa picante o para encurtir, aunque la ebullición (10 min en muy poca agua) produce una verdura sosa. Es mejor la calabaza común rellena y cocida al horno lentamente con tomates y hierbas. La calabaza de invierno se prepara cortando completamente la dura corteza en dos mitades, cubriéndola de mantequilla derretida mediante un pincel y cociéndola luego al horno durante 45 minutos.

VARIEDADES

Variedades de CALABAZA COMÚN

Estas variedades incluyen todas las formas de calabaza tradicionales que se emplean para los cocidos en verano y para el almacenamiento en invierno.

«LONG GREEN TRAILING»: larga, cilíndrica y con rayas pálidas. Cultívela si desea impresionar a los vecinos o ganar premios en los concursos.

«LONG WHITE TRAILING»: es otra calabaza común larguísima, de piel pálida, cuyas propiedades de almacenamiento son excelentes.

«GREEN BUSH»: tal vez la más redonda de todas. Puede cortar los frutos pequeños como los calabacines y a finales de verano dejar madurar unas cuantas para que den calabazas comunes verdes y rayadas.

«EARLY GEM»: es una de las calabazas híbridas F_1 ahora disponibles. «Early Gem», «Zebra Cross», «Emerald Cross» y «Tiger Cross» son más tempranas y más prolíficas.

Variedades de CALABACÍN

Son calabazas comunes arbustivas y compactas que se cultivan exclusivamente por sus frutos inmaduros. Producen numerosos frutos pequeños durante un largo período de tiempo… siempre que las vaya cortando.

«ZUCCHINI»: es la variedad más popular; produce frutos de color verde oscuro en abundancia. Sírvala cruda en ensaladas o cocida como verdura caliente.

«GOLDEN ZUCCHINI»: hasta hace poco era la variedad amarilla estándar. Su pulpa cremosa tiene buen sabor.

«GOLD RUSH»: esta variedad amarillenta ha reemplazado a «Golden Zucchini» en algunos de los catálogos más importantes debido a su cosecha más temprana.

«SUPREMO»: uno de los híbridos F_1 más recientes de color verde. Otros son «Diamond» y «Onyx».

Variedades de CALABAZAS

Calabazas de verano   Calabazas de invierno

Las calabazas de verano no tienen una forma estándar, la piel es fina y pálida y la pulpa blanda. Las calabazas de invierno tienen una corteza dura y una pulpa anaranjada y fibrosa.

«CUSTARD SQUASH» (verano): es una calabaza de bordes festoneados y frutos aplanados que pueden freírse o hervirse como los calabacines. Puede adquirir tanto la variedad blanquecina como la amarillenta.

«TENDER AND TRUE»: el arbusto produce calabazas en forma de balón manchadas de verde. Una variedad compacta y de maduración temprana.

«VEGETABLE SPAGHETTI» (verano): una novedad excelente: hiérvala durante 25 min y córtela en dos mitades. Saque las semillas y después ráspela con un tenedor formando filamentos semejantes a los espaguetis. ¡Podrá saborear espaguetis de cosecha propia!

«TABLE ACE» (invierno): las calabazas de invierno no son populares, pero encontrará algunas si las busca en los catálogos: «Table Ace», «Hubbard Squash», «Butternut», «Crown Prince» y «Sweet Dumpling». Es una calabaza apropiada para las regiones del sur, donde el invierno no sea muy frío.

Variedades de CALABAZA GRANDE

Estas variedades se caracterizan por su piel gruesa, su gran tamaño y porque maduran en la planta.

«HUNDREDWEIGHT»: hasta hace poco era la variedad que se cultivaba para producir frutos enormes. En ocasiones se le da el nombre de «Mammoth».

«ATLANTIC GIANT»: esta variedad que ha batido el récord del mundo –230 kg– ha llegado de América y ha hecho que «Hundredweight» sea un peso ligero.

PROBLEMAS

Véase páginas 54-56

Green Bush

Gold Rush

Vegetable Spaghetti

CHAMPIÑÓN

Es excitante contemplar el rápido crecimiento de los champiñones. Sólo tardan de una a dos semanas en pasar de diminutos alfileres blanquecinos a champiñones cerrados aptos para cosecharse. Pero a su vez son notoriamente imprevisibles: una plantación al aire libre es realmente una empresa arriesgada; el uso de *compost* de producción propia disminuye el riesgo pero no lo elimina, y únicamente el uso de recipientes preparados con tierra de cultivo especial proporciona cierta previsión asociada a otras hortalizas.

CULTIVADOS AL AIRE LIBRE

- Puede obtener, o no, excelentes champiñones cultivándolos en un rincón de su césped. Desde luego, deberá estar en un lugar sombreado y el subsuelo deberá enriquecerse con estiércol descompuesto. Incluso si los obtiene, existe el inconveniente de no poder cortar la hierba cuando empieza la recolección y de no poder tratar las malas hierbas químicamente.
- Si los puntos arriba expuestos no son un freno sino un desafío, escoja un día húmedo de primavera u otoño y emplee trozos de micelio de ladrillo del tamaño de una pelota de golf, colocándolos a unos 5 cm bajo la superficie y a 30 cm de distancia.

CULTIVADOS EN EL INTERIOR

Cualquier rincón de su casa servirá siempre que el recipiente o la cama estén protegidos contra la luz directa del sol y que la temperatura oscile entre los 13 y 18 °C. Las fluctuaciones grandes de temperatura disminuirán la producción —bajo condiciones calurosas y frías cesará. Necesitará un *compost* especial que es difícil de preparar en casa, aunque puede ser bastante afortunado y encontrar un proveedor local. Este *compost* debe sembrarse mediante micelios del champiñón y extenderse correctamente para asegurar una buena producción (el camino más fácil consiste en comprar un recipiente preparado con tierra de cultivo especial en un centro de jardinería o pedirlo por correo al vivero).

EMPIECE EL MÉTODO DESDE EL PRINCIPIO

- Para tener éxito necesitará una pila grande de estiércol o de paja y un activador de unos 1,5 m × 1,5m × 1,5 m. Riegue abundantemente al principio y cúbrala hasta que la temperatura llegue por lo menos a 60 °C. Después voltéela cada semana hasta que la pila sea oscura, desmenuzable y de olor agradable.
- Llene con *compost* cajas o cubos de 25 a 30 cm de profundidad y compáctelo con sus dedos. Cuando la temperatura haya disminuido a 24 °C la superficie estará preparada para la siembra.
- Existen dos tipos de micelios para su disposición: estiércol impregnado de hongos (micelio de ladrillo) o paja de centeno impregnada de hongos (micelio de grano). El micelio de ladrillo es el más fácil de usar: introduzca trozos del tamaño de una pelota de golf a 2,5 cm de profundidad y a una distancia de 30 cm entre sí.
- Después de un par de semanas, el micelio empezará a «salir» sobre la superficie se visualizarán las hifas blanquecinas. En este estadio añada una capa de 5 cm de una mezcla humedecida de revestimiento (2 partes de turba, 1 parte de cal).

MÉTODO SENCILLO

- Compre un cubo o una bolsa de *compost* de micelios. Descarte cualquier paquete que haya estado almacenado durante mucho tiempo y asegúrese de abrir el paquete antes de que hayan transcurrido tres semanas desde su adquisición.

CUIDADOS DEL CULTIVO

- Es necesaria una temperatura de 13 a 18 °C para fomentar el desarrollo activo de las hifas fúngicas blanquecinas (micelio) bajo la superficie y la aparición de los cuerpos fructíferos comestibles sobre ésta. La capa de revestimiento debe mantenerse húmeda, pero no mojada, mediante una pulverización cuidadosa con agua.

RECOLECCIÓN

- La primera recogida de champiñones podrá realizarse de cuatro a seis semanas después de haber añadido el revestimiento —los champiñones cerrados se abrirán en unos siete días. Después de efectuar esta primera recogida se producirá una pausa de unas dos semanas antes de que aparezca la segunda. La recolección normalmente continúa durante unas ocho semanas.
- No corte los pies al recolectar los champiñones. Tuérzalos hacia arriba, alterando el *compost* lo menos posible. Corte los pies rotos y llene los hoyos con la mezcla de revestimiento.
- Después de la última recogida, emplee el estiércol agotado en el jardín (no intente resembrarlo para obtener una segunda cosecha).

EN LA COCINA

Siempre es divertido cultivar champiñones en casa ya que nunca se sabe cual será el resultado, pero también existe una ventaja práctica: el sabor es mucho mejor si se consumen unas horas después de la cosecha. A menudo se recolectan cuando están cerrados y las laminillas están enteras. En este estadio, son ideales para comerlos crudos —solos o, más comúnmente, aliñados con aceite y vinagre. Los champiñones abiertos con sus laminillas son más grandes y saben mucho mejor, pero pueden agregar un color negruzco a algunos platos. Las reglas de oro son las siguientes: no lave nunca los champiñones —el agua estropeará el sabor—; si la superficie está sucia, límpiela con un trapo húmedo; no los pele nunca a menos que sea verdaderamente necesario.

ALMACENAMIENTO: no existe un método verdaderamente satisfactorio porque el sabor disminuye rápidamente después de la cosecha. Si ha de guardarlos, colóquelos en una bolsa de polietileno en el frigorífico durante tres días.

COCCIÓN: los métodos más sabrosos de preparación son fritos (en una sartén sin tapar, con mantequilla y un poco de limón exprimido, durante 3 a 5 min) y al grill (pasados por aceite y sazonados antes de colocarlos en el grill durante 2 a 3 min). Escálfelos durante 3 a 5 min si sigue una dieta baja en calorías. Aparte de su papel de guarnición esencial en fritos variados, desayunos abundantes y apetitosas tortillas, los champiñones son un ingrediente básico de muchas recetas clásicas desde el estofado de Lancashire y *coq au vin* hasta *sole bonne femme* y *gebackener schwammerl.*

PROBLEMAS

PLAGAS

Algunas plagas pueden producir problemas graves, el más usual será la mosca del champiñón. Las orugas de este insecto resisten dentro de los sombreros; pulverice con Permethrin si visualiza moscas pequeñas.

ENFERMEDADES

No es probable que su caja o cubo presente enfermedades.

CEBOLLAS Y CHALOTES, trasplantes

Las cebollitas de trasplantar que compra son bulbos inmaduros que se cultivan especialmente para plantarse. El uso de trasplantes frente a las semillas tienen algunas ventajas. Su maduración es rápida, se desarrollan en regiones de clima riguroso donde las cosechas sembradas por semillas pueden dar resultados decepcionantes y ni la mosca de la cebolla ni el mildiu las atacan. No es necesario tener una gran habilidad ni un suelo muy fértil, pero frente a estas ventajas deben señalarse el coste extra y el riesgo de que espiguen. Las variedades modernas son menos propensas al espigado; la compra de trasplantes con un diámetro menor a 2 cm es otra garantía. Los chalotes si se plantan a principios de primavera, empiezan a desarrollarse rápidamente y con el tiempo producen en verano un racimo de ocho a doce bulbos de tamaño similar.

CARACTERÍSTICAS

Cebollitas para trasplantar
«tratadas por calor»: el embrión floral se destruye para evitar el espigado.

Chalotes «sin virus»:
la provisión carece de manchas amarillentas provocadas por virus.

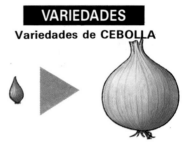

1/3 tamaño real — *1/3 tamaño real*

Duración esperada de brotación:	11 a 14 días
Número aproximado por 1/2 kg (cebollitas):	80
Número aproximado por 1/2 kg (chalotes):	30
Producción esperada por hilera de 3 m:	3 kg
Tiempo aproximado entre la plantación y la cosecha:	20 semanas (cebollitas) 18 semanas (chalotes)
Facilidad de cultivo:	fácil

CARACTERÍSTICAS DEL SUELO

- Todas las cebollas requieren un buen suelo que esté bien drenado, pero los trasplantes no necesitan la textura ligera ni el alto contenido en materia orgánica que precisan las cebollas sembradas por semilla.
- A principios de invierno cave e incorpore *compost* si dispone de él. Abone con cal si es necesario. Antes de plantar, compacte la superficie y rastrille un fertilizante general como Growmore.

PLANTACIÓN

Presione suavemente sobre la tierra *suelta*

Deje al descubierto el ápice. Afirme la tierra de los trasplantes.

10 cm — 23 cm

- Si se retrasa la plantación, abra el paquete y extienda los trasplantes en un lugar bien iluminado y frío para impedir la brotación prematura.
- Plante las cebollitas de trasplantar con una separación de 10 cm entre ellas a finales de invierno o principios de primavera. Los chalotes necesitan plantarse más espaciadamente (15 cm de separación) y más pronto (entre mediados y finales de invierno).

CALENDARIO

	Invierno	Primavera	Verano	Otoño
Plantación				
Cosecha				

Véase la clave de los símbolos en la página 7

CUIDADOS DEL CULTIVO

- Si los pájaros son una molestia en su región, proteja las plantas con una malla o con un entramado de hilos negros.
- Mantenga el tereno libre de malas hierbas escardándolas y arrancándolas con la mano. Rechace los trasplantes que hayan quedado al descubierto a causa de las heladas o los pájaros. Una vez que los trasplantes hayan arraigado y hayan aparecido los brotes, trátelos como a las cebollas sembradas por semillas (véase pág. 72).

RECOLECCIÓN

- **Chalotes:** a principios de verano las hojas se volverán amarillentas. Recoja los racimos de bulbos y sepárelos, dejándolos secar cuidadosamente. Quite la suciedad y los tallos quebradizos y almacénelos en sacos de malla en un lugar seco y frío. Se mantendrán durante unos ocho meses.
- **Cebollas:** Véase la página 72.

EN LA COCINA

Véase la página 73

VARIEDADES

Variedades de CEBOLLA

«STUTTGARTER GIANT»: es la variedad que le ofrecerán con más probabilidad. Los bulbos no son redondos sino aplanados y el sabor es dulce. Se conserva durante bastante tiempo y espiga lentamente.

«STURON»: muchos expertos le dirán que es mejor escoger esta variedad que las viejas favoritas. Los bulbos de color pajizo son redondos y sumamente grandes. Su resistencia al espigado es excelente.

«AILSA CRAIG»: es una vieja favorita: redonda, grande y de color pajizo con una pulpa blanquecina de sabor dulce.

«RIJNSBURGER»: grande, amarilla clara y redonda. Existen otras cebollas grandes y redondas pero ésta (catalogada también como «Giant Fen Globe») posee unas propiedades de conservación excepcionales. De acuerdo con los catálogos, almacenada, permanece fresca hasta mediados de primavera.

Variedades de CHALOTE

Estos bulbos pequeños tienen un sabor más dulce que las cebollas y se recolectan a principios o mediados de verano. Empléelos para la cocina, el aderezo o el encurtido.

«DUTCH YELLOW»: es una de las variedades básicas; según el tipo de catálogo, le ofrecerán «Giant Yellow», «Long Keeping Yellow», etc. Ahora ha sido sustituida por «Golden Gourmet», una variedad mejor.

«HATIVE DE NIORT»: los bulbos tienen una forma perfecta, con piel marrón oscura.

PROBLEMAS

Véase páginas 74-75

CEBOLLAS a partir de semillas

El cultivo familiar de hortalizas no está exento de disgustos. A veces la producción de vainas de guisantes es decepcionante respecto a la cantidad de trabajo perdido, mientras que las habas presentan el problema opuesto —una brusca superpoblación que a menudo debe desperdiciarse. Las cebollas, sin embargo, no presentan ninguno de estos problemas —pocas verduras tienen más usos en la cocina, existiendo por consiguiente una constante demanda de ellas. Hoy en día podemos disponer de cebollas frescas del huerto, o almacenadas, durante casi todo el año a partira de un par de siembras elegidas cuidadosamente. Si en su lista no figuran las cebollas, lea cuidadosamente esta sección; las nuevas variedades japonesas han llenado el antiguo hueco de finales de primavera a principios de verano y últimamente se recomienda plantarlas en hileras más próximas para aumentar la producción.

CARACTERÍSTICAS

Puede disponer de semillas capsuladas y tratadas con fungicidas. La germinación y el crecimiento de las plántulas son lentos en primavera y también irregulares cuando el tiempo es caluroso.

Tamaño real

Duración esperada de germinación:	21 días
Número aproximado por cada 100 g:	24 000
Producción esperada por hilera de 3 m:	3, 5 kg
Longevidad de la semilla almacenada:	1 a 2 años
Tiempo aproximado entre la siembra y la cosecha:	46 semanas (variedades sembradas en verano) 22 semanas (variedades sembradas en primavera)
Facilidad de cultivo:	fácil (si se prepara un semillero adecuado)

CARACTERÍSTICAS DEL SUELO

- Muchos expositores cultivan sus cebollas para concursar en una cama permanente para fomentar la fertilidad, pero en su parcela es mejor que las cambie de lugar.
- Escoja un lugar soleado, abierto y bien drenado. Cave a fondo en otoño, incorporando una cantidad abundante de estiércol o *compost*. Si el suelo es ácido, es necesario que abone con cal.
- Antes de sembrar o plantar es preciso que prepare una «cama de cebollas» tradicional. Aplique un fertilizante general y rastrille la superficie cuando el suelo esté bastante seco. Pise el área y después vuelva a rastrillarla.

SIEMBRA Y PLANTACIÓN

Riegue poco a poco si la tierra está seca. Siembre muy espaciadamente

Cubra con tierra

25 cm

1 cm

- Aclare la cosecha sembrada en primavera en dos etapas: primero a 2,5-5 cm, tras la aparición de las plántulas, y después a 10 cm. Arranque las plántulas con cuidado (el suelo debe estar húmedo y deben retirarse todas las plántulas aclaradas para frenar la mosca de la cebolla).
- Las plántulas cultivadas en invernadero deben trasplantarse con una separación de 10 cm entre ellas, y 25 cm entre hileras. Las raíces deben crecer verticalmente en el hoyo de plantación y la base del bulbo debe estar 1 cm por encima de la superficie.
- Las cebollas para ensalada deben plantarse en hileras separadas entre sí sólo por 10 cm (si es necesario, aclare las plántulas a espacios de 2,5 cm).
- Las semillas de las variedades japonesas deben sembrarse a intervalos de 2,5 cm en hileras separadas por 25 cm entre sí. Aclare las plántulas a invervalos de 10 cm en primavera.

CUIDADOS DEL CULTIVO

- Escarde cuidadosamente o arranque las malas hierbas a mano —un crecimiento denso de malas hierbas afectará gravemente la producción. Riegue si el tiempo es seco (no en caso contrario) y abone de vez en cuando. A finales de invierno abone con fertilizante líquido el cultivo sembrado en otoño.
- Rompa cualquier tallo floral que aparezca. Para disminuir la necesidad de riego y para suprimir las malas hierbas es muy útil un acolchado. Cese el riego una vez que las cebollas se hayan engordado y aparte la tierra que las cubre o el acolchado para exponer al sol la superficie de los bulbos.

RECOLECCIÓN

- Las variedades para ensalada deben arrancarse cuando los bulbos tengan un diámetro de 1 a 2,5 cm. La época de cosecha abarca desde finales de invierno hasta principios de otoño.
- Cuando el bulbo es maduro, el follaje amarillea y cae. Déjelos durante unas dos semanas y después arránquelos cuidadosamente con una horquilla en un día seco.
- Las cebolla que no han de usarse de inmediato debe secarse. Extienda los bulbos sobre una arpillera o en cajones, al aire libre si el tiempo es caluroso y con sol, o en el interior si el tiempo es lluvioso.
- Tardarán de 7 a 21 días en secarse, según el tamaño de los bulbos y la temperatura ambiental. Examine los bulbos con cuidado: deben separarse todas las cebollas dañadas, blandas, moteadas y de cuello grueso para su uso en la cocina o para su congelación. El resto puede almacenarse (las variedades japonesas son la excepción, pues no son apropiadas para este fin).
- Almacénelas en cajones, sacos, mallas o atadas a una larga cuerda como ristras de cebollas. Elija un lugar bien iluminado y frío; se conservarán hasta finales de primavera.

- Si desea obtener una cosecha a mediados o finales de verano, siembre tan pronto como el terreno pueda trabajarse en primavera (mediados de invierno a principios de primavera).
- Para obtener una cosecha más temprana siembre a mediados de verano. Las variedades japonesas maduran a finales de primavera mientras que las estándar, tales como «Reliance» y «Alisa Craig», son menos resistentes, menos fiables y de cosecha más tardía pero pueden almacenarse.
- En las zonas frías, y si desea bulbos de exposición, siembre en invernadero a principios de invierno. Aclimátelo a finales de invierno y trasplántelos al aire libre a principios de primavera.
- Las cebollas para ensalada deben sembrarse a finales de primavera-principios de otoño. Siembre a mediados de verano para obtener cebollas a finales de invierno-mediados de primavera.

CALENDARIO

	Invierno	Primavera	Verano	Otoño
Siembra (al aire libre)				
Siembra (en el interior)				
Cosecha				

Véase la clave de los símbolos en la página 7

EN LA COCINA

Los usos culinarios de la cebolla son tan variados, y las formas más sencillas de emplearla tan conocidas, que no vale la pena intentar enumerarlas. El famoso «Ploughman» a base de pan, queso, cebolla y ginebra, ha constituido la comida de los trabajadores ingleses durante generaciones. En el otro extremo, los clásicos platos franceses *à la bonne femme* o con salsa *Bercy* han basado su delicado sabor en los chalotes. Se cree que la cebolla es la hortaliza más antigua; sin embargo, todavía existen algunos hechos básicos que no todos conocen. En primer lugar, la forma adecuada de cortar una cebolla. Córtela longitudinalmente en dos mitades y coloque la parte cortada hacia abajo sobre la mesa. Realice unos cinco cortes verticales, luego córtelas horizontalmente hacia la base pero no hasta ella y por último vuelva a cortarla hacia abajo pero a lo largo desechando la parte basal dura: obtendrá una pila de cubos de forma perfecta. Si los ojos le lloran ponga las cebollas y las manos bajo el agua... o compre un cortador automático si todo lo demás falla. Los aros de cebolla son un ingrediente popular en las ensaladas, pero las cebollas de producción propia, a menudo, son muchísimo más picantes que las de sabor dulce adquiridas en los comercios. Si desea aumentar el sabor dulce, simplemente vierta agua hirviendo a los aros, séquelos ligeramente con una servilleta de papel y sírvalos.

CONGELACIÓN: corte los trozos y blanquéelos durante 1 min —deje enteras las cebollas de botón. Enfríalos, escúrralos y séquelos. Envuélvalos en una bolsa de polietileno y congélelos.

ALMACENAMIENTO: las cebollas para ensalada pueden mantenerse en el frigorífico durante una semana. No almacene bulbos en él: consérvelos en un lugar fresco.

COCCIÓN: las cebollas son un ingrediente básico en la cocina y superan incluso a los tomates. Las cebollas cortadas cocidas a fuego lento en una vasija tapada, a menudo son un ingrediente básico para las sopas, los estofados, las tartas, los cocidos, las salsas, etc. Recuerde freírlas *lentamente* —las cebollas deben cocerse a fuego lento para que se ablanden antes de que se doren. Como verdura caliente, sírvala hervida, cocida al horno, salteada o glaseada. Tal vez, lo mejor, sean los aros de cebolla fritos: páselos por leche y harina y a continuación fríalos.

VARIEDADES

Variedades de BULBO

Las variedades estándar se cultivan por sus grandes bulbos que pueden almacenarse durante todo el invierno. Algunos tienen una forma aplanada, otros son globuliformes. Los colores de la membrana externa oscilan del casi blanco al rojo oscuro y la gama de sabores, del dulce al fuerte. La mayoría sólo son apropiados para la siembra de primavera pero algunos suelen sembrarse a mediados de verano para obtener una cosecha fiable a mediados del siguiente verano, pero no pueden almacenarse.

«AILSA CRAIG»: según algunos expertos, no es necesario que busque más. Es la gran favorita: muy grande, de forma globular, excelente para exposiciones, pero sus propiedades de conservación no son buenas.

«BEDFORDSHIRE CHAMPION»: muy popular —supera a «Ailsa Craig» porque se conserva bien. Grande y globular, pero muy susceptible al falso mildiu.

«RIJNSBURGER»: los catálogos citan muchos descendientes suyos: «Balstora», «Wijbo», «Bola», etc. grande, globular, temprana y de pulpa blanquecina.

«LANCASTRIAN»: una variedad globuliforme grande de piel dorada, una buena elección para concursos y usos culinarios.

«HYGRO»: es un híbrido F$_1$ que se está popularizando. No tiene ningún fallo: fuerte, globular y apropiado para almacenarse.

«NORTH HOLLAND BLOOD RED»: cebolla con una membrana externa roja. Es una buena elección si desea una cebolla de gran colorido para exposicuiones.

«BUFFALO»: es un híbrido F$_1$ nuevo que produce una cosecha muy temprana a partir de una siembra de primavera o de finales de invierno. Los catálogos destacan la cosecha de finales de primavera, pero no podrá almacenarlos.

«RED BARON»: una cebolla de piel roja temprana, con bulbos aplanados, que se almacena bien.

«RELIANCE»: es la mejor variedad estándar para sembrar a mediados de verano. Los bulbos son aplanados, grandes y las propiedades de conservación son excepcionales.

«EXPRESS YELLOW»: es la variedad japonesa más popular y temprana. Los bulbos aplanados tienen la membrana externa amarillenta. Si desea máximas producciones, elija otra variedad japonesa.

«KAIZUKA EXTRA EARLY»: al igual que «Express Yellow» los bulbos son aplanados, pero la membrana externa es más pálida y maduran un poco más tarde.

«IMAI YELLOW»: es una variedad japonesa de forma globular y temprana.

«SENSHYU»: es bastante parecida a «Imai Yellow», pero un poco más aplanada y de cosecha más tardía.

Alisa Craig

White Lisbon

Variedades para ENSALADA

Las plantas aclaradas de las variedades de bulbo pueden emplearse como cebollas para ensaladas de «primavera», pero existen varias variedades que se cultivan especialmente para su uso en ensaladas. Estas variedades para ensalada, conocidas tamibén como cebolletas de manojo, tienen la membrana externa blanquecina y su sabor es dulce.

«WHITE LISBON»: es, con mucho, la variedad para ensalada más popular. De crecimiento rápido y de membrana externa plateada, una parcela pequeña puede proporcionarle cebollas durante medio año.

«ISHIKURA»: es una novedad. Los tallos erguidos y largos no forman bulbos. Sencillamente arranque algunas cada vez y deje las plantas que aún parezcan un lápiz desarrollarse para recolectarlas más tarde.

Variedades para ENCURTIR

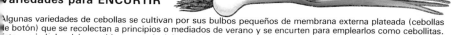

Algunas variedades de cebollas se cultivan por sus bulbos pequeños de membrana externa plateada (cebollas de botón) que se recolectan a principios o mediados de verano y se encurten para emplearlos como cebollitas. Estas variedades deben cultivarse a principios de primavera en un suelo arenoso —no las abone. Las plántulas no deben aclararse.

«PARIS SILVER SKIN»: es la cebolla favorita para encurtir; coséchela cuando tenga el tamaño de una canica.

«BARLETTA»: es otra variedad popular para encurtir. No presenta ninguna ventaja ni desventaja respecto a «Paris Silver Skin».

Paris Silver Skin

PROBLEMAS DE LOS PUERROS Y LAS CEBOLLAS

Muchas enfermedades de las plantas pueden atacar a las cebollas, pero es probable que sólo cuatro preocupen seriamente al horticultor. Éstas son la mosca de las cebollas, la anguilula del bulbo y del tallo, la podredumbre de los bulbos y la podredumbre blanca. Las plantas cultivadas a partir de semillas son más susceptibles a la mosca de las cebollas. Los puerros son menos propensos a los ataques que las cebollas.

	Síntomas	Causas probables
Plántulas	— devoradas	**noctuela** (véase pág. 110)
	— muertas	4
	— derribadas	hongos del semillero (véase pág. 110)
Trasplantes	— sacados del suelo	**heladas o pájaros**
	— producción de dos o más plantas	6
Hojas	— perforadas	12
	— devoradas por encima del nivel del suelo	**noctua de la col** (véase pág. 29)
	— devoradas a nivel del suelo	**noctuela** (véase pág. 110) o **gusano del alambre** (véase pág. 110)
	— enfermas	7 o 8 o 11
	— amarillentas, marchitas	1 o 13 o 14
	— verdosas, marchitas	2
	— ápices blanquecinos	10
	— engrosadas, torcidas	4
Plantas	— cuello engrosado anormalmente	9
	— espigadas	3
Bulbos en el huerto	— perforados, presencia de gusanos	1
	— base partida	5
	— base mohosa	13
	— blandos, no fétidos	4 o 11 o 13
	— blandos, fétidos por dentro	14
Bulbos almacenados	— blandos, mohosos cerca del cuello	15
	— blandos, fétidos.	**podredumbre blanca** (véase pág. 85)

BULBOS PERFORADOS

gusanos blanquecinos de 0,5 cm

1 MOSCA DE LAS CEBOLLAS

Los síntomas indicativos son las hojas amarillentas y marchitas. Los ataques más graves se dan en un suelo seco a mediados de verano. Los gusanos horadan las bases de los bulbos; frecuentemente las plantas jóvenes mueren y las más viejas no se desarrollan correctamente.
Tratamiento: recolecte y queme las plantas gravemente afectadas.
Prevención: destruya todos los aclareos y las hojas dañadas, y fije la tierra que rodea a las plantas; rastrille pirimifosmetil poco antes de sembrar o plantar. Si la mosca de la cebolla le resulta un problema constante, no cultive las cebollas a partir de semillas, sino a partir de transplantes.

HOJAS ENGROSADAS, TORCIDAS

4 ANGUILULA

El follaje engrosado y torcido indica el ataque de esta plaga microscópica que vive en el suelo. Las plantas jóvenes mueren y las más viejas producen bulbos blandos que no pueden guardarse.
Tratamiento: recolecte y queme las plantas infectadas.
Prevención: durante algunos años no cultive cebollas, guisantes, judías o fresas en un terreno afectado por la anguilula del bulbo y el tallo.

2 HOJAS MARCHITAS

A veces las hojas se marchitan aunque no haya ninguna plaga ni enfermedad. El follaje tiene un color verde más oscuro de lo normal y esto se debe, por lo general, a un exceso de abonado fresco antes de la plantación o a un exceso de nitrógeno en el suelo. El riego con un fertilizante rico en potasa como el de tomate o rosal ayudará.

BULBO DE BASE PARTIDA

5 PODREDUMBRE BLANCA

Las cebollas recolectadas están partidas en la base. Esta enfermedad afecta a las cosechas cultivadas a partir de trasplantes, y siempre está asociada a una fuerte lluvia o al riego posterior a un largo período de sequía.
Tratamiento: ninguno. Consuma las cebollas tan pronto como sea posible ya que no pueden almacenarse.
Prevención: no deje que las plantas sufran un déficit de agua durante la época de la sequía estival.

3 ESPIGADO

A veces las cebollas espigan (producción prematura de brotes de cabezas florales). Cuando ocurra esto, corte el pedúnculo floral y recolecte los bulbos como siempre. Consúmalos tan pronto como sea posible, ya que no se conservarán de manera satisfactoria. Normalmente se producen por una siembra temprana o por una plantación en una primavera fría y en un suelo poco compacto.

6 DIVISIÓN

Las cebollas cultivadas a partir de trasplantes pueden producir dos bulbos iguales. Normalmente, la causa de esta escisión está en la plantación a destiempo o en el cultivo de plantas en suelo pobre. La sequedad también puede inducir la división del trasplante.

7 CARBÓN

Sobre las hojas y los bulbos aparecen manchas negras. Sólo son afectadas las plantas jóvenes —las hojas se engrosan y retuercen. Los puerros son más susceptibles que las cebollas.

Tratamiento: ninguno. Recolecte y queme las plantas enfermas.

Prevención: no cultive puerros ni cebollas en terrenos infectados, como mínimo durante ocho años.

MANCHA EN LA HOJA

8 ROYA

Sobre la superficie de las hojas aparecen manchas anaranjadas. Es poco común, pero en verano, si el ataque es grave, el efecto puede ser fatal. Los puerros son más susceptibles que las cebollas.

Tratamiento: arranque y queme las hojas enfermas.

Prevención: no cultive puerros ni cebollas en un terreno afectado por la roya en la estación anterior.

HOJA BLANQUEADA

10 ÁPICES BLANQUECINOS

En otoño, los ápices de las hojas de los puerros se vuelven blanquecinos y delgados como el papel. La enfermedad se propaga hacia abajo y el desarrollo se atrofia.

Tratamiento: pulverice con Mancozeb tan pronto perciba los primeros síntomas. Recolecte y queme las plantas enfermas.

Prevención: no cultive puerros en terrenos afectados durante la estación anterior.

9 CUELLO DE TORO

La producción de cuellos anormalmente gruesos es una enfermedad grave ya que los bulbos no se guardarán adecuadamente. Las cebollas de cuello de toro, a menudo, están asociadas al abonado excesivo del terreno y al uso de demasiado nitrógeno. Emplee un fertilizante líquido durante la época de desarrollo; elija uno como el de tomate que contenga más potasa que nitrógeno. Otra posible causa es una siembra demasiado profunda.

HOJAS MOHOSAS

11 MILDIU DE LA CEBOLLA

El mildiu grisáceo de la cebolla cubre las hojas, que languidecen y se marchitan desde los ápices. Los bulbos son blandos y no son adecuados para almacenarse. Es una enfermedad grave en las épocas frías y húmedas.

Tratamiento: pulverice con Carbendazim al primer síntoma de enfermedad. Repita la operación cada quince días.

Prevención: cultívelas en un lugar diferente cada año. Evite las zonas mal drenadas.

HOJAS PERFORADAS

12 POLILLA DEL PUERRO

Orugas de 1 cm de color verdeclaro se nutren dentro de las hojas jóvenes de la cebolla de modo que sólo queda la membrana externa. También puede ser atacado el follaje de los puerros.

Tratamiento: pulverice con insecticida de contacto a la primera señal de ataque. Destruya las hojas gravemente afectadas.

Prevención: no se dispone de método práctico.

BULBOS ALMACENADOS

15 PODREDUMBRE DE LOS B.

Cerca del cuello de los bulbos almacenados aparece moho grisáceo; los bulbos se vuelven blandos y se pudren.

Tratamiento: ninguno. Examine a menudo los bulbos almacenados y elimine los que estén podridos.

Prevención: espolvoree las semillas y los trasplantes con Carbendazim antes de la plantación. Siga las instrucciones para un almacenamiento correcto: seque los bulbos y almacene sólo los que sean fuertes y no estén dañados en un lugar ventilado y frío. No almacene cebollas con cuellos verdosos.

BULBOS EN EL HUERTO

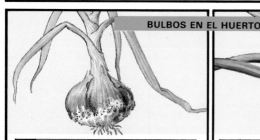

13 PODREDUMBRE BLANCA

El follaje se vuelve amarillento y languidece. Aparece moho blanquecino y velloso en la base de los bulbos junto con unos cuerpos negruzcos en el límite de esta mohosidad. La podredumbre blanca es una enfermedad grave y es mucho peor en veranos secos y calurosos.

Tratamiento: ninguno. Recolecte y queme las plantas enfermas.

Prevención: no existen tratamientos químicos que pueda aplicar. No cultive cebollas en un terreno infectado, durante ocho años.

14 PODREDUMBRE

Las hojas centrales amarillean y languidecen, y las hojas externas pronto hacen lo mismo. Corte el bulbo por entero; la señal indicativa es un limo fétido entre las escamas. Esta enfermedad es mucho menos común que la podredumbre blanca.

Tratamiento: ninguno. Recolecte y queme las plantas enfermas.

Prevención: no se dispone de ningún método práctico. Durante varios años no cultive cebollas en un terreno infectado.

CHIRIVÍA

La popularidad de las chirivías no es muy grande ya que permanecen en el suelo durante mucho tiempo y, hervidas, proporcionan un plato que no es del gusto de todos. Sin embargo, piénselo dos veces antes de rechazarlas. Precisan poca atención y puede sembrar un cultivo productivo de rábanos o lechugas entre las hileras. Las raíces pueden dejarse en el suelo durante el invierno y desenterrarse a medida que se necesiten; además, existen varias formas apetitosas de servirlas. No hay muchas variedades para escoger; si dispone de un suelo adecuado y desea descubrir su habilidad, elija una variedad larga, pero en la mayoría de los huertos la mejor elección es una variedad corta.

CARACTERÍSTICAS DE LAS SEMILLAS

La semilla es muy ligera, por lo que debe sembrar en un día tranquilo. La germinación es lenta en tiempo caluroso.

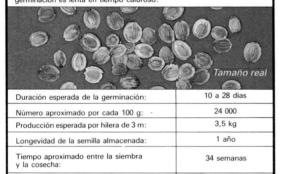

Tamaño real

Duración esperada de la germinación:	10 a 28 días
Número aproximado por cada 100 g:	24 000
Producción esperada por hilera de 3 m:	3,5 kg
Longevidad de la semilla almacenada:	1 año
Tiempo aproximado entre la siembra y la cosecha:	34 semanas
Facilidad de cultivo:	fácil

CARACTERÍSTICAS DEL SUELO

- Si desea cultivar chirivías largas y ahusadas necesitará un suelo profundo, desmenuzable, sin piedras y que haya sido bien fertilizado en un cultivo anterior.
- En cualquier suelo regular, soleado o ligeramente sombrío, se desarrollará una buena cosecha de una de las variedades más cortas. Cave profundamente en otoño, o a principios de invierno, y abstérgase de añadir cualquier fertilizante fresco o *compost*. Si es necesario, abone con cal. Deshaga los terrones y rastrille fertilizante Growmore cuando prepare el semillero.

SIEMBRA

Siembre 3 semillas. Aclare las plántulas dejando una planta

Cubra con tierra

15cm

30 cm

1 cm

- Emplee semillas nuevas cada año. La época tradicional de sembrar chirivías es a mediados de invierno, aunque es mejor esperar a que el tiempo sea más caliente, o incluso a principios de primavera si cultiva una de las variedades de raíz más corta.

CALENDARIO

	Invierno	Primavera	Verano	Otoño
Siembra				
Cosecha				

CUIDADOS DEL CULTIVO

- Las chirivías rara vez producen raíces satisfactorias después de ser trasplantadas; por tanto, deseche las plantas aclaradas.
- Escarde con regularidad para restringir las malas hierbas. Tenga cuidado: no toque nunca el cuello de las plantas en desarrollo. El cultivo necesita muy poca atención y, normalmente, las plagas no lo atacan. A veces la mosca minadora del apio es un problema: aplaste las ampollas con los dedos.
- No debe dejar que el suelo se deseque, aunque sólo será necesario que riegue cuando haya un período de sequedad prolongado.

RECOLECCIÓN

- Las raíces pueden recolectarse cuando el follaje empieza a secarse en otoño. Se afirma que después de las primeras heladas el sabor es mejor.
- Recolecte la cosecha a medida que lo necesite, usando una horquilla para aflojar el suelo. Deje las restantes en el suelo para una cosecha posterior. Es una buena idea que recoja algunas a mediados de otoño y que las almacene como las zanahorias (véase pág. 40). De este modo, dispondrá de una provisión de chirivías cuando el suelo esté helado o cubierto de nieve. Recolecte y almacene cualquier raíz que quede a mediados de invierno.

EN LA COCINA

Antes de que la patata llegara a Europa procedente del Nuevo Mundo, la chirivía era la guarnición de la carne asada y el pescado. Actualmente se considera que su sabor es demasiado dulce y demasiado fuerte para un plato cotidiano, aunque en parte esto se debe a la costumbre de hervirla durante 25 a 30 min y de servirla como un sustituto directo de las patatas hervidas. Las chirivías merecen un trato mejor.

CONGELACIÓN: corte, pele y limpie. Corte en cubos y blanquee durante 5 minutos. Congele en bolsas de polietileno.

ALMACENAMIENTO: guárdelas en el frigorífico en una bolsa de polietileno: las chirivías se conservarán frescas durante dos semanas.

COCCIÓN: corte los extremos con un cuchillo y descarte las partes dañadas o enfermas. Límpielas —si puede, evite pelarlas. Si las raíces son viejas, elimine el corazón duro. Sancóchelas durante 2 min y después colóquelas alrededor de la pieza de carne a asar. Alternativamente, córtelas en tiras y fríalas como las patatas, o córtelas en aros y fríalas como buñuelos después de rebozarlas. Hiérvalas y haga un puré con mantequilla, nuez moscada y zanahorias, o bien espolvoréelas con azúcar moreno.

VARIEDADES

«GLADIATOR»: un híbrido F_1 que ha adquirido popularidad por sus raíces en forma de calce, tiernas y blancas. Resistente al cancro.

«TENDER AND TRUE»: es la variedad larga más popular y está recomendada para exposiciones. El corazón es pequeño y es resistente a la necrosis cortical.

«HOLLOW CROWN IMPROVED»: es otra variedad larga para exposiciones y usos culinarios. Como todas las chirivías largas precisará un suelo no arcilloso y profundo, o ser sembrada en un hoyo de suelo preparado.

«AVONRESISTER»: es una de las más cortas: conos de 13 cm que son resistentes a la necrosis cortical y capaces de desarrollarse en suelos pobres. Siembre a intervalos de 7,5 cm. Sabor dulce.

«WHITE GEM»: es similar a «Offenham», pero es resistente a la necrosis cortical. Fácil de recolectar y de sabor excelente.

«THE STUDENT»: de tamaño medio, gruesa y ahusada. Es la que se escoge por su sabor.

PROBLEMAS

Véase páginas 42-43

GUISANTE

El guisante verde fue la primera hortaliza que se enlató. Fueron también las primeras hortalizas que se congelaron con éxito y actualmente son más populares que cualquier otra verdura congelada. Pero ni estos productos en conserva ni los adquiridos frescos en las tiendas, a los que hay que desgranar, saben tan bien como los guisantes de cosecha propia. La razon es bastante sencilla: tan pronto como se arranca un fruto de la planta, el contenido en azúcar del guisante empieza a transformarse en almidón. Si desea probar lo buena que puede ser esta verdura, coseche los frutos cuando los guisantes sean bastante pequeños y antes de una hora hiérvalos, una vez desgranados, durante 10 min en una pequeña cantidad de agua a la que se ha añadido una ramita de menta. Por desgracia, y bastante a menudo, los guisantes son decepcionantes como cultivo hortícola. La producción puede ser bastante escasa respecto al área ocupada, y si el suelo es pobre o el tiempo caluroso puede parecer que, por la cantidad obtenida, no vale la pena el esfuerzo realizado. La clave del éxito consiste en leer todas las instrucciones antes de comprar un paquete de semillas, y en sembrarlas rápidamente en el suelo en primavera. Existen muchos tipos y, a primera vista, su clasificación es compleja: lisos o arrugados; altos o enanos; muy tempranos, tempranos o de cultivo principal. No plante nunca guisantes en suelos fríos y húmedos, asegúrese de que el suelo sea fértil, auyente los pájaros, pulverice cuando sea necesario y, con espacio, habilidad y las variedades apropiadas, podrá obtener guisantes frescos en su huerto desde mediados de primavera hasta principios de otoño.

TIPOS

GUISANTE
VERDE LISO
(seco)

GUISANTE
VERDE RUGOSO
(seco)

COMETODO

PETIT POIS

GUISANTE
ESPÁRRAGO

CARACTERÍSTICAS

Si las semillas deben sembrarse a principios de primavera, trátelas con un desinfectante fungicida para semillas.

Tamaño real

Duración de la germinación:	7 a 10 días
Número aproximado por litro:	1400
Cantidad necesaria por hilera de 3 m:	1 dl (100 cm³)
Producción esprada por hilera de 3 m:	4,5 kg
Índice de longevidad de la semilla almacenada:	2 años
Tiempo aproximado entre la siembra de otoño y la cosecha:	32 semanas
Tiempo aproximado entre la siembra de primavera y la cosecha:	12 a 16 semanas
Facilidad de cultivo:	difícil (se necesitan soportes, una preparación minuciosa del suelo y cosechas regulares).

CARACTERÍSTICAS DEL SUELO

● Si el suelo es pobre, la producción será decepcionante. Es necesario que éste tenga una estructura buena, el humus adecuado y suficiente cal para garantizar que no sea ácido. No añada demasiado fertilizante: un abonado nitrogenado abundante será más perjudicial que beneficioso.

● Escoja un lugar abierto en el que no haya cultivado guisantes por lo menos durante dos estaciones. Cave la tierra en otoño, o a principios de invierno, e incorpore dos cubos llenos de estiércol descompuesto o *compost* por cda 0,8 m² de suelo. Aplique un abonado ligero de fertilizante general, poco antes de la época de siembra.

SIEMBRA

Presione la superficie del suelo

Afirme el suelo *levemente* después de la siembra

7,5 cm

5 cm

15 cm

Altura esperada del cultivo

CUIDADOS DEL CULTIVO

● Inmediatamente después de la siembra debe proteger el surco de la acción de los pájaros. No confíe en un repelente químico: coloque un entramado de hilos negros de algodón sujetos a estacas cortas o una malla de plástico. Puede colocar ramitas en la superficie, pero lo mejor son las protecciones de tela metálica.

● Escarde periódica y cuidadosamnete para limitar las malas hierbas. Cuando las plántulas tengan unos 8 cm de altura, inserte ramitas al lado de los tallos para que sirvan como apoyo. No posponga esta operación: si deja que los tallos caigan desordenadamente sobre la superficie del suelo, es probable que las babosas causen daños graves. Las variedades de crecimiento alto y mediano precisarán un soporte adicional: coloque verticalmente una red de plástico fuerte al lado de cada hilera.

● Riegue durante el período de sequía estival. Aplique un acolchado de recortes de césped sin herbicida entre las hileras para conservar la humedad.

● Pulverice las plantas con fenitrotión siete o diez días después del inicio de la floración para evitar guisantes carcomidos.

RECOLECCIÓN

● Una vaina puede recolectarse cuando los granos se hayan hinchado pero antes de que éstos entren en contacto entre ellos. En este estadio, comience a cosecharlas empezando por las vainas más bajas y progresando hacia arriba. Emplee las dos manos, una para sujetar el tallo y la otra para arrancar la vaina.

● Coseche periódicamente —si se dejan madurar las vainas en la planta, la producción total disminuirá gravemente. Si recoge demasiadas, cocínelas inmediatamente y ponga el exceso en el frigorífico o bien congélelas.

● Una vez recolectadas todas las vainas, emplee los tallos para efectuar un *compost*. Deje las raíces en el suelo.

● Si desea guisantes secos, deje madurar las vainas en los tallos. Cuando el tiempo sea húmedo, desarraigue las plantas y cuélgelas en haces en el interior hasta que las vainas maduren.

● Recoja las vainas «cometodo» cuando tengan una longitud de unos 8 cm y los granos empiecen a desarrollarse. Y los guisantes espárrago, cuando tengan una longitud de 2,5 a 4 cm

EN LA COCINA

Tal como describen los libros de horticultura, esta verdura ha sido popular desde tiempos prehistóricos. Si bien los guisantes secos fueron en otras épocas un componente básico de la dieta de muchos, en la actualidad casi todos los prefieren frescos. Coséchelos antes de que maduren y cocínelos tan pronto como sea posible después de su recolección. No los hierva demasiado (10 min son suficientes) y no use demasiada agua. El tratamiento a seguir con los guisantes comprados en los comercios es diferente: es posible que necesite hervirlos durante 15 minutos.

CONGELACIÓN: emplee guisantes jóvenes. Desgránelos y blanquéelos durante 1 minuto. Enfríalos, escúrralos y congélelos en bolsas de polietileno o en recipientes rígidos. Consúmalos preferentemente antes de un año.

ALMACENAMIENTO: consérvelos en bolsas de polietileno en el frigorífico: los guisantes se mantendrán frescos durante tres días.

COCCIÓN: anteriormente se ha descrito el método estándar de ebullición —como variación pruebe *petits pois à la française*. Se emplea una variedad «petit pois» o una variedad común del huerto cuando los guisantes son pequeños. Éstos se cuecen despacio con lechuga y chalotes o cebollas para ensalada, con uno o dos cucharones de agua, un poco de mantequilla y una pizca de azúcar, durante unos 10 min en una olla tapada. A menudo los guisantes hervidos se sirven como una verdura caliente, pero fríos también son un ingrediente muy útil para la ensalada. Si desea un plato económico, encontrará recetas de puré de guisantes en muchos libros de cocina —los guisantes se pasan por el pasapurés para eliminar así la fibra. Las vainas de «cometodo» frescas o hervidas durante 3 min y después revueltas en mantequilla. Los guisantes espárrago, como los «cometodo», no se desgranan antes de su consumo: hiérvalos o cocínelos al vapor durante 5 minutos.

CALENDARIO

		Invierno	Primavera	Verano	Otoño
Cosecha de mediados a finales de primavera — Elija un lugar protegido —espere algunas pérdidas si el lugar es frío y está expuesto. Cultive una variedad lisa («Feltham First» es apropiada para una siembra de principios de primavera y tardía). «Meteor» tiene una fama excelente por su resistencia. Proteja las plántulas y las plantas con campanas.	Siembra	▓	▓		▓
	Cosecha		▓	▓	
Cosecha de finales de primavera a principios de verano — Si siembra a finales de invierno, escoja una variedad lisa o una variedad rugosa muy temprana como «Kelvedon Wonder», «Beagle» o «Early Onward». Si siembra a finales de invierno o principios de primavera, elija una variedad rugosa temprana (normalmente se escoge «Onward», pero «Hurst Green Shaft» es una alternativa buena).	Siembra		▓		
	Cosecha		▓	▓	
Cosecha de mediados de verano — Emplee una variedad rugosa de cultivo principal —no se guíe por la fotografía de la parte anterior del paquete sino por las ilustraciones de la posterior. Si dispone de poco espacio, elija un guisante de altura media como «Senator» (deje la variedad «Alderman» para los que puedan aprovechar 150 cm entre hileras).	Siembra		▓		
	Cosecha			▓	
Cosecha de otoño — Los guisantes frescos son especialmente bien recibidos a finales de verano y principios de otoño, cuando ha terminado la época de cosecha principal. La época de siembra abarca desde finales de primavera hasta principios de verano. Debe elegir el tipo adecuado, una variedad rugosa muy temprana resistente al mildiu. Ni «Kelvedon Wonder» ni «Pioneer» lo defraudarán.	Siembra		▓	▓	
	Cosecha			▓	▓
Cometodo y petit pois — Siembre cuando el suelo haya empezado a calentarse a principios de primavera —la siembra puede retrasarse hasta mediados de esta estación. Ni «cometodo» ni «petit pois» han llegado a popularizarse como los familiares guisantes verdes (si su centro de jardinería no tiene las semillas deberá pedirlas por correo).	Siembra		▓		
	Cosecha			▓	
Guisante espárrago — Siembre a mediados de primavera de modo que las plántulas aparezcan después de las últimas heladas. Efectúe surcos de 2,5 cm de profundidad, separados unos 40 cm entre sí, y siembre a intervalos de 15 cm. La época de cosecha normalmente empieza a mediados de verano y prosigue durante muchas semanas.	Siembra		▓		
	Cosecha			▓	

Véase la clave de los símbolos en la página 7

VARIEDADES

Variedades LISAS

Las semillas se mantienen lisas y redondas una vez secas. Todas son muy tempranas, más resistentes y de duración más rápida que otras variedades y más capaces de soportar condiciones de cultivo pobres que las variedades rugosas. Las variedades lisas se emplean para las siembras de finales de otoño y principios de primavera.

«FELTHAM FIRST», de 45 cm: es una vieja favorita que necesita poco soporte y que produce vainas puntiagudas de 10 cm de longitud once o doce semanas después de la siembra.

«METEOR», de 30 cm: es el bebé del grupo, con una excelente fama para prosperar en lugares expuestos y fríos.

«PILOT», de 90 cm: es muy popular pues combina la precocidad con la resistencia. Si dispone de espacio, es la elección para un cultivo de mediados a finales de primavera.

«DOUCE PROVENCE», de 45 cm: tal vez no desee una producción máxima sino el máximo sabor dulce. Esta es la variedad a elegir: posee todo el vigor de «Feltham First» pero su sabor es superior.

«FORTUNE»: de 40 cm. Bastante similar a «Feltham First», tarda bastante en madurar, pero las cosechas pueden resultar más abundantes.

Feltham First

Variedades RUGOSAS

Kelvedon Wonder

Las semillas de estas variedades son inconfundiblemente rugosas una vez secas. Estos guisantes «tiernos» son cultivos más dulces, más grandes y más fuertes que los lisos y por tanto se cultivan mucho más. Sin embargo, son menos resistentes y no pueden sembrarse antes de finales de invierno. Las variedades rugosas se clasifican de dos maneras. En primer lugar, por la altura (existen variedades enanas de 45 a 60 cm y altas de 120 a 150 cm); en segundo lugar, por el tiempo que va desde la siembra hasta la primera cosecha. Las muy tempranas tardan once a doce semanas, las tempranas trece a catorce semanas y las de cultivo principal quince a dieciséis semanas. En los catálogos y en los centros de jardinería encontrará un gran surtido de cada grupo.

Muy tempranas

«KELVEDON WONDER», de 45 cm: es una excelente elección si sólo desea comprar una variedad para siembras sucesivas. Es una elección óptima para siembras tempranas o para siembras de finales de primavera y cosechas de otoño. Es muy resistente al mildiu.

«LITTLE MARVEL», de 45 cm: todos los catálogos la incluyen, pero esta variedad no es tan popular como «Kelvedon Wonder». Su sabor es bueno y las vainas de extremos obtusos brotan de dos en dos.

«EARLY ONWARD», de 60 cm: encontrará a su hermana más famosa en la sección de tempranas. Esta variedad tiene todas las características de «Onward», pero madura unos diez días antes.

«BEAGLE», de 45 cm: a veces se la cataloga como «Hurst Beagle» y es la variedad rugosa más temprana. Sus vainas tienen los extremos obtusos y hay ocho guisantes por vaina.

«PROGRESS No. 9», de 45 cm: casi rivaliza con «Beagle» en precocidad; difiere de ella por la producción de vainas puntiagudas.

«PIONEER», de 45 cm: es una variedad muy útil para siembras tempranas, así como para siembras de finales de primavera y, como «Kelvedon Wonder», es resistente al mildiu.

Tempranas

«HURST GREEN SHAFT», de 75 cm: todos los catálogos la elogian por tener vainas con diez guisantes producidas de dos en dos en la parte superior de la planta, lo cual facilita la recolección; son vainas que pueden ganar premios en los concursos, y guisantes que reciben elogios en la mesa. Es resistente al mildiu y a la fusariosis.

«ONWARD», de 75 cm: es el guisante verde más popular. Se cultiva abundantemente y su resistencia a la enfermedad es buena. Las vainas son gruesas, de extremos obtuso y verde oscuras.

«CAVALIER»: de 70 cm. Las largas vainas nacen a pares, las cosechas son abundantes y el sabor bueno. La resistencia al mildiu la hace adecuada para el verano; la única temprana que podrá utilizar.

«BIKINI», de 45 cm: es una de las nuevas variedades desfoliadas y con más zarcillos. Se valora porque los zarcillos pueden hervirse y comerse como una segunda verdura. Otras desfoliadas son «Eaton» y «Poppet».

De cultivo principal

«LORD CHANCELOR», de 105 cm: de maduración tardía. Algunos afirman que es la mejor variedad de cultivo principal. Produce abundantes vainas puntiagudas y verde oscuras.

«ALDERMAN», de 150 cm: todo un gigante, muy popular entre los expositores. Las grandes vainas contienen unos guisantes de gran tamaño. Las producciones son abundantes y la época de cosecha es prolongada.

«GRADUS», de 90 cm. Se siembra a mediados de primavera para recolectar a mediados de verano. Las vainas son grandes y la cosecha abundante. Necesita soporte. El sabor es bastante bueno.

«SENATOR», de 75 cm: muy recomendada, como cultivo principal, para los huertos pequeños. Las vainas brotan de dos en dos y se valoran por su sabor y producción excepcionales.

Variedades «COMETODO»

Oregon Sugar Pod

Existen varios nombres para este grupo: guisantes chinos, guisantes de nieve, guisantes tirabeque y cometodo. Se cultivan más fácilmente que los guisantes verdes (recójalos antes de que las semillas se llenen y cocine las vainas enteras).

«ORGEON SUGAR POD», de 105 cm: es una variedad popular que se encuentra en muchos catálogos. Las vainas pueden llegar a medir de 10 a 11 cm pero coséchelas cuando tengan 7 cm de longitud.

«SUGAR DWARF SWEET GREEN», de 90 cm: se trata de otra auténtica «cometodo» (hay un escaso margen de elección entre ella y «Oregon Sugar Pod»).

«SUGAR SNAP», de 150 cm: es un guisante que tiene dos usos: cuando las vainas son jóvenes se cocinan como una verdadera variedad «cometodo» mientras que cuando son maduras, con guisantes en su interior, se quitan las fibras y luego se cocinan como judías verdes, o bien se desgranan y se cocinan como guisantes.

«EDULA», de 90 cm: es igual que «Sugar Snap», pero más compacta. Ideal para un huerto más pequeño.

Variedades «PETIT POIS»

Waverex

Los «Petit Pois» *no* son guisantes inmaduros cosechados de las vainas pequeñas de cualquier variedad de guisante verde. Existen unas cuantas variedades enanas que producen guisantes diminutos (0,3 a 0,6 cm) que son especialmente dulces.

«GULLIVERT», de 90 cm: antiguamente era la variedad básica, pero en la actualidad ha sido reemplazada por Waverex en los catálogos. Las vainas y las semillas son pequeñas y los guisantes deliciosos, pero las plantas son demasiado altas para un guisante tan pequeño.

«WAVEREX», de 60 cm: es el «petit pois» que encontrará más fácilmente. Consúmalos crudos en las ensaladas o cocinelos a la francesa como se describe en la página 78.

«COBRI», de 60 cm: todavía puede disponer de esta antigua variedad. Son los «petit pois» típicos para que los desgrane y cocine (los expertos aconsejan que los hierva primero y los desgrane antes de servir).

Variedad de GUISANTE ESPÁRRAGO

Esta variedad se conoce también como variedad alada. En realidad, no es un guisante: es una arveja que produce plantas de ramas muy compactas y extendidas. No es resistente a las heladas, por tanto la siembra debe retrasarse hasta mediados de primavera. A las flores rojas que aparecen en verano, le siguen vainas de una forma curiosamente alada; éstas deben cosecharse mientras todavía sean pequeñas, antes de que se vuelvan fibrosas y filamentosas. Las vainas pequeñas se cocinan enteras como las «cometodo».

PROBLEMAS

Véase páginas 20-22

PATATA

Algunas verduras de este capítulo, tales como el salsifí y el apionabo, necesitan una presentación: las patatas no. Éstas son nuestra verdura básica, la guarnición casi invariable de la carne, el pescado o las aves. Por tanto el problema no está en si cultivar esta verdura, sino en el tipo a cultivar —¡no se preocupe del exceso de producción!. Puede elegir entre los cultivos tempranos o los principales, los cuales se diferencian por el tiempo que requieren hasta alcanzar la madurez. Si dispone de una parcela grande la solución es sencilla: cultive variedades tempranas para obtener patatas «nuevas» en verano y variedades de cultivo principal para obtener tubérculos que podrán almacenarse durante el invierno. Si el espacio es limitado sólo debe elegir una variedad temprana. La producción será menor que la de un cultivo principal, pero ocupará menos espacio, evitará los destrozos del mildiu de la patata y le proporcionará patatas nuevas cuando los precios en los comercios son altos. Las patatas son semirresistentes: en primavera, las hojas jóvenes mueren a causa de las heladas, y en otoño, las primeras heladas destruyen los tallos. Entre ambas estaciones esta hortaliza debe crecer y producir los tubérculos subterráneos que empleamos como alimento. El cultivo de la patata dispone de un lenguaje específico. Así, las *semillas certificadas* son patatas pequeñas del año anterior producidas a partir de plantas certificadas como exentas de virus. Normalmente, estas patatas han *sacado yemas,* lo cual significa que se las ha inducido a desarrollar brotes pequeños antes de plantarlas. A partir de estas patatas de siembra plantadas se desarrolla la *parte aérea* (tallos y hojas) y en el subsuelo se da el *engrosamiento* —crecimiento de los tubérculos en verano o a principios de otoño. Debe evitar el *enverdecimiento* mediante el *aporcado* (cubrimiento de la base de los tallos con tierra). La razón es sencilla: las patatas verdes son tóxicas.

CARACTERÍSTICAS DE LAS SEMILLAS

La semilla debe tener el tamaño de un huevo de gallina pequeño (30 a 55 grs). No plante patatas de siembra blandas o enfermas. Las semillas grandes no deben cortarse en dos mitades.

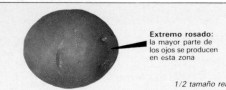

Extremo rosado: la mayor parte de los ojos se producen en ésta zona

1/2 tamaño real

Cantidad necesaria por hilera de 3 m:	0,75 kg
Producción esperada por hilera de 3 m:	5,5 kg (variedades tempranas) 9 kg (variedades de cultivo principal)
Tiempo aproximado entre la plantación y la cosecha:	13 semanas (variedades tempranas) 22 semanas (variedades de cultivo principal)
Facilidad de cultivo:	es fácil (pero las producciones altas exigen riegos y pulverizaciones).

CARACTERÍSTICAS DEL SUELO

- Las patatas pueden cultivarse prácticamente en todo tipo de suelos. Es la mejor hortaliza para cultivar en una pradera o en una tierra yerma que haya sido transformada en una parcela de verduras —el aporcado y el denso dosel foliar ayudan a mantener limpio el nuevo suelo. Las patatas no deben volver a cultivarse en terrenos empleados para este cultivo durante las dos estaciones anteriores.

- Si es posible, elija un lugar soleado y evite las cavidades heladas. Cave el suelo en otoño y añada turba o *compost* si no lo abonó en el cultivo anterior. No añada nunca cal.

- Es probable que en la pradera recién cavada haya gusanos de alambre: si existe este problema, rastrille pirimifosmetil antes de plantar. Rompa cualquier terrón y esparza fertilizante Growmore sobre la superficie.

PLANTACIÓN

- Cuando adquiera sus patatas de siembra a mediados de invierno dispóngalas con el extremo rosado hacia arriba en hueveras o en cajones de madera que contengan una capa de turba seca de 2,5 cm de espesor. Manténgalas en una habitación luminosa (no soleada) y protegida de las heladas. Al cabo de seis semanas habrán aparecido varios brotes vigorosos de 1 a 2,5 cm. No arranque ninguno de estos retoños: la formación de yemas es esencial en los cultivos tempranos y muy útil en los cultivos principales.

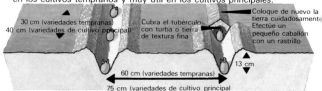

30 cm (variedades tempranas)
40 cm (variedades de cultivo principal)

Cubra el tubérculo con turba o tierra de textura fina

Coloque de nuevo la tierra cuidadosamente. Efectúe un pequeño caballón con un rastrillo

13 cm

60 cm (variedades tempranas)
75 cm (variedades de cultivo principal)

CUIDADOS DEL CULTIVO

- Si hay peligro de heladas cuando los brotes hayan empezado a emerger, protéjalos echando un poco de tierra sobre ellos.

- Cuando la parte aérea de la planta tenga una altura de unos 25 cm realice el aporcado. En primer lugar, ahueque el suelo a cada lado de las hileras con una horquilla y elimine las malas hierbas. Mediante una azada amontone la tierra suelta encima de los tallos formando un caballón de cresta aplanada de 15 cm de altura. Algunos prefieren aporcar escalonadamente, pero no está demostrado que este procedimiento dé mejores resultados que el anterior.

- Riegue cuando el tiempo sea seco (esto es sumamente importante cuando los tubérculos han empezado a formarse).

RECOLECCIÓN

- Si cultiva variedades tempranas, espere hasta que las flores estén completamente abiertas. Retire cuidadosamente una porción pequeña de tierra del caballón y examine los tubérculos. Éstos podrán cosecharse como patatas nuevas cuando tengan el tamaño de un huevo de gallina; para ello, introduzca una horquilla de púas planas en el caballón y levante las raíces.

- Si cultiva variedades de cultivo principal para almacenarlas, corte la parte aérea una vez que el follaje haya oscurecido y los tallos marchitado. Retire la parte aérea cortada y espere diez días. A continuación arranque las raíces y deje secar los tubérculos durante algunas horas. Colóquelos en una caja de madera y almacénelos en un cobertizo oscuro y protegido de las heladas: se conservarán hasta la primavera.

- Cuando coseche saque *todos* los tubérculos del suelo, incluso los pequeños, para evitar problemas al año siguiente.

EN LA COCINA

Las patatas se emplean cada día en la cocina, por lo que probablemente el ama de casa experimentada no se molestará en leer esta sección. Desde luego, no pueden describirse las quinientas formas de preparar las patatas en un espacio pequeño como éste; no obstante, existen algunas normas de preparación cotidianas que a menudo se ignoran. Las patatas nuevas son las variedades más precoces, cosechadas antes de que la patata haya llegado a la madurez y antes de que las pieles de los tubérculos hayan endurecido. Frote suavemente la piel de una patata cruda —si no se desprende enseguida no merece la pena llamarse «nueva». Sírvalas hervidas calientes, o frías en ensaladas. Emplee las patatas viejas (patatas de cultivo principal a las que se ha dejado endurecer la piel) para los otros innumerables usos (fritas, purés, al horno, salteadas, asadas, etcétera).

CONGELACIÓN: blanquee totalmente las patatas nuevas en agua y fríalas en aceite —duración del blanqueo, tres minutos. Enfríelas y escúrralas. Después envuélvalas y congélelas en recipientes rígidos.

ALMACENAMIENTO: guárdelas en un lugar frío y oscuro. En la cocina puede guardar las patatas nuevas en una bolsa de polietileno en el frigorífico: las patatas se conservarán frescas durante dos semanas.

COCCIÓN: Consideremos en primer lugar las patatas nuevas. Lávelas con agua del grifo y déjeles la piel o frótelas con los dedos. Hiérvalas durante 12 min con una ramita de menta. Escúrralas y después eche un poco de mantequilla. Consideremos ahora las patatas viejas: lávelas con agua corriente y, si puede, raspe la piel. Su supresión elimina gran parte de la vitamina C que se encuentra bajo la superficie. Si desea patatas hervidas, córtelas en trozos y hiérvalas durante 15 a 20 min; si las desea asadas, primero cuézalas ligeramente durante 5 min y después colóquelas alrededor del asado y déjelas cocer durante otros 45 minutos. Cocinar las patatas fritas perfectamente es un arte: corte trozos largos de 1 cm de grosor y lávelos en agua muy fría para eliminar el almidón de la superficie; escúrralos y séquelos completamente en una servilleta de papel y después fríalos hasta que se doren en una freidora llena de aceite a 180 °C hasta un tercio de su altura. Escúrralos y sírvalos. Es mucho más fácil cocerlas al horno: lávelas y séquelas y pinche toda su superficie con un tenedor. Píntelas ligeramente con aceite y guíselas durante 2 h a 200 °C. En un horno microondas sólo tendrá que esperar unos 10 minutos. Patatas *duchesse, anna, château, rösti, pont-neuf, dauphine…* podrá encontrarlas en un buen libro de cocina.

CALENDARIO

- **Variedades muy tempranas:** plante las patatas de siembra a finales de invierno y coseche a finales de primavera o a principios de verano.
- **Variedades tempranas:** plántelas a principios de primavera y coséchelas a principios o mediados de verano.
- **Variedades de cultivo principal:** plántelas a principios de primavera. Algunos tubérculos pueden cosecharse a mediados de verano para su consumo inmediato, pero las patatas para almacenar deben recolectarse a finales de verano o a principios de otoño.

	Invierno	Primavera	Verano	Otoño
Plantación				
Cosecha				

Véase la clave de los símbolos en la página17

VARIEDADES

Existen patatas de muy diversa forma, tamaño, color y textura. La piel puede ser rojiza, amarillenta o blanquecina y la pulpa, de color crema o amarillenta. La textura puede ser harinosa o semejante a la cera y la forma, redonda, ovalada o arriñonada. La variedad es el factor decisivo en cuanto a forma y calidad pero, sin embargo, el tipo de suelo y el tiempo juegan un papel importante.

Redonda

Ovalada

Arriñonada

Duke of York

Pentland Javelin

Variedades MUY TEMPRANAS

«ARRAN PILOT»: arriñonada y de pulpa blanquecina. Es una variedad común antigua que está siendo substituida por variaciones modernas. Una gran productora a la que favorece el suelo ligero de las zonas meridionales.

«DUKE OF YORK»: arriñonada y de pulpa amarillenta. Esta variedad prosperará en casi todas las zonas y tipos de suelo; destaca sobre las demás de este grupo por su sabor delicado.

«ROCKET»: redonda; pulpa blanca. Una variedad de la cultivada en Cambridge. Es popular por las cosechas buenas y los tubérculos del tamaño de un huevo, con pulpas texturadas. El mildiu puede ser un problema.

«MARIS BARD»: ovalada y de pulpa blanquecina. Es la más temprana. Produce cosechas abundantes de tubérculos de sabor bueno y de textura semejante a la cera. Es poco resistente a la sarna, pero muy resistente al virus.

«ULSTER SCEPTRE»: ovalada, de pulpa blanquecina. Es temprana como «Maris Bard». Otra «Ulster» es «Ulster Chieftain».

«EPICURE»: redondeada y de pulpa blanquecina. Se trata de una variedad antigua elegida por los que desean un sabor «antiguo». Es resistente a los lugares expuestos y fríos.

«SHARPE'S EXPRESS»: arriñonada y de pulpa blanquecina. Antiguamente se encontraba en todas partes, pero en la actualidad ha sido arrinconada por las nuevas variedades. Sigue siendo una buena elección en los suelos arcillosos. Es un poco tardía, pero los tubérculos se conservan.

«VANESSA»: ovalada y de pulpa amarillenta. Es la variedad muy temprana de piel. Su maduración es tardía pero cuando el tiempo es seco crece mejor que la mayoría.

«SUTTON'S FOREMOST»: ovalada, y de pulpa blanquecina. Esta variedad es muy famosa por sus altas producciones y por su sabor.

«PENTLAND JAVELIN»: ovalada y de punta blanquecina. Es una de las variedades favoritas más recientes. Más tardía que la mayoría pero produce cosechas abundantes que son resistentes a la sarna y algunas cepas de anguílula. Textura cerosa.

Wilja

Desirée

Pentland Crown

Variedades TEMPRANAS

«NADINE»: redonda, pulpa blanca. Es una de las variedades más recientes, que sustituye a las antiguas favoritas. Los tubérculos son lisos y uniformes, por lo que es adecuada en exhibiciones. El sabor es bastante bueno. Es muy resistente a la anguílula.

«STROMA»: ovalada; pulpa amarilla. Una variedad para aquellos que prefieran una patata con algo de color: piel rosada y pulpa amarillenta con sabor suave. Cierta resistencia a las babosas.

«MARFONA»: redonda; pulpa cremosa. Las abundantes cosechas de tubérculos redondos y grandes, o pequeños y ovalados, constituyen una característica de esta variedad holandesa. Una buena elección si el suelo es arenoso o si le gustan las patatas al horno.

«WILJA»: ovalada y de pulpa amarillenta. «Wilja», «Nadine» y «Estima» son las mejores variedades a elegir. Las razones de su creciente popularidad residen en sus altas producciones, sus excelentes cualidades culinarias y su fiabilidad.

«ESTIMA»: ovalada y de pulpa ligeramente amarillenta. Es otra variedad holandesa moderna cuya popularidad está aumentando rápidamente debido a la atractiva forma de sus tubérculos y a sus abundantes cosechas. La sarna puede ser un problema

«MARIS PEER»: ovalada y de pulpa blanquecina. Producciones buenas y una ligera resistencia a la sarna y al mildiu de la patata (pero se marchita rápidamente por falta de riego).

«CATRIONA»: arriñonada y de pulpa cremosa. Es popular entre los expositores. Sus largos tubérculos de color amarillento con manchas purpúreas son atractivos. Sus cosechas son buenas pero no pueden almacenarse durante mucho tiempo.

Variedades de CULTIVO PRINCIPAL

«MARIS PIPER»: ovalada y de pulpa cremosa. Una nueva estrella, descendiente de la otrora popular «Majestic». Presenta problemas —la resistencia a la sarna, a las babosas y a la sequía es escasa—, pero produce cosechas excelentes y sus cualidades culinarias son muy apreciadas.

«MAJESTIC»: arriñonada y de pulpa blanquecina. Tiene menos de setenta años y es menos vigorosa de lo que era anteriormente. Las variedades modernas la han apartado de las listas de variedades recomendadas, aunque todavía conserva su fama de variedad adecuada para hacer patatas fritas.

«DESIRÉE»: ovalada y de pulpa ligeramente amarillenta. La combinación de buenas características de esta variedad de piel rosada es difícil de igualar. Es resistente a la sequía y los tubérculos de textura semejante a la cera, tienen un excelente sabor.

«PENTLAND CROWN»: ovalada y de pulpa blanquecina. Esta variedad tardía de cultivo principal se conoce por producir mejores cosechas que otras variedades populares. Cultívela por su buena resistencia al mildiu, a la sarna y al virus, pero no por sus cualidades culinarias y de almacenamiento, que sólo son moderadas.

«PENTLANDSQUIRE»: ovalada y de pulpa blanquecina. Compite con «Pentland Crown» por la mejor producción, pero se distingue por ser una variedad temprana con buenas propiedades culinarias y de conservación. Los tubérculos son de una longitud poco común.

«PENTLAND DELL»: arriñonada y de pulpa blanquecina. Es otra variedad «Pentland», temprana, de cosechas abundantes y buen sabor, aunque tiene sus inconvenientes: los suelos fríos de primavera la afectan y los tubérculos suelen ennegrecer al cocinarlos.

«KING EDWARD»: arriñonada y de pulpa cremosa. Esta variedad de tubérculos moteados de rojo es una de las más conocidas y los horticultores que prefieren las cualidades culinarias antes que la cantidad todavía la cultivan.

«CARA»: redonda; pulpa cremosa. Esta patata de cosecha abundante se almacena bien, y los tubérculos de color rosado son excelentes cocinados al horno. Es ligeramente resistente al mildiu, pero su maduración tardía constituye un inconveniente.

«STEMSTAR»: arriñonada; pulpa cremosa. Una de las variedades más nuevas con algunas características buenas: tubérculos grandes, cosecha abundante y buena resistencia a las babosas.

«GOLDEN WONDER»: arriñonadas y de pulpa amarillenta. Aunque según muchos libros es la patata de mejor sabor, en general no es una buena elección.

«PINK FIR APPLE»: ovalada y de pulpa amarillenta. Esta peculiar variedad tiene más de cien años y vale la pena intentar cultivarla, aunque las cosechas pueden decepcionarlo. Los tubérculos largos e irregulares tienen una textura semejante a la cera y un sabor nuevo; sírvalos calientes o fríos.

«KEER'S PINK»: redondeada y de pulpa blanquecina. Es una variedad temprana, cultivada por aquellos que gustan de patatas de textura harinosa en zonas cuyo suelo es arcilloso y húmedo. Es excelente para hacer patatas fritas.

«ROMANO»: ovalada y de pulva blanquecina. Es una nueva variedad de tubérculos de piel rojiza y textura semejante a la cera. Sus cualidades culinarias y de almacenamiento son buenas, pero deben regarse bastante cuando el tiempo es seco.

PATATAS NUEVAS EN INVIERNO

Servir en la mesa patatas nuevas en invierno es arriesgado, pero vale la pena probarlo. Cuando recolecte su cosecha de variedades muy tempranas, a principios de verano, separe algunos tubérculos. Plántelos en un lugar caliente del huerto y cuídelos como hace normalmente. A finales de verano, cubra las plantas con grandes campanas y se conservarán hasta principios del invierno.

CULTIVO PROTEGIDO

La práctica del cultivo de patatas bajo plástico se populariza cada vez más. Después de la plantación, la hilera se cubre con una cubierta de polietileno negro –antes de ponerla en el suelo esparza un producto contra las babosas a lo largo del caballón. Introduzca los bordes de la cubierta de plástico en el suelo con una pala. A medida que la parte aérea emerja, presionará en el suelo el polietileno; corte entonces el plástico y saque los tallos jóvenes. Este método de cultivo tiene muchas ventajas: la tierra está más caliente y más húmeda y las patatas pueden cosecharse según convenga, sencillamente levantando un extremo de la cubierta. Las malas hierbas son suprimidas y el trabajo rutinario de aporcar eliminado. También existen inconvenientes, como el coste del polietileno y las babosas.

Muchas enfermedades y plagas pueden atacar a las patatas y disminuir las cosechas, pero probablemente sólo cuatro de ellas son una amenaza grave. Tres de éstas son plagas: la anguílula dorada, las babosas y el gusano de alambre. La otra es una enfermedad: el mildiu de la patata. Las enfermedades víricas pueden ser una amenaza, por lo que debe comprar semillas certificadas.

PROBLEMAS DE LA PATATA

	Síntomas	Causas probables
Patatas de siembra	— delgadas, brotes largos	[2]
	— sin brotes	[11]
Hojas	— verde claras o amarillentas	[6] o [12] , [14] o sequía
	— verde claras o moteadas de amarillo	[4] [9]
	— amarillentas u oscuras entre los nervios	[10]
	— arrolladas, quebradizas	[3]
	— rotas	[9]
	— manchas oscuras	[1]
	— numerosos agujeros pequeños	[7]
	— puntos oscuros diminutos	[7]
	— grupos de pulgones verdes	[6]
Tallos	— perforados	[13]
	— base ennegrecida	[12]
Raíces	— cubiertas de diminutos quistes	[14]
Tubérculos	— anormalmente pequeños	[3] , [4] , [12] o [14] , sequía
	— contienen perforaciones estrechas	[21]
	— contienen perforaciones anchas	[15] o miriápodos (véase pág. 110) o noctuela (véase pág. 110)
	— ahuecados	[23] o [26]
	— partidos	[22] o
	— superficie llena de costras	[16] [18]
	— zona arrugada, pequeños tumores lanígeros	[20]
	— líneas oscuras en la pulpa	[17]
	— zona oscuras bajo la piel	[19]
	— pulpa viscosa, fétidos	[25]
	— zona oscura y hundida en la superficie	[26]
	— oxcrecencias verrugosas parecidas a la coliflor	[24]
	— centro ennegrecido	[8]
	— sabor o textura de baja calidad	[8]
	— blandos en la época de cosecha	[5]

HOJAS CON MANCHAS OSCURAS

1 MILDIU DE LA PATATA

El mildiu es la enfermedad de la patata más grave, capaz de destruir todo el follaje a mediados de verano durante una época húmeda. Los primeros síntomas de la enfermedad son manchas oscuras en las hojas. Observe el envés de los folíolos (cuando hay humedad cada mancha tiene un borde blanquecino).

Tratamiento: ninguno, una vez la enfermedad se ha establecido.

Prevención: planto tubérculos de siembra sanos. Pulverice con Mancozeb a principios de verano y repita esta operación cada quince días si el tiempo es húmedo. Si hay manchas, la pulverización atrasará la extensión de la enfermedad.

2 BROTES LARGOS Y DELGADOS

Los brotes largos y delgados se producen principalmente por guardar los tubérculos en condiciones más oscuras y calientes de lo necesario antes de la plantación. Si a pesar de guardarlos en un lugar luminoso y frío forman brotes filamentosos es posible que se deba a una infección vírica. Por otra parte, los tubérculos podrían haberse helado ligeramente. Adquiera patatas de siembra de buena calidad y deje que broten en un lugar luminoso y exento de heladas.

5 TUBÉRCULOS BLANDOS

Algunos de los tubérculos cosechados después de un verano sumamente seco pueden parecer perfectamente sanos por fuera pero son blandos y elásticos al tacto. No es una enfermedad sino un trastorno producido por la pérdida de agua de la planta a través de los tubérculos en desarrollo. Puede evitarse regando a fondo durante la época de sequía.

FOLÍOLOS ARROLLADOS

3 ARROLLAMIENTO

El arrollamiento es una de las enfermedades víricas más graves de las que atacan a la patatas. Los folíolos se arrollan hacia arriba y se vuelven duros y quebradizos. Las plantas afectadas se desarrollan mal y las cosechas son pobres.

Tratamiento: ninguno.

Prevención: emplee semillas certificadas. Pulverice con Heptenophos para controlar los áfidos portadores del virus.

HOJAS MOTEADAS

4 MOSAICO

Existen diversas enfermedades de mosaico y los síntomas varían con la variedad de patata cultivada. Normalmente, se detecta por el moteado verde claro o amarillento sobre toda la superficie foliar. También pueden aparecer estrías oscuras.

Tratamiento: ninguno.

Prevención: emplee semillas certificadas. Pulverice con Heptenophos para controlar los áfidos portadores del virus.

PROBLEMAS DE LA PATATA continuación

6 ÁFIDO (pulgón verde)

En una época calurosa y seca el pulgón verde puede infestar gravemente el follaje. Las plantas se debilitan y los folíolos se oscurecen y pueden marchitarse. El efecto más grave que producen estas plagas chupadoras de savia es la proliferación de enfermedades víricas.

Tratamiento: pulverice con Permethrin o Heptenophos.

Prevención: no existe ningún método práctico.

HOJAS CON INSECTOS

7 CHINCHE DE CAMPO

En el follaje aparecen pequeñas manchas oscuras que más tarde se convierten en agujeros. Los brotes jóvenes pueden torcerse y los folíolos pequeños arrugarse intensamente.

Tratamiento: normalmente el daño es insignificante y no afecta a la cosecha. Pulverice con Permethrin o fenitrotión si el ataque es grave.

Prevención: no existe ningún método práctico.

H. CON MANCHAS AMARILLENTAS

8 BAJA CALIDAD

La calidad nutritiva y culinaria de los tubérculos a veces puede ser decepcionante. Evidentemente es difícil o imposible utilizar patatas con los problemas descritos en la página siguiente para su uso en la cocina, pero algunos trastornos no se descubren hasta el momento en que se cocinan o consumen. Normalmente una **textura jabonosa** se debe a una cosecha de tubérculos sin madurar. También puede deberse al cultivo de las patatas en un suelo calcáreo. Un **sabor dulce** se debe normalmente a una conservación demasiado fría de los tubérculos durante el almacenamiento. La presencia de sarna pulverulenta o el cultivo de las plantas en suelos tratados con lindano producen un **sabor terroso.** A veces las patatas tienen un **corazón negruzco** o **ennegrecen al cocinarlas**; las causas principales de este ennegrecimiento son la deficiencia de potasio y el almacenamiento a temperaturas superiores a 38 °C.

OSCURECIMIENTO INTERNERVIAL

10 DEFICIENCIA DE MAGNESIO

El primer síntoma es un amarilleamiento del tejido internervial de los folíolos. Después, estas zonas amarillentas se vuelven oscuras y quebradizas. Las plantas se desarrollan mal.

Tratamiento: aplique oligoelementos. La aplicación continuada puede ser una ayuda.

Prevención: abone periódicamente durante el período de crecimiento con un fertilizante, como Vigor Humus H-70 que contiene magnesio.

9 HELADAS

Las heladas de finales de primavera pueden dañar gravemente los brotes jóvenes y retrasar el desarrollo de las variedades tempranas. Una helada grave puede ennegrecer los tallos; las heladas menos severas producen manchas amarillentas y rompen los folíolos del follaje más viejo.

Tratamiento: ninguno.

Prevención: cubra los brotes tempranos con un periódico si se prevén heladas.

11 OQUEDAD

El desarrollo fallido de brotes en las patatas de siembra normalmente se debe a la presencia de enfermedades en el tubérculo. Este fracaso también puede deberse a que los tubérculos de siembra se hielen durante el transporte o el almacenamiento. Si se plantan estos tubérculos defectuosos habrá un hueco en donde debería estar la planta.

TALLOS ENNEGRECIDOS

12 PIE NEGRO

El síntoma indicativo es el ennegrecimiento de los tallos a nivel del suelo y por debajo de él. Las hojas amarillean y se marchitan y finalmente la parte aérea se seca. Esta enfermedad ataca a principios de estación y es peor en suelos arcillosos y con tiempo lluvioso.

Tratamiento: ninguno. Recolecte y queme las plantas afectadas.

Prevención: no plante nunca tubérculos de siembra que sean blandos y estén podridos. La costumbre de alargar el número de patatas de siembra troceándolas aumenta el riesgo de ataque.

TALLOS PERFORADOS

Orugas vellosas de 2,5 cm

13 POLILLA RÚSTICA ROSADA

Los tallos de las patatas cultivadas en huertos recientes pueden estar huecos a causa de estas polillas. Las plantas afectadas se secan antes de lo normal.

Tratamiento: ninguno. Extraiga y destruya las plantas infestadas.

Prevención: no existe ningún método práctico.

HOJAS INFERIORES SECAS

Quistes del tamaño de una cabeza de alfiler en las raíces

14 ANGUILULA DORADA

Las plantas son débiles y enanas. Las hojas inferiores se marchitan; las superiores son verde claras y languidecen durante el día. La parte aérea se seca prematuramente. Se producen tubérculos del tamaño de una canica.

Tratamiento: ninguno. Destruya las plantas y los tubérculos infectados.

Prevención: practique la rotación de cultivos, especialmente en suelos ligeros. No cultive patatas ni tomates en terrenos infectados, al menos durante seis años.

15 BABOSAS

Los ataques se inician a mediados de verano. Las patatas de cultivo principal cultivadas en suelos arcillosos pueden perderse.

Tratamiento: ninguno.

Prevención: evite un abono excesivo. Aplique Methiocarb a principios de verano. Recolecte tan pronto como los tubérculos estén maduros.

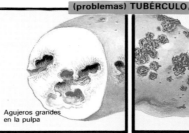

Agujeros grandes en la pulpa

16 SARNA SUBEROSA

Esta enfermedad sólo afecta a la piel; las cualidades nutritivas no se alteran. Es más grave en suelos ligeros en condiciones de sequía.

Tratamiento: ninguno.

Prevención: añada *compost* pero no abone con cal antes de la plantación. Cultive una variedad resistente como «Wilja».

Manchas costrosas de bordes desiguales

17 DECOLORADOS

Los tubérculos son normales en su superficie; por dentro están descoloridos. Existen varias causas: virus, deficiencia de elementos traza o de agua.

Tratamiento: ninguno.

Prevención: practique la rotación de cultivos. No cultive «Pentland Dell» porque es una variedad muy susceptible.

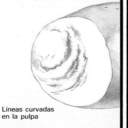

Líneas curvadas en la pulpa

18 SARNA PULVERULENTA

Es mucho menos frecuente que la sarna suberosa. Es más grave en suelos arcillosos. Las sarnas son pulverulentas en la superficie.

Tratamiento: ninguno.

Prevención: practique la rotación de cultivos. No cultive «Cara», «Estima» o «Pentland Crown» porque son variedades muy susceptibles.

Manchas cóncavas con márgenes levantados

19 MILDIU DE LA PATATA

Se da cuando las esporas del mildiu de las hojas alcanzan los tubérculos. Las patatas afectadas se pudren.

Tratamiento: ninguno. No las almacene.

Prevención: mantenga la parte aérea bien aporcada. Si las hojas tienen mildiu, córtelas y destruya los tallos diez días antes de la recolección.

Manchas grisáceas, rojizo oscuras en el interior

20 PODREDUMBRE SECA

La podredumbre seca se da cuando están almacenados. Los tubérculos son más susceptibles si durante la cosecha la manipulación es descuidada.

Tratamiento: ninguno.

Prevención: practique la rotación de cultivos. Almacene únicamente tubérculos sanos y vigorosos y manténgalos en una atmósfera fría.

Zona arrugada, pústulas blanquecinas

21 GUSANO DE ALAMBRE

El gusano de alambre es una plaga grave en huertos recientes, especialmente en veranos húmedos. Los tubérculos están surcados de túneles estrechos.

Tratamiento: ninguno.

Prevención: rastrille pirimifosmetil en el suelo antes de plantar. Coseche los tubérculos cuando maduren.

Larva anaranjada brillante de 2,5 cm

22 PATATA PARTIDA

Es difícil pelar tubérculos con grietas profundas. Los tubérculos afectados son también susceptibles a la podredumbre cuando se almacenan; por ello, deben usarse inmediatamente.

Tratamiento: ninguno.

Prevención: riegue bien las plantas durante la época de sequía.

Grietas profundas en la superficie

23 CORAZÓN AHUECADO

Afecta a los tubérculos grandes. Se produce a causa de una época prolongada de humedad después de una época de sequedad. Las patatas de corazón ahuecado pueden pudrirse cuando están almacenadas.

Tratamiento: ninguno.

Prevención: riegue bien las patatas.

Centro ahuecado

24 SARNA NEGRA

Antes era muy grave; en la actualidad es poco común ya que todas las variedades modernas son inmunes.

Tratamiento: ninguno. Destruya los tubérculos afectados. Debe informarse al Ministerio de Agricultura de cualquier brote.

Prevención: en los terrenos infectados plante sólo variedades inmunes.

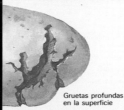

Excrecencia verrugosa negruzca

25 PODREDUMBRE BLANDA

La podredumbre blanda es una infección que ataca a los tubérculos dañados. Los tubérculos afectados en seguida se vuelven viscosos, pútridos y completamente inservibles.

Tratamiento: ninguno.

Prevención: almacene únicamente tubérculos sanos y vigorosos y asegúrese de que no se humedezcan.

Pulpa blanda fétida

26 GANGRENA SECA

Afecta a los tubérculos almacenados. Su interior se pudre y ahueca.

Tratamiento: ninguno, sáquelos del almacén.

Prevención: almacene únicamente tubérculos sanos y vigorosos y asegúrese de que el almacén está aire y protegido de las heladas.

Depresión oscura en la superficie

RÁBANO

Muchos de los expertos actuales empezaron su carrera en el mundo de la horticultura con un paquete de «French Breakfast» o «Scarlet Globe». El rábano de ensalada o de verano es una verdura ideal para iniciar a un principiante: prácticamente carece de problemas y las raíces, redondeadas o alargadas, pueden utilizarse en ensaladas o en bocadillos al cabo de un mes. Los horticultores experimentados acostumbran a usar las conocidas variedades rojas para rellenar espacios entre hileras de guisantes y zanahorias, o como delimitadoras de hilera mezcladas con semillas de germinación lenta como el perejil, las chirivías o las cebollas. Los rábanos germinan rápidamente y, por tanto, señalan la hilera y además pueden sacarse antes de que las verduras principales necesiten el espacio. Es una lástima que muchos no conozcan más acerca del rábano. Existen variedades raras: raíces pequeñas y amarillentas, variedades japonesas gigantes que se arrancan en verano e incluso un rábano que se cultiva por sus vainas más que por sus raíces. El rábano grande de invierno sigue siendo una hortaliza para los emprendedores aunque se cultiva fácilmente para uso invernal en ensaladas o como verdura caliente. Como en todas las hortalizas, siempre hay algo nuevo que aprender y probar...

CARACTERÍSTICAS DE LAS SEMILLAS

Tamaño real

Duración esperada de la germinación:	4 a 7 días
Número aproximado por cada 100 g:	9 000
Producción esperada por hilera de 3 m:	2 kg (variedades de verano) 4,5 kg (variedades de invierno)
Índice de longevidad de la semilla almacenada:	6 años
Tiempo aproximado entre la siembra y la cosecha:	3 a 6 semanas (variedades de verano) 10 a 12 semanas (variedades de invierno)
Facilidad de cultivo:	fácil

CARACTERÍSTICAS DEL SUELO

- Todos los libros de horticultura indican que los rábanos prefieren un suelo bien drenado, moderadamente fértil, con suficiente humus y sin piedras, pero por lo general los rábanos de verano pueden crecer en cualquier rincón sin ninguna preparación previa del suelo.

- A pesar de los pocos cuidados que necesitan los rábanos, el suelo requiere un poco de preparación para asegurar el rápido crecimiento que es esencial para que sean tiernos y sabrosos. Incorpore un poco de turba o de *compost* descompuesto en el suelo si no estaba abonado por un cultivo anterior. Aplique un fertilizante antes de la siembra y rastrille hasta que la tierra sea fina.

- Si siembra en primavera, escoja un lugar soleado; el cultivo de verano necesita un poco de sombra: siémbrelo mezclado con otras verduras.

SIEMBRA

Cubra con tierra

Siembre *muy* espaciadamente, aproximadamente una semilla o semilla capsulada cada 2,5 cm

12 cm (variedades de invierno)
15 cm (variedades de verano)

1 cm

CUIDADOS DEL CULTIVO

- El aclareo de las variedades de verano apenas es necesario; si se produce una superpoblación aclare inmediatamente de modo que las plantas estén a 2,5 cm de distancia entre sí (rábanos pequeños) o a intervalos de 5 a 10 cm (rábanos mayores y japoneses). Aclare las variedades de invierno hasta dejar 15 cm de separación entre ellas (asegúrese de efectuar este aclareo antes de que haya una superpoblación).

- Si los pájaros son una molestia proteja el cultivo. Pulverice con Derris si las altisas empiezan a perforar las hojas.

- Escarde para limitar las malas hierbas. Riegue si el suelo está seco —para una máxima calidad es esencial un crecimiento rápido e ininterrumpido. El rábano de verano no es fácil de cultivar a principios o mediados de verano cuando el tiempo es seco y caluroso. A menudo el llenado de las raíces es insatisfactorio y es posible que sean leñosas y picantes.

RECOLECCIÓN

- Arranque las variedades de verano cuando las de tipo globular tengan el diámetro de una moneda de 5 peniques y las intermedias no sean más largas que su pulgar. Desde luego, pueden crecer mucho más, pero los ejemplares superdesarrollados serán leñosos y huecos.

- Las variedades japonesas son mejores si se arrancan cuando miden 15 cm pero pueden dejarse crecer siempre que luego se cocinen.

- Las variedades de invierno pueden dejarse en el suelo y arrancarse cuando las necesite, a condición de que cubra los cuellos con paja, helecho o turba. Es mejor que las coseche a mediados de otoño y las almacene como las zanahorias.

- **Variedades de verano**: siembre bajo campanas a principios o mediados de invierno, o al aire libre a finales de la estación. Si desea un suministro prolongado, siembre quincenalmente o pruebe semillas «Mixed Radish» que contiene variedades que maduran en épocas distintas. Una siembra posterior a finales de primavera a menudo da resultados desalentadores.

- **Variedades de invierno**: siembre a principios o mediados de verano. Recolecte las raíces a principios de otoño.

CALENDARIO

		Invierno	Primavera	Verano	Otoño
Siembra					
Cosecha					

EN LA COCINA

Los rábanos de verano finamente cortados son adecuados para decorar una ensalada aunque ésta no sea la forma más apropiada para saborearlos. La forma correcta fue descrita hace cientos de años; limpie y corte cada raíz y después corte el follaje dejando la parte inferior de los tallos para que sirvan de asa. Cójalo y degústelo con pan, mantequilla, sal, queso... y alcohol. Los rábanos se han empleado como aperitivo desde el inicio de la historia y los antiguos egipcios alimentaban con ellos a los esclavos que construían las pirámides. A pesar de la antigüedad del rábano como fuente de salud y sostén de los pobres, en la actualidad se emplean principalmente como aderezo de ensaladas. Si desea hacer rosas de rábano, corte la punta de los tallos y efectúe varios cortes desde su punta hasta la raíz. Ponga los rábanos cortados en agua helada durante 1/2 h y los «pétalos» se abrirán.

ALMACENAMIENTO: consérvelos en una bolsa de polietileno en el frigorífico: se mantendrán frescos durante una semana.

COCCIÓN: por regla general las variedades de verano son para comer crudas y las de invierno, para cocinarlas o encurtirlas. Después de pelarlos, hierva las rodajas o los cubitos en agua ligeramente salada durante 10 minutos. Séquelos cuidadosamente. Éste no es el único ni el mejor método de cocinar los rábanos; pueden saltearse directamente rodajas o tiras finas de una variedad de invierno o de una de las de verano más largas. Esto quiere decir que los rábanos de verano tipo japonés, además de poder consumirse crudos, son adecuados para cocinarlos —y para romper aún más la regla general: los rábanos de invierno pueden pelarse y después rayarse o cortarse en rodajas para comerlos crudos en ensaladas— poseen una textura un poco gruesa y un sabor bastante picante.

VARIEDADES

Variedades de VERANO

Globular · Intermedio · Largo

Éste es el grupo más popular —los rábanos que guarnecen las ensaladas. La mayoría (pero no todos) son pequeños y, normalmente, de color rojo o una mezcla de rojo y blanco. Existen otras variantes, como los tipos japoneses, que pueden alcanzar 30 cm de longitud, y las variedades amarillentas y blanquecinas, que nunca han llegado a ser realmente populares.

«CHERRY BELLE»: globular y rojo. Es un rábano muy popular, de color rojo cereza por fuera y blanco, crujiente y dulce por dentro. Puede permanecer en el suelo durante mucho tiempo sin perder su jugosidad.

«SCARLET GLOBE»: globular y rojo. Otro rábano redondo popular de piel de color rojo intenso. Es una variedad de maduración rápida para una siembra de principios de primavera.

«PRINZ ROTIN»: globular; totalmente roja. Uno de los rábanos modernos cuyas raíces permanecen crujientes y dulces cuando el diámetro alcanza el doble o triple del normal. Una buena elección si desea sembrar a mediados de verano.

«HELRO»: globular, totalmente roja. Un rábano de alta calidad adecuado para sembrar en el exterior en primavera/verano, o en invernadero durante el invierno.

«PINK BEAUTY»: globular, rosado. Proporciona una nota de color a la ensalada; un cambio frente a los rábanos comunes de color blanco y rojo.

«SPARKLER»: globular y rojo-blanco. De crecimiento muy rápido. No tiene ninguna otra virtud sobresaliente.

«FRENCH BREAKFAST»: intermedio y rojo-blanco. Es uno de los rábanos más populares. Las raíces cilíndricas son crujientes y dulces si se arrancan en el momento adecuado, pero leñosos y picantes si se retrasa la recolección.

«CRYSTAL BALL»: globular, totalmente rojo. Siembre a mediados de invierno bajo cristal para una cosecha temprana. En el exterior hágalo desde finales de invierno en adelante. Otras variedades similares son «Robino» y «Saxa».

«LONG WHITE ICICLE»: largo; blanco. Una opción excelente que producirá en pocas semanas raíces de 7,5 cm, crujientes y con sabor a nueces.

«MINOWASE SUMMER»: es un rábano tipo japonés, que produce raíces de 30 cm de longitud. Siembre a mediados de primavera y empiece a arrancar cuando las raíces midan 15 cm de longitud —la cosecha puede continuar más o menos durante un mes—. Es excelente para llenar el período estival.

«APRIL CROSS»: es un rábano japonés o *mooli*. Al igual que «Minowase Summer» alcanzará y sobrepasará, los 30 cm. Puede sembrarse en primavera.

«MÜNCHEN BIER»: es el más raro del grupo, tanto respecto a su nombre «cerveza de Munich», como a su uso. Alcanza unos 60 cm de altura y no se recolectan las raíces sino las vainas (que se comen crudas o hervidas).

Scarlet Globe

French Breakfast

Variedades de INVIERNO

Es el grupo «Cenicienta» que se cultiva pocas veces y del cual cual los catálogos incluyen sólo unas pocas variedades. Las raíces son largas, miden más de 30 cm y pesan más de 1 kg. Tienen pieles blanquecinas, negruzcas o rosadas y un sabor que es más fuerte que el de las variedades de verano.

«CHINA ROSE»: realmente no es un gigante: las raíces ovaladas tienen 12 cm de longitud y 5 cm de anchura. El color de la piel es rosado intenso y la pulpa es crujiente y blanquecina.

«BLACK SPANISH ROUND»: es una variedad globular grande, de piel negruzca y pulpa blanquecina. Igual que «China Rose» aparece en catálogos.

«BLACK SPANISH LONG»: salvo por su forma —afilada como la de la chirivía y de 30 m— es similar a «Black Spanish Round».

«MINO EARLY»: con raíces cilíndricas de 30 cm de longitud y con un sabor más dulce, es tal vez más adecuada para ensaladas que las otras variedades de invierno.

PROBLEMAS

Véase página 107

China Rose

RUIBARBO

Muchos consideran al ruibarbo como un «fruto», estimación difícil de aceptar en este y otros libros de horticultura porque muy a menudo se cultiva en parcelas. Normalmente descuidado, si se le prestan los mínimos cuidados le recompensará proporcionándole tallos suculentos («palos») desde mediados de invierno hasta mediados de verano. Todo lo que necesita es un lugar soleado, un abono de estiércol o *compost* descompuesto anual y la separación de las raíces cada cinco años. Pueden dejarse desarrollar naturalmente los palos para arrancarlos en primavera, o pueden forzarse las plantas cubriéndolas a finales de invierno para dar una cosecha a mediados o finales de esta estación. Las hojas son venenosas: colóquelas en la pila de *compost*.

CARACTERÍSTICAS DE LAS PLANTAS

Pueden crecer a partir de semillas sembradas a principios de primavera, aunque a veces los resultados son decepcionantes. Es mucho mejor que coseche raíces maduras y las separe en trozos que contengan uno o más brotes.

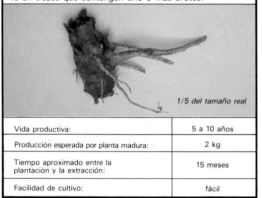

1/5 del tamaño real

Vida productiva:	5 a 10 años
Producción esperada por planta madura:	2 kg
Tiempo aproximado entre la plantación y la extracción:	15 meses
Facilidad de cultivo:	fácil

CARACTERÍSTICAS DEL SUELO

- No es nada exigente, a condición de que el suelo no esté sujeto a un anegamiento prolongado en invierno.
- Seleccione un lugar abierto que no sea sombrío. Cave profundamente en otoño e incorpore una cantidad abundante de *compost* o estiércol descompuesto. Rastrille fertilizante Growmore poco antes de la plantación.

PLANTACIÓN

Afirme después de plantar

90 cm

Coloque el brote por debajo de la superfice

90 cm

CALENDARIO

	Invierno	Primavera	Verano	Otoño
Plantación				
Extracción				

CUIDADOS DEL CULTIVO

- Riegue bien las plantas. Elimine cualquier tallo floral que pueda brotar.
- Abone las plantas con fertilizante líquido durante el verano. Si no lo hace, esparza un fertilizante general alrededor de los cuellos cuando haya terminado la época de recolección.
- Coloque una cobertura de *compost* o estiércol descompuesto sobre los cuellos a principios o mediados de invierno.

RECOLECCIÓN

- Empiece a extraer los palos a principios de primavera —agarre el tallo por su base y después estírelo hacia arriba con un movimiento de torsión. No arranque nunca la planta, deje al menos siempre cuatro tallos. No quite ningún tallo a partir de principios de verano.
- Deje que las plantas nuevas arraiguen durante el primer año. La extracción puede iniciarse de doce a dieciocho meses después de la plantación.
- Fuerce una o dos plantas para obtener una cosecha a mediados o finales de invierno: cubra cada cuello a principios de invierno con un cubo de plástico vuelto al revés cubierto con *compost* o paja. El palo forzado podrá cosecharse en unos seis meses (no fuerce estas plantas otra vez, por lo menos durante dos años).

EN LA COCINA

Los palos claros y delgados de los ruibarbos forzados necesitan menos preparación y menos azúcar que los recolectados al final de la estación. Normalmente, se cocinan estofados con o sin agua y la guarnición acostumbrada son las natillas, pero existen muchas formas de emplear esta hortaliza. Tartas, mermeladas, salsas picantes, *mousses*... existe una larga lista de recetas tradicionales.

CONGELACIÓN: coloque una capa de trozos de ruibarbo en una cubeta destapada del congelador y congélelos durante una hora. Envuélvalos en bolsas de polietileno y guárdelos durante un año.

COCCIÓN: sencillamente, corte las hojas de los ruibarbos forzados y descártelas, lave los palos y cuézalos lentamente con azúcar (no agua) en una cazuela hasta que la pulpa sea tierna. No los recueza. Los palos más viejos deben pelarse para sacar la piel fibrosa. Mejore el sabor añadiendo jugo de naranja y canela.

VARIEDADES

«CHAMPAGNE EARLY»: tallos de color rojo intenso, que hacen de esta variedad una de las más atractivas. Fiable y temprana, en ocasiones se cataloga como «Early Red».

«GLASKIN'S PERPETUAL»: la encontrará en más catálogos que las otras; es posible recolectar al primer año.

«VICTORIA»: es una variedad muy popular, si bien es la de la recolección más tardía.

«TIMPERLEY EARLY»: es la antagónica de «Victoria»: tallos delgados que son ideales para forzados a principios de primavera.

PROBLEMAS

PODREDUMBRE DE LA CORONA

El brote terminal se pudre y el tejido inferior al cuello se descompone. Los palos son largos, delgados y apagados. No hay solución; por tanto, arranque y queme las plantas muy infectadas. No replante la zona afectada.

HONGO DE LA MIEL

Se detecta por la presencia de estrias blanquecinas en el tejido del cuello seco y oscuro. Alrededor de las plantas afectadas aparecen hongos anaranjados. Arranque y queme las raíces enfermas.

SALSIFÍ Y ESCORZONERA
(o salsifí negro)

Encontrará estas hortalizas de raíz en todos los catálogos de semillas pero en muy pocos huertos. El salsifí parece una chirivía poco desarrollada: largo, bastante delgado y ligeramente acorchado. El sabor, sin embargo, es superior: exquisito y parecido al del espárrago y al de las ostras, de aquí la denominación alternativa de «planta de ostra». Su pariente de piel negruzca es la escorzonera, la cual tiene un aspecto feo y un nombre difícil pero un sabor delicioso.

CARACTERÍSTICAS DE LAS SEMILLAS

Salsifí   **Escorzonera**

Tamaño real

Duración esperada de germinación:	12 a 16 días
Número aproximado por cada 100 g:	6000
Producción esperada por hilera de 3m:	2 kg
Longevidad de la semilla almacenada:	2 años
Tiempo aproximado entre la siembra y la cosecha:	25 semanas
Facilidad de cultivo:	fácil (elimine cuidadosamente las malas hierbas)

CARACTERÍSTICAS DEL SUELO

- Estas hortalizas crecen mejor en suelos profundos, sin piedras, friables y que no hayan sido fertilizados poco tiempo antes.
- Cave a fondo en otoño o a principios de invierno y absténgase de añadir cualquier fertilizante fresco o *compost*. Abone con cal si es necesario. Descomponga los terrones y rastrille fertilizante Growmore cuando prepare el semillero.

SIEMBRA

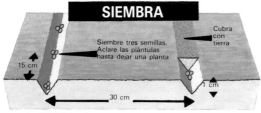

Siembre tres semillas. Aclare las plántulas hasta dejar una planta

Cubra con tierra

15 cm

30 cm

1 cm

CUIDADOS DEL CULTIVO

- Las raíces del salsifí y de la escorzonera no serán satisfactorias después de ser trasplantadas; por tanto, deseche los aclareos.
- Escarde cuidadosamente alrededor de cada planta. Si emplea una azada, evite a toda costa tocar el cuello de la planta.
- El cultivo necesita muy poca atención y las plagas raramente lo atacan. Riegue cuando el tiempo sea seco y aplique un acolchado en verano.

RECOLECCIÓN

- Puede cosechar las raíces a partir de otoño. Éstas son resistentes y pueden permanecer en el suelo hasta principios de primavera.
- Coseche cuando lo necesite, teniendo mucho cuidado de no romper las quebradizas raíces de 30 cm. Cuando haya heladas no podrá recolectarlas; por tanto, coseche algunas a mediados de otoño y almacénelas como las zanahorias (véase pág. 40).
- Algunos libros de horticultura recomiendan cortar en otoño la parte aérea de algunas raíces y usar como verduras, a mediados de esta estación los tallos que aparecen en primavera. Realmente, no es aconsejable ya que las raíces de estas hortalizas tienen un sabor óptimo pero el de sus hojas solamente es corriente.

EN LA COCINA

El salsifí y la escorzonera pueden cocinarse de muy diversas formas: al horno, como purés, rebozados o servidos *au gratin* (con queso y pan rallado). De acuerdo con algunos gastrónomos no debe enmascararse el delicado sabor —se recomienda un sencillo hervido. Los tallos jóvenes pueden blanquearse como las endibias y servirse crudos en ensaladas.

ALMACENAMIENTO: guárdelos en una bolsa de polietileno en el frigorífico: las raíces se conservarán frescas durante una semana.

COCCIÓN: el secreto para lograr el máximo sabor consiste en pelar las raíces *antes* y no después de hervirlas. Límpielas cuidadosamente bajo el grifc y corte los extremos. Córtelas en trozos de 5 cm de longitud y cuézalas durante 25 min en agua salada hirviendo, a la que se ha añadido judo de limón. Escúrralas y presione sus superficies, y saltéelas luego con un poco de mantequilla derretida y perejil.

VARIEDADES

Sólo existen dos o tres variedades de salsifí y carecen de características particulares que pudieran ayudarlo en su elección. Simplemente, adquiera la que le ofrezcan.

«MAMMOTH-SANDWICH ISLAND»: algunos proveedores la denominan «Mammoth» y en otros catálogos aparece como «Sandwich Island». Esta variedad de salsifí se encuentra en todas partes desde principios de siglo.

«GIANT»: es la otra variedad que probablemente encontrará y es tan fiable como «Mammoth-Sandwich Island».

«RUSSIAN GIANT»: es la variedad de escorzonera más popular. Puede que le ofrezcan «Long Black» en su lugar pero apenas existen diferencias entre ellas.

PROBLEMAS

AMPOLLAS BLANCAS

Aparecen ampollas blanquecinas y brillantes en las hojas; el crecimiento se atrofia y el desarrollo de las raíces es limitado. Corte y queme el follaje enfermo.

CALENDARIO

	Invierno	Primavera	Verano	Otoño
Siembra				
Cosecha				

PLÁNTULAS

La mayoría de la gente empieza su formación hortícola cultivando la mostaza y el lepidio en un platillo con papel secante húmedo. Después de una o dos semanas las plántulas se cortan y se emplean en ensaladas o en bocadillos —un momento glorioso para el horticultor en ciernes. Desgraciadamente, el compromiso de hacer germinar semillas para su uso culinario por lo general no prospera, a pesar de que la inmensa investigación moderna ha demostrado que las plántulas son sorprendentemente ricas en vitaminas, minerales, proteínas y aceites polinsaturados. Sin embargo, aunque no le interesen los valores nutritivos, debe haber algún atractivo en unas hortalizas que pueden cultivarse en el interior en cualquier época del año y que pueden degustarse crudas o cocinadas para proporcionar sabores que se extienden desde el suave al picante. Las plántulas de judías verdes son un plato popular en todos los restaurantes chinos, pero existen muchas otras semillas a las que se puede hacer germinar en casa. No obstante, es mejor que no experimente. Muchas plántulas carecen de sabor, algunas son amargas y pocas (por ejemplo, el tomate), son nocivas; por tanto, escoja una de la lista de la página 91. Puede comprar propagadores especiales, aunque en realidad no hay ninguna necesidad de ello: todo lo que precisa es una bandeja o un tarro poco profundos y unos días de paciencia. El cultivo de plántulas es sencillo e ideal para los niños, pero no es *completamente* infalible, como a veces sugieren los libros. Las semillas no germinarán si deja que se sequen y las plántulas enmohecerán si están demasiado húmedas. Es posible que las normas sean sencillas pero deben seguirse para tener éxito.

ANTES DE EMPEZAR

Pese la cantidad de semillas que se proponga hacer germinar y límpielas con agua fría. Escúrralas a fondo y después déjelas en remojo toda la noche en un cuenco con agua tibia. Al día siguiente deje secar las semillas y a continuación emplee la técnica de germinación apropiada.

EN LA COCINA

Limpie y seque las plántulas cosechadas y luego úselas tan pronto como sea posible —no las guarde más de dos días. Pueden servirse crudas en las ensaladas; algunas son blandas (como la mostaza y el lepidio) y otras, como las judías *mung*, son crujientes. Las plántulas de judías verdes son, por supuesto, un ingrediente básico en la cocina oriental y se usan de muy diversas formas. Se preparan salteadas. Caliente un poco de aceite vegetal en una sartén y añada las plántulas de judías. Remueva rápidamente durante unos 2 min y sírvalas inmediatamente.

TÉCNICAS DE GERMINACIÓN

Método del tarro

● Coloque semillas remojadas en un tarro de mermelada limpio —recuerde que cuando las coseche, su volumen habrá aumentado cuatro o cinco veces. Cubra la tapa con un trozo de malla viejo y átelo con una goma. Llene el tarro con agua y vacíelo.

● Coloque el tarro en un cuenco, apoyado en un rodrigón— como se muestra en el dibujo inferior— para asegurar que las semillas no estén en contacto con el agua.

Método de la bandeja

● Coloque varias hojas de papel secante de cocina en el fondo de una bandeja no muy profunda e impermeable. Humedezca cuidadosamente este estrato absorbente, vierta el exceso de agua y, a continuación, esparza las semillas remojadas de modo uniforme sobre la superficie.

● Si las semillas necesitan un **forzado**, coloque el cuenco en una alacena en la que no haya luz. Se precisa una temperatura de 13 a 21 °C —muchas veces una alacena ventilada es ideal. Si las semillas necesitan un **enverdecimiento**, coloque el cuenco a oscuras hasta que las semillas hayan germinado. Trasládelo a un lugar bien iluminado, lejos de la luz solar directa, uno o dos días antes de la cosecha.

● Será necesario que enjuague las semillas dos veces al día. Para ello, llene con agua la mitad del tarro y después escúrrala a través de la tela de la tapa. Cuando haya completado el proceso de enjuague, coloque nuevamente el tarro en el cuenco.

● Si las semillas necesitan un **forzado**, ponga la bandeja dentro de una bolsa de polietileno y colóquela en una alacena en la que no haya luz. Se precisa una temperatura de 13 a 21 °C —muchas veces una alacena ventilada es ideal. Si las plántulas necesitan un **enverdecimiento**, coloque la bandeja a oscuras hasta que las semillas hayan germinado. Trasládela a un lugar bien iluminado, lejos de la luz solar directa, uno o dos días antes de la cosecha.

● Será necesario que examine la bandeja periódicamente para controlar que el estrato absorbente se mantenga húmedo. Humedézcalo cuando sea necesario, pero asegúrese de que no haya agua en la base de la bandeja.

JUDÍA «ADZUKI»

Es la forma japonesa de la plántula de judía verde china. La judía «adzuki» (o «aduki») es castaña y las plántulas blanquecinas y cortas son crujientes y saben a nueces. Consúmalas crudas o úselas como se indica en las recetas originales orientales.

Propagación: necesita un forzado por el método del tarro o de la bandeja. Coseche las plántulas cuando midan 2,5 cm de longitud. Tardará de 3 a 6 días.

«FENUGREEK»

Si huele las semillas sabrá que son un constituyente del polvo de especias para preparar el curry. Se les ha atribuido toda clase de propiedades medicinales, pero en la actualidad las plántulas únicamente se usan en ensaladas, sopas o estofados por su sabor picante.

Propagación: necesita un enverdecimiento por el método del tarro. Si desea un fuerte sabor a curry coseche las plántulas cuando midan 1 cm de longitud; si desea un sabor dulce déjelas hasta que midan 7,5 cm de longitud (tardará de cuatro a ocho días).

MOSTAZA Y LEPIDIO

Son las viejas favoritas para ensaladas, aderezos y bocadillos. Hay dos tipos de lepidio: de hoja crespa y de hoja lisa. A veces las semillas de mostaza, blancas y de sabor algo picante, sustituyen a las de la colza de sabor dulce.

Propagación: necesita un enverdecimiento por el método de la bandeja. Siembre las semillas de lepidio densa y uniformemente y, después de tres días, esparza semillas de mostaza sobre las plántulas de lepidio aparecidas, o al lado de ellas. Trasládelas a un lugar bien iluminado cuando las hojas empiecen a desplegarse. Coseche las plántulas cuando midan 5 cm de longitud (tardará de diez a quince días). Quite los tallos cortándolos por su base con unas tijeras.

JUDÍA «MUNG»

En la actualidad, esta familiar plántula de judía verde china, puede encontrarse ampliamente en los supermercados. Las judías verdes producen plántulas gordas y largas que pueden consumirse crudas con un aderezo adecuado o cocinarse de muy diversas formas. A veces la soja se emplea como sustituto pero su sabor es inferior.

Propagación: necesita un forzado por el método del tarro o de la bandeja. Coseche las plántulas cuando midan 5 cm de longitud (tardará de cuatro a seis días).

ALFALFA

Las plántulas jóvenes tiene un sabor dulce, semejante al del guisante y una textura crujiente cuando se sirven crudas en ensaldas. Son ricas en minerales y vitamina B.

Propagación: necesita un enverdecimiento por el método del tarro. Coseche las plántulas cuando midan de 2,5 a 5 cm de longitud. Tardará de 3 a 5 días.

RÁBANO

El rábano está presente en casi todas las parcelas de hortalizas, pero raramente en la lista de plántulas germinadas. Es raro porque las plántulas de los rábanos se forman rápidamente y proporcionan un sabor picante y agradable a los bocadillos y ensaladas. Cualquier variedad es adecuada.

Propagación: necesita un enverdecimiento (de 1/2 día) por el método del tarro. Coseche las plántulas cuando midan de 1 a 1,5 cm de longitud (tardará de 3 a 4 días).

TRITICALE

Es un híbrido del trigo y del centeno. Las plántulas, ricas en proteínas, pueden usarse de muy diversas formas: ensaladas, sopas, estofados o como un constituyente de la masa de pan.

Propagación: necesita un forzado por el método de la bandeja o del tarro. Coseche las plántulas cuando midan 5 cm de longitud (tardará de dos a tres días).

ESPINACA

Aunque los expertos indican que es posible cosechar espinacas durante todo el año... ¿quién lo desea? Una familia corriente considera que la espinaca es una hortaliza sencilla y poco atractiva —hojas verdosas que se transforman en masas arenosas, viscosas y de fuerte sabor al cocinarlas— a la que, no obstante, algunas veces consume debido a su elevado contenido en hierro. Sin embargo, no todas estas características son correctas. En primer lugar no es cierto que sea sencilla, su clasificación es compleja. Existen dos tipos de espinacas verdaderas; ambas son anuales y se recolectan en verano (variedades de semilla redonda) o durante el invierno y la primavera (variedades de semilla principalmente espinosa). La espinaca semirresistente de Nueva Zelanda en realidad no es una espinaca aunque sus hojas se utilicen como tales, y la espinaca perpetua en realidad es un tipo de acelga (véase pág. 23). En segundo lugar, la arenosidad y la viscosidad pueden deberse a una almacenamiento prolongado y a una mala preparación y cocción. Finalmente, la espinaca no merece su imagen de Popeye: el contenido en hierro no es mucho más alto que el de los guisantes frescos, mientras que, debido a su contenido en ácido oxálico, no es adecuada para la alimentación de los niños en grandes cantidades.

CARACTERÍSTICAS DE LAS SEMILLAS

Las semillas de espinaca son redondas (superficie lisa) o espinosas (superficie áspera).

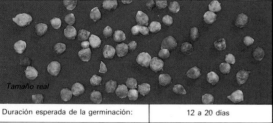

Tamaño real

Duración esperada de la germinación:	12 a 20 días
Número aproximado por cada 100 g:	4500
Producción esperada por hilera de 3 m:	2 a 4,5 kg
Longevidad de la semilla almacenada:	4 años
Tiempo aproximado entre la siembra y la cosecha:	8 a 14 semanas
Facilidad de cultivo:	no es fácil cultivarla bien (se necesita un suelo rico y riegos periódicos)

CARACTERÍSTICAS DEL SUELO

- A veces se describe a la espinaca como una hortaliza de cultivo sencillo, pero ésta no prosperará si su parcela está mal situada y el suelo es pobre. El terreno debe ser rico y contener una cantidad suficiente de materia orgánica, pues una deficiencia produce cultivos de sabor amargo.
- Lo ideal es cultivar las espinacas de verano entre las hileras de las verduras de crecimiento alto; en estas condiciones umbrosas se reducirá el riesgo del espigado. Siembre la espinaca de invierno y la de Nueva Zelanda en un lugar soleado.
- Cave profundamente en invierno y añada cal si es necesario. Aplique fertilizante Growmore antes de la época de siembra.

SIEMBRA

Cubra con tierra

Siembre muy espaciadamente.

30 cm

2,5 cm

- La espinaca de Nueva Zelanda necesita más espacio. Siembre tres semillas a unos 2 cm bajo la superficie, espaciando los grupos a una distancia de 60 cm. Aclare a una planta por golpe.

CUIDADOS DEL CULTIVO

- Las plántulas de las variedades de invierno y de verano deben aclararse a 7,5 cm de distancia tan pronto como sean suficientemente grandes para manipularlas. Unas semanas más tarde, elimine plantas alternas para su uso en la cocina (no retrase el aclareo).
- Escarde para restringir las malas hierbas. Riegue abundantemente durante los períodos de sequía de verano.
- Las variedades de invierno necesitarán algún tipo de protección a partir de principios de otoño, a no ser que tenga la suerte de vivir en una zona templada. Emplee campanas o paja para cubrir las plantas.

RECOLECCIÓN

- Empiece a cosechar tan pronto como las hojas tengan un tamaño razonable. Coja siempre las hojas externas antes de que pierdan su textura tierna y fresca.
- El secreto está en cosechar continuamente para fomentar el crecimiento. Puede coger la mitad de las hojas de las variedades de verano sin dañar las plantas —recolecte las variedades de invierno con mucha más moderación. Tenga cuidado al cosechar. Separe las hojas con las uñas y no las arranque violentamente pues podría dañar los tallos o las raíces.
- La espinaca de Nueva Zelanda requiere otro tratamiento: arranque unos cuantos brotes jóvenes de la base de la planta cada vez que recolecte. Una sola siembra durará todo el verano si cosecha poco y a menudo.

- **Variedades de verano**: siembre quincenalmente desde finales de invierno hasta mediados de primavera, para efectuar la recolección desde mediados de esta estación hasta principios de otoño.
- **Variedades de invierno**: siembre a mediados de verano y de nuevo a finales de esta estación, para recolectar desde principios de otoño hasta la primavera.
- **Variedad de Nueva Zelanda**: siembre a mediados de primavera para efectuar la recolección desde finales de esta estación hasta finales de verano.

CALENDARIO

	Invierno	Primavera	Verano	Otoño
Siembra				
Cosecha				

Véase la clave de los símbolos en la página 7

EN LA COCINA

Las hojas jóvenes de espinaca pueden emplearse en las ensaladas, aunque por lo general esta hortaliza se cocina antes de servirse. No las use únicamente hervidas o cocidas al vapor como guarnición de un plato de patatas o de carne: pruébela como relleno de una tortilla o *quiche*, como una base de huevos escalfados (huevos florentinos) o como un ingrediente de consomés. Las variedades de verano son las más tiernas y las más exquisitamente sabrosas (la espinaca de invierno es más oscura y áspera).

CONGELACIÓN: use hojas jóvenes. Lávelas bien, escúrralas y blanquéelas durante 2 minutos. Enfríelas y apriételas para extraer el exceso de agua. Envuélvalas en bolsas de polietileno y saque el aire antes de sellarlas.

ALMACENAMIENTO: intente cocinar las espinacas el mismo día de la recolección porque el sabor se estropea rápidamente. Si ha de guardarlas, coloque las hojas lavadas en una bolsa de polietileno en el frigorífico: las espinacas se mantendrán frescas durante dos días.

COCCIÓN: en primer lugar, es esencial un lavado minucioso de las hojas para eliminar el polvo. Colóquelas en un cuenco grande con agua fría, agítelas y después retírelas. Cambie el agua del cuenco y repita el proceso —una o dos veces, según la cantidad de polvo y arena presentes. Corte la parte basal de las hojas de las variedades de verano y además el nervio principal de las variedades de invierno, ya que son más ásperas. El mejor modo de cocinar las hojas es cociéndolas al vapor y no hirviéndolas. Colóquelas en una cazuela grande con una pizca de sal, pimienta y un pequeño terrón de mantequilla o margarina. No se exceda cuando añada el agua. Déjelas cocer al vapor durante 5 a 10 min y luego extraiga el agua que contengan con un amasador. Los gastrónomos sugieren que añada nuez moscada rallada o menta cortada.

VARIEDADES

Variedades de VERANO

Las semillas de estas plantas son redondas y, si las condiciones son óptimas, las plantas crecen rápidamente y proporcionan una cosecha tierna y temprana. El principal problema es su aversión al tiempo seco y caluroso. Algunas variedades espigan rápidamente durante un período de calor prolongado de verano.

«MEDANIA»: esta popular variedad presenta diversas ventajas: crecimiento vigoroso, buena resistencia al mildiu y tarda en espigarse.

«KING OF DENMARK»: es una vieja favorita. Las hojas redondeadas brotan por encima del suelo pero no es muy resistente al espigado.

«BLOOMSDALE»: es una variedad de color verde intenso que se ha hecho famosa por su resistencia al espigado. Vale la pena probarla.

«LONG-STANDING ROUND»: es una variedad popular, muy recomendada para una siembra a principios de primavera. Es famosa por su sabor, pero un cultivo de siembra tardía puede espigar rápidamente.

«SIGMALEAF»: quizá no haya ninguna otra variedad de verano tan resistente al espigado. Esta no es su única ventaja: «Sigmaleaf» puede sembrarse en otoño como variedad de invierno.

«SYMPHONY»: es un híbrido F$_1$ que tiene numerosas cualidades. Temprana, erguida, de hojas grandes y con una gran resistencia al mildiu y al espigado.

«SPACE»: es un híbrido con similares ventajas. Otras variedades F$_1$ son «Triathlon», «Trinidad», «Sporane», «Triade», «Sprint» y «Splendour».

«NORVAK»: es un ejemplo típico del gran avance producido en el cultivo de las plantas. «Norvak» da producciones altas e, incluso a mediados de verano, tarda en espigar.

Norvak

Variedades de INVIERNO

Las semillas de la mayoría de estas variedades son espinosas, aunque no hay excepciones como «Sigmaleaf», que tiene semillas redondeadas. Estas plantas proporcionan una cosecha de verduras de gran utilidad desde principios de otoño hasta principios de primavera. Recolecte regularmente y sólo use hojas jóvenes para cocinar (coseche las hojas viejas, déjelas en la cocina durante algunos días y pronto descubrirá el sabor tan desagradable que pueden tener las espinacas).

«BROAD-LEAVED PRINCKLY»: es una variedad de invierno estándar. El follaje es oscuro y carnoso y las plantas tardan en espigar.

«LONG-STANDING PRICKLY»: de crecimiento muy rápido y de espigado bastante tardío, es una vieja favorita que está siendo desplazada de los catálogos por las nuevas variedades.

«DOMINANT»: una de las antiguas favoritas que se sustituye por variedades más nuevas como espinaca de verano. Como espinaca de invierno sembrada en otoño tiene menos competidores. Buena resistencia al espigado.

«MONNOPA»: es una variedad de delicado sabor que tiene un contenido en ácido oxálico bajo. Cultívela si se propone usar parte de la cosecha para la alimentación de los niños.

«SIGMALEAF»: véase «Variedades de Verano» en la parte superior.

Variedad de NUEVA ZELANDA

No es una espinaca verdadera. Es una planta enana y rastrera de hojas carnosas y blandas que se utiliza como sustituto de la espinaca. Es sensible a las heladas, por lo que debe cultivarse en el interior y plantarse de asiento a mediados de primavera o sembrarse al aire libre cuando haya pasado el peligro de las heladas. Ponga en remojo las semillas la noche anterior a la siembra y desyeme los ápices de las plantas jóvenes para introducir la ramificación. El sabor es más dulce que el de la espinaca, y tiene la ventaja de desarrollarse en condiciones secas y calurosas sin espigarse.

New Zealand Spinach

PROBLEMAS DE LAS ESPINACAS

El falso mildiu, el mildiu de la espinaca y el espigado son tres problemas principales que afectan la espinaca y limitan el crecimiento de este cultivo. Si anteriormente ha tenido problemas con esta hortaliza anual pruebe las espinacas más fáciles: la espinaca de Nueva Zelanda (véase pág. 93) y la acelga (véase pág. 23).

	Síntomas	Causas probables
Plántulas	— devoradas	**pájaros** o **miriápodos** o **babosas y caracoles** (véase pág. 110)
	— derribadas	**hongos del semillero** (véase pág. 110)
Hojas	— amarilleamiento internerval; suelo ácido	**deficiencia de magnesio** (véase pag. 31)
	— amarilleamiento internerval; suelo calcáreo	**2**
	— agujereadas	**babosas y caracoles** (véase pág. 110)
	— manchadas	**4**
	— infestadas de pulgón negro	**pulgón negro** (véase pág. 20)
	— infestadas de pulgón verde	**áfido** (véase pág. 110)
	— arrolladas	**5**
	— con ampollas	**mosca de la remolacha** (v. pág. 26)
	— manchas amarillentas en el haz	**1**
	— moho purpúreo-grisáceo en el envés	**1**
	— hojas internas estrechas, amarillentas	**5**
Plantas	— espigadas	**3**
	— muerte prematura, hojas deformadas	**5**
	— muerte prematura, hojas no deformadas	**exceso de calor y sequedad** o **excedencia de cosecha**

MANCHAS

1 FALSO MILDIU

Si el tiempo es húmedo y frío vigile la aparición del falso mildiu. Empieza en las hojas externas: manchas amarillentas en el haz y moho purpúreo-grisáceo en el envés. A medida que la enfermedad se extiende las manchas oscurecen.

Tratamiento: arranque las hojas enfermas. Pulverice con Carbendazim al primer síntoma de ataque.

Prevención: practique la rotación de cultivos. Asegúrese de que el suelo esté bien drenado y evite una superpoblación aclarando inmediatamente el cultivo.

2 DEFICIENCIA DE MANGANESO

H. AMARILLENTAS

Aaprecen manchas amarillentas internervales y los bordes tienden a arrollarse ligeramente. Los síntomas son más fuertes a mediados de verano. La deficiencia de manganeso está asociada a suelos mal drenados que pueden dificultar el crecimiento de la espinaca.

Tratamiento: aplique Hakaphos (que contiene manganeso) al suelo. Un pulverizado reiterado de Hortrilon lo ayudará.

Prevención: no abone excesivamente con cal.

3 ESPIGADO

El problema más común de la espinaca en un huerto familiar es el espigado, resultado de la floración prematura de las plantas. El peligro es mayor cuando el tiempo es apacible y caluroso y se producirá si las plantas tienen deficiencia de agua y nutrientes. Evite este problema preparando el suelo correctamente, cavando *compost* y rastrillando un fertilizante general. Elija una variedad resistente al espigado. Aclare pronto las plántulas y riéguelas cuando el tiempo sea seco. En algunos terrenos el espigado se produce cada año, por lo que es mejor que cultive espinacas de Nueva Zelanda.

HOJAS MOTEADAS

4 PUNTEADO DE LAS HOJAS

En el follaje aparecen numerosas manchas de 0,5 cm y, si el ataque es grave, las manchas se unen y la hoja uere. La zona central de cada mancha es parduzca y puede desprenderse; el borde es oscuro o purpúreo.

Tratamiento: arranque y queme las hojas enfermas. Pulverice con Mancozeb.

Prevención: practique la rotación de cultivos. Aplique un fertilizante equilibrado, como Growmore, antes de la siembra.

H. ARROLLADAS

5 MILDIU DE LA ESPINACA

Primero afecta a las hojas jóvenes. Los signos indicativos son hojas pequeñas y estrechas, bordes arrollados y una superficie amarillenta y arrugada. La causa de esta grave enfermedad es el mosaico del pepino.

Tratamiento: destruya las plantas infectadas: no hay curación.

Prevención: limite las malas hierbas. Pulverice con Heptenophos o Permethrin para controlar el pulgón verde transportador del virus.

COLINABO

La introducción de variedades resistentes a la enfermedad ha hecho que esta hortaliza de invierno aún sea más fácil de cultivar. Lo único que debe hacer es esparcir algunas semillas a finales de primavera o a principios de verano, aclarar unas semanas más tarde y luego recolectar las raíces grandes y globulares, a medida que las necesite, desde otoño hasta primavera —pocos cultivos son tan sencillos. Los colinabos están estrechamente relacionados con los nabos pero la pulpa por lo general es amarillenta y el sabor más suave y dulce. Existen otras diferencias: las plantas son más resistentes, las producciones más grandes y el período de cultivo más largo.

CARACTERÍSTICAS DE LAS SEMILLAS

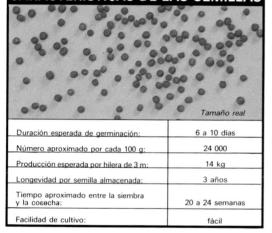

Tamaño real

Duración esperada de germinación:	6 a 10 días
Número aproximado por cada 100 g:	24 000
Producción esperada por hilera de 3 m:	14 kg
Longevidad por semilla almacenada:	3 años
Tiempo aproximado entre la siembra y la cosecha:	20 a 24 semanas
Facilidad de cultivo:	fácil

CARACTERÍSTICAS DEL SUELO

- Los colinabos son coles (véase pág. 27) y, al igual que otros miembros de la familia, necesitan un suelo firme, no ácido y con un drenaje mediano.

- Escoja un lugar soleado y cave en otoño. Abone con cal si es necesario. En primavera aplique fertilizante Growmore y esparza insecticida con nematodos si la mosca de la col es un problema. Prepare el semillero una semana más tarde, pise y rastrille la superficie.

SIEMBRA

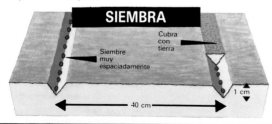

Cubra con tierra

Siembre muy espaciadamente

40 cm

1 cm

CUIDADOS DEL CULTIVO

- Aclare el cultivo tan pronto como las plántulas sean suficientemente grandes para manipularlas. Hágalo escalonadamente hasta que las plantas estén separadas entre sí unos 20 cm.
- Mantenga el suelo escardado y asegúrese de regar cuando el tiempo sea seco, sino las raíces serán pequeñas y leñosas. La lluvia seguida de un período de sequedad puede dar lugar a que las raíces se partan.
- Pulverice con Derris al primer signo de daño hecho por la altisa.

RECOLECCIÓN

- Empiece a recolectar las raíces cuando sean lo suficientemente grandes para utilizarse. Podrá realizar esta operación a partir de otoño sin necesidad de esperar hasta que alcancen su tamaño máximo. Puede dejarlas en el suelo y cosecharlas con una horquilla a medida que las necesite hasta primavera, aunque tal vez sea más conveniente recolectarlas y almacenarlas en el interior, a finales de otoño, para su uso posterior.
- La técnica de almacenamiento consiste en arrancar las hojas torciéndolas y colocar luego las raíces entre estratos de turba seca o arena en una caja resistente. Almacénelas en un cobertizo fresco.

EN LA COCINA

En general el colinabo es adecuado como ingrediente de estofados, guisos y purés. Coseche algunas raíces cuando tengan el tamaño de un pomelo grande y prepare la mezcla de patata y colinabo descrita más abajo.

ALMACENAMIENTO: manténgalas sin pelar en un lugar frío y seco: los colinabos se conservarán frescos durante cinco días.

COCCIÓN: elimine los ápices y las raíces y pele hasta llegar a la pulpa amarillenta. El método tradicional de cocción es el de hervirlas y hacer un puré. Corte la pulpa en rodajas o cubitos y hiérvalos durante 30 minutos. Escúrralos y después mézclelos con mantequilla, nata, pimienta y jengibre o nuez moscada. Este plato es un poco flojo para algunos paladares; si lo desea prepare el puré mezclando una cantidad equivalente de patatas sobrantes. También puede usar colinabos cortados en lugar de nabos como guarnición de los asados.

VARIEDADES

«BEST OF ALL»: encontrará esta variedad de piel púrpura, manchada de amarillo, en muchos catálogos. Muy resistente y fiable.

«LIZZY»: de reciente introducción, destaca por su mejor sabor respecto a las demás. Tarda en espigarse.

«RUBY»: como el caso anterior, se cultiva por su sabor dulce. Más resistente al falso mildiu que la mayoría.

«WESTERN PERFECTION»: la reputación de esta variedad se basa en su crecimiento. Las raíces podrán recolectarse a finales del verano. Pulpa amarilla.

«ACME»: es otra variedad del tipo «Purple Top» con un crecimiento rápido como el de «Western Perfection».

PROBLEMAS

Véase página 107

CALENDARIO

	Invierno	Primavera	Verano	Otoño
Siembra				
Cosecha				

MAÍZ DULCE

Esta hortaliza es un tipo de maíz que se cultiva por su alto contenido en azúcar y bajo en almidón. El sabor del maíz dulce de cultivo propio cocinado antes de una hora después de su recolección es mucho mejor que el del maíz adquirido en los comercios ya que, una vez cosechada la mazorca, el azúcar de las pepitas se convierte en almidón. Los tallos de 1,20 a 1,80 m producen mazorcas de 15 a 20 cm; las inflorescencias en forma de borla en el ápice de la planta adulta son las flores masculinas mientras que las flores femeninas son las «sedas» de la punta de la mazorca inmadura. Las plantas, además de útiles son decorativas aunque muchos las consideran semitropicales. Pero esto ya no es así. Elija uno de los híbridos F_1 tempranos que han revolucionado la fiabilidad del maíz dulce. A principios de primavera, cultive las plántulas en macetas de turba en el interior y plántelas al aire libre cuando ya no haya peligro de heladas. Colóquelas en un lugar soleado y protegido (el verano tiene que ser muy frío para que este cultivo no dé buenos resultados).

CARACTERÍSTICAS DE LAS SEMILLAS

Emplee un desinfectante de semillas antes de sembrar al aire libre. Para que germinen, es necesaria una temperatura mínima de 10 °C.

Tamaño real

Duración esperada de germinación:	10 a 12 días
Cantidad necesaria por hilera de 3 m:	2,5 g
Producción esperada por hilera de 3 m:	10 mazorcas
Longevidad de la semilla almacenada:	14 semanas
Tiempo aproximado entre la siembra y la cosecha:	2 años
Facilidad de cultivo:	no es difícil si puede proporcionar las condiciones de cultivo necesarias

SIEMBRA Y PLANTACIÓN

45 cm

Siembre dos semillas. Elimine la planta más débil

2,5 cm

45 cm

- El maíz dulce debe sembrarse o plantarse en parcelas rectangulares, no en hileras sencillas. Esto asegurará una polinización anemógama efectiva de las flores femeninas.
- La siembra al aire libre puede ser fiable en zonas templadas pero si el clima es riguroso, siembre bajo campanas o preferiblemente en macetas en el interior. Emplee macetas de turba —no de plástico ni de arcilla— de 7,5 cm para evitar la alteración de las raíces. Siembre dos semillas en *compost* de semillas a una profundidad de 2,5 cm. Elimine la plántula más débil y aclimátela antes de plantarla al aire libre (deje 45 cm entre los trasplantes).

CUIDADOS DEL CULTIVO

- Retire las campanas cuando el follaje toque el vidrio. Proteja las plántulas con hilo de algodón negro si los pájaros son una molestia. Limite las malas hierbas pero no escarde cerca de las plantas.
- En la base del tallo aparecerán raíces: cúbralas con tierra o con un acolchado de *compost*. No deben eliminarse los brotes laterales («ahijados») que puedan aparecer.
- Riegue en tiempo seco, especialmente en la época de floración. Entutore si las plantas son altas y el lugar es expuesto.
- Para facilitar la polinización dé una palmadita suave a las inflorescencias de los ápices de cada tallo cuando estén totalmente desarrolladas, a finales de primavera o a principios de verano. Abone con fertilizante líquido cuando las mazorcas empiecen a hincharse.

CARACTERÍSTICAS DEL SUELO

- El suelo tiene dos exigencias básicas: un buen drenaje y suficiente humus para que el terreno no se seque demasiado rápidamente. Lo ideal es que sea ligeramente ácido y suficientemente fértil y profundo, aunque la ubicación es más importante que el tipo de suelo.
- Elija un lugar muy soleado y protegido del viento. Cave en invierno e incorpore turba o *compost* si el cultivo anterior no fue abonado. Rastrille fertilizante Growmore unas dos semanas antes de la siembra o de la plantación.

RECOLECCIÓN

- Cada planta produce una o dos mazorcas. Observe si han llegado a la madurez cuando las sedas hayan cambiado a color chocolate. Arranque la parte de la vaina y apriete un par de granos entre las uñas de los dedos pulgar e índice. Si sale un chorro de líquido acuoso, la mazorca no está madura. Si es cremoso, la mazorca está a punto para recolectarse, pero si es espeso y pastoso ha esperado demasiado tiempo.
- Arranqué cuidadosamente la mazorca del tallo mediante una torsión. Hágalo justo antes de cocinarla.

- **Clima templado:** siembre al aire libre a mediados de primavera; las mazorcas podrán recolectarse a mediados o finales de verano. Si desea una fiabilidad excepcional o una cosecha más temprana (a partir de principios de verano en zonas templadas) siembre en invernadero tal como se describe más adelante.
- **Clima frío:** siembre las semillas en invernadero a principios o mediados de primavera y plante de asiento a finales de esta estación. Alternativamente, siembre bajo campanas al aire libre a mediados de primavera (coloque las campanas dos semanas antes de la siembra).

CALENDARIO

	Invierno	Primavera	Verano	Otoño
Siembra (al aire libre)				
Siembra (en el interior)				
Cosecha				

EN LA COCINA

Muchos refranes populares recalcan la necesidad de cocinar el maíz dulce tan pronto como sea posible después de cosecharlo. Para que el maíz conserve todo su sabor es muy importante que sea fresco y que siga los dos consejos siguientes; si acaba de recolectar las mazorcas no añada nunca sal al agua y hiérvelas durante unos minutos; para preparar la mazorca, arranque las hojas externas, corte el tallo y quite las sedas.

CONGELACIÓN: blanquee las mazorcas preparadas durante 4 a 6 min, según su tamaño. Enfríelas y escúrralas a fondo; después envuélvalas individualmente con una hoja de plástico adherente antes de congelar.

ALMACENAMIENTO: si el almacenamiento es inevitable, coloque las mazorcas en el frigorífico: el maíz dulce se conservará fresco durante tres días.

COCCIÓN: coloque las mazorcas en una cazuela con agua hirviendo, sin sal, durante 5 a 8 minutos. Estarán listas cuando las pepitas de la mazorca puedan separarse fácilmente con un tenedor. Escúrralas cuidadosamente y sírvalas con mantequilla derretida y sal gorda. Si desea hacer las cosas adecuadamente, sirva cada mazorca en un plato largo con tenedores de maíz insertados en cada extremo. La presentación es más satisfactoria (aunque para el comilón no lo es tanto) si se sirven las pepitas separadas en un plato —las de una mazorca hervida pueden arrancarse fácilmente. La ebullición no es el único método de cocción: si dispone de una barbacoa envuelva las mazorcas con una hoja untada de mantequilla y colóquelas sobre las cenizas durante 10 minutos. Los fritos de maíz son muy apreciados pero es una pena malgastar así el maíz dulce de cosecha propia —en su lugar use maíz enlatado. Fría cucharadas hondas de una mezcla de maíz molido, sal, harina, leche y huevo durante 1 a 2 min o hasta que se doren.

VARIEDADES

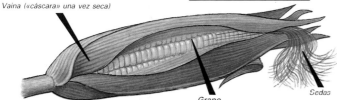

Vaina («cáscara» una vez seca)

Grano

Sedas

VARIEDADES ANTIGUAS

Estas variedades de «polinización directa» producen cosechas grandes, pero en un clima riguroso no son tan fiables como los modernos híbridos F_1.

«FIRST OF ALL»: es una de las más tempranas, muy recomendada para la mesa y para un emplazamiento expuesto, especialmente en climas rigurosos. Las mazorcas de tamaño medio tienen una longitud de 15 cm.

«EARLIKING»: planta de altura media y mazorcas grandes. Es una variedad temprana, famosa por su sabor dulce.

«KELVEDON GLORY»: es la variedad de mediados de estación más popular. Produce cosechas abundantes y mazorcas muy hinchadas de 18 a 20 cm de longitud. Las pepitas son de color amarillo claro. Recomendada por su sabor.

«SUNDANCE»: variedad de mediados de estación de la que se afirma que es mejor que la famosa «Kelvedon Wonder». Premiada al mérito de la RHS.

«MINOR»: una variedad de maíz pequeña que se recolecta cuando la mazorca es de 10 cm. Hiérvala, hágala al vapor o fríala y cómala entera. Los tallos crecen a una altura de 150 cm.

«EARLIBELLE»: una variedad temprana con las mazorcas grandes y densas. Soporta bien las condiciones climáticas adversas.

Kelvedon Glory

VARIEDADES EXTRADULCES

La introducción de las variedades extradulces ha supuesto una reciente introducción. La cantidad de azúcar respecto de las variedades tradicionales es aproximadamente el doble, pero sus beneficios culinarios no se extienden al jardín. No resultan tan vigorosas, por lo que no deberían sembrarse hasta principios de verano, siendo necesario un fungicida. Evite cultivarlas cerca de las variedades tradicionales, ya que la polinización cruzada repercutirá en el sabor.

«EARLY XTRA SWEET»: una de las primeras variedades extradulces. Temprana y muy gustosa, pero las mazorcas no son tan densas como «First of All», etc.

«DICKSON»: una sorprendente variedad extradulce. Las plantas alcanzan los 180 cm o más, y las mazorcas llegan a los 20 cm. Muy temprana.

«SWEET 77»: una variedad de mediados de estación con mazorcas muy grandes. Sin embargo, ni las cosechas ni el vigor son extraordinarios.

«CANDLE»: una variedad temprana que madura aproximadamente a los 125 días de la siembra. Destaca por el peso y la longitud de las mazorcas, y la dulzura de los granos.

«CONQUEST»: una variedad extradulce más resistente al clima frío que la mayoría de las variedades de este grupo. Variedad temprana con mazorcas de 17,5-20 cm.

PROBLEMAS

CARBÓN

En tiempo seco y caluroso aparecen agallas grandes («bolas de carbón») en las mazorcas y en los tallos. Estas agallas deben cortarse y quemarse tan pronto como se visualicen, o reventarán y liberar la masa de esporas negruzcas. Después de la recolección queme todas las plantas y no cultive esta hortaliza en el mismo lugar, cuando menos durante tres años.

MOSQUITA DE LA CEBADA Y DE LA AVENA

Las orugas de la mosquita de la cebada ya de la avena se desarrollan en las zonas meristemáticas de las plántulas de maíz que luego producen hojas torcidas y rotas. El crecimiento se atrofia y las mazorcas son de tamaño pequeño. No hay medidas de control que valgan la pena, pero puede proteger el cultivo usando semillas desinfectadas con un insecticida o espolvoreando las plántulas con HCH.

Sweet 77

TOMATE DE INVERNADERO

Durante la época estival, en la mayoría de los invernaderos encontrará tomateras que producen una sucesión de frutos suculentos desde finales de primavera hasta principios de otoño. Todos los horticultores quieren cultivarlos, lo cual es un poco sorprendente ya que presenta numerosos problemas. Necesitan cuidados continuos y en verano es necesario regar las bolsas de crecimiento o las macetas diariamente. El tomate es un huésped ideal de una amplia gama de plagas y enfermedades y el sabor no es en absoluto mejor que el de los tomates de los supermercados. Tal vez la clave de su cultivo reside en la fascinación de observar la transformación de sus frutos —desde cabezas de alfiler diminutas y verdosas hasta frutos engrosados de color rojo brillante— así como en la constante demanda de tomates en conserva o crudos en la mayoría de los hogares. Las variedades de invernadero son plantas cordón (entroncado sencillo) que alcanzan más de 2 m si no se despuntan. Desgraciadamente, muchos horticultores rehúsan arriesgarse; cada primavera siembran «Alicante», «Alisa Craig» o «Moneymaker», pero hay muchas más variedades excitantes para probar.

CARACTERÍSTICAS

Tamaño real

Duración esperada de germinación:	8 a 11 días
Producción esperada por planta:	3,5 kg
Índice de longevidad de la semilla almacenada:	3 años
Tiempo aproximado entre la siembra y la cosecha:	16 semanas
Facilidad de cultivo:	difícil (el cultivo de tomates en invernadero requiere tiempo)

CARACTERÍSTICAS DEL SUELO

- Los tomates pueden cultivarse en bordes —los lechos elevados dan mejores resultados que los situados a ras de suelo. Prepare el terreno en invierno; cave turba y una pequeña cantidad de *compost* o estiércol. Rastrille fertilizante Growmore poco antes de la plantación. Por desgracia, el suelo del borde pronto aparece infestado de plagas del suelo y de enfermedades radiculares, por lo que debe esterilizarse o cambiarse después de un par de estaciones.

- Debido a las dificultades que presenta el cultivo en bordes se han desarrollado otros sistemas de cultivo. Los cultivos en anillo y en suelo empajado han decaído, ya que pueden ser difíciles; sin embargo, el cultivo en tiestos de 23 cm llenos con *compost* para maceta es sencillo.

- Los horticultores aficionados y los profesionales han asumido que las bolsas de crecimiento son el sistema de cultivo más popular. Bueno y fiable… si domina la técnica de riego.

SIEMBRA Y PLANTACIÓN

- Si necesita un gran número de plantas, siga la técnica convencional de sembrar espaciadamente en bandejas o en cacerolas llenas de Seed y Cutting Compost. Cubra ligeramente con *compost* y manténgalo humedecido, pero no empapado, a unos 18 °C. Cuando las plántulas hayan formado un par de hojas verdaderas, plántelas en macetas de turba de 7,5 cm llenas de *compost* para maceta.

- Si sólo necesita unas cuantas plantas es más fácil que siembre un par de semillas por maceta de turba de 7,5 cm, y que elimine la plántula más débil después de la germinación. Alternativamente, adquiera plantas de un proveedor de toda confianza (véase pág. 100).

- Plante de asiento en bolsas de crecimiento, en macetas o en bordes cuando las plántulas tengan una altura de 15 a 20 cm y las flores del primer racimo empiecen a abrirse. Riegue cuidadosamente la maceta antes de plantar. En un borde plante a intervalos de 45 cm.

CUIDADOS DEL CULTIVO

- Entutore el tallo atándolo a una caña o a una cuerda colgada verticalmente del techo. Los brotes laterales aparecerán en el punto de unión de los pecíolos y el tallo. Córtelo o desyémelos cuando midan unos 2,5 cm.

- Cuando las plantas tengan una altura de unos 2 m, retire las hojas inferiores a los racimos frutales a medida que la estación avance, pero no abuse de este proceso de deshojado. Emplee un cuchillo afilado para sacar este follaje superfluo.

- Riegue regularmente para mantener el terreno húmedo –un riego irregular producirá la podredumbre apical o frutos partidos. Abone con fertilizante para tomates cada vez que riegue. Si emplea sacos de crecimiento *debe* regar con frecuencia.

- Pulverice las plantas y, de vez en cuando, golpee suavemente los soportes para facilitar la dispersión del polen y la fructificación. La ventilación es esencial en verano: sombree el vidrio con Coolglass cuando la temperatura llegue a los 27 °C. Cuando las plantas hayan alcanzado el techo del invernadero, o cuando hayan fructificado siete ramilletes, despúntelas cortando el tallo por encima de la segunda hoja del racimo.

RECOLECCIÓN

- Siga las reglas que se indican en la sección de los tomates al aire libre (véase pág. 100).

- En un invernadero con calefacción mantenga una temperatura nocturna mínima de 10 a 13 °C; la semilla de tomate de siembra a finales de otoño y se planta de asiento a mediados o finales de invierno para cosechar en primavera.

- La mayoría de los horticultores, sin embargo, cultiva tomates en un invernadero sin calefacción («frío»). Siembre a finales de invierno y plante de asiento a principios o mediados de primavera. El primer fruto estará a punto para recolectarse a principios de verano.

CALENDARIO

	Invierno	Primavera	Verano	Otoño
Siembra y plantación (i. con calefacción)	🪴 🌱🌱			🪴
Siembra y plantación (i. sin calefacción)	🪴🪴	🌱🌱		
Cosecha				

Véase la clave de los símbolos en la página 7

VARIEDADES

Variedades COMUNES

«MONEYMAKER»: según los aficionados, es una de las variedades más populares. Produce grandes ramilletes de frutos de tamaño medio y las cosechas son abundantes aunque el sabor es suave.

«AILSA CRAIG»: es otra variedad popular que produce tomates de tamaño medio y de color intenso. Madura pronto y es famosa principalmente por su excelente sabor.

«ALICANTE»: es del tipo «Moneymaker» —de cosechas abundantes y fiable— pero «Alicante» tiene ventajas inconfundibles. Es resistente al cuello verde y la pulpa de los frutos tiene un sabor excelente.

Este grupo de tomates rojizos para ensalada contiene algunas variedades comunes antiguas que se cultivan por su fiabilidad («Moneymaker»), su labor («Ailsa Craig») o su precocidad («Harbinger»).

«HARBINGER»: es una variedad de cosecha temprana. En la actualidad se encuentra con más dificultad que las tres más comunes: «Moneymaker», «Ailsa Craig» y «Alicante». Aparte de su precocidad no posee ventajas excepcionales.

«MONEYCROSS»: si es un fanático de «Moneymaker» y desea un cambio, elija este descendiente seleccionado. Es resistente al abigarrado y bastante más precoz que las variedades básicas.

«CRAIGELLA»: es una versión mejorada de «Ailsa Craig». El sabor se ha mantenido y el peligro al cuello verde se ha eliminado.

GARDENER'S DELIGHT:
SWEET 100:
RED ALERT:

Véase página 101

Ailsa Craig

Variedades HÍBRIDAS F₁

«EUROCROSS»: es una buena elección para un invernadero con calefacción. Las plantas producen frutos grandes y resisten al abigarrado. Es inmune al cuello verde.

«SUPERCROSS»: los frutos tienen el mismo tamaño y forma que los de «Moneymaker», pero es mucho más resistente a las enfermedades que su pariente más cercano «Eurocross». Además, es tolerante al mosaico.

«ESTRELLA»: la buena resistencia a la enfermedad es la principal característica de esta variedad.

«SHIRLEY»: no se encuentra en muchos catálogos pero, sin embargo, pocas variedades la superan: es resistente al abigarrado, al virus y al cuello verde y además da cosechas abundantes y tempranas. En tiempo frío no tiene problemas y el espacio entre las hojas es reducido, lo que constituye una ventaja si su invernadero no es alto.

«GRENADIER»: produce frutos grandes y hermosos en gran abundancia. Sus cualidades de conservación son buenas y es resistente al abigarrado y al cuello verde.

El fruto de este grupo es similar en apariencia al de las variedades comunes, pero estos cruzamientos modernos tienen dos ventajas importantes: por lo general, producen cosechas más abundantes y, además, tienen un alto grado de resistencia a las enfermedades.

«HERALD»: según los expertos es el híbrido F₁ a escoger por su sabor. Temprano y resistente al abigarrado.

«TUMBLER»: puede cultivar esta variedad en una maceta o en una cesta colgante junto a lobelias. Los frutos del tamaño de una cereza nacen en tallos colgantes.

«CHERRY BELLE»: una excelente variedad cereza, cuya resistencia a la enfermedad es buena. Las cosechas son abundantes y el sabor es sorprendente.

«DANNY»: una variedad de cosecha abundante que se cultiva en un invernadero frío. Los frutos pueden estropearse con el calor.

«TYPHOON»: los principales rasgos incluyen el crecimiento fuerte, las cosechas tempranas y buenas, y los frutos de alta calidad.

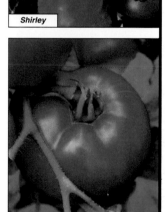

Shirley

Variedades de BISTEC

«BIG BOY»: es el gigante más popular, productor de frutos que pesan 1/2 kg o más. Si desea sorprender a sus amigos, desyeme a tres frutos por racimo.

«DOMBITO»: es una variedad de bistec verdadera cultivada en Holanda. Los frutos pesan 350 g, tienen pocas semillas y su piel es gruesa y carnosa. La resistencia a las enfermedades es buena.

Este grupo produce tomates grandes y carnosos que son muy populares en Estados Unidos y en Europa. Son excelentes para bocadillos pero únicamente usted puede decidir si su sabor es superior a las variedades para ensalada. Existen tres clases de gigantes: las variedades de bistec verdaderas —como «Domito»—, los híbridos F₁ grandes —como «Big Boy»— y los «Marmandes» (véase pág. 101), que sólo son apropiados para el cultivo al aire libre. Cuando haya fructificado el cuarto racimo, despunte las plantas y, si es necesario, proporcione un soporte al fruto.

«DOMBELLO»: una de las mejores variedades de bistec. No alcanza el tamaño de «Dombito», pero los frutos nacen a principios de la estación y el sabor es muy bueno.

«MARGLOBE»: intente cultivar esta variedad de tipo «Marmande» en un invernadero sin calefacción. La pulpa es gruesa y carnosa.

Big Boy

Variedades NUEVAS

«GOLDEN SUNRISE»: es la selección usual de los horticultores que desean un tomate amarillento. El fruto tiene un tamaño mediano y un sabor característico.

«GOLDEN BOY»: es la variedad si desea frutos amarillentos muy grandes que sean más carnosos que jugosos.

«YELLOW PERFECTION»: este tomate amarillento tiene fama de ser más temprano y dulce que los demás.

Los catálogos elogian estas variedades alargadas, anaranjadas y amarillentas, pero siguen siendo impopulares. Los primeros tomates que se introdujeron en Europa eran de color dorado y no rojizo, aunque de esto hace mucho tiempo.

«SAN MARZANO»: el popular tomate «italiano», con una forma claramente ovalada y pulpa consistente. Utilizado en sopas, salsa de espaguettis, etc.

«TIGERELLA»: es una rareza; un tomate de maduración temprana que produce frutos alargados, amarillentos y rojizos al madurar. El sabor y la producción son buenos.

Yellow Perfection

TOMATE, AL AIRE LIBRE

El cultivo del tomate necesita protección en muchas zonas de clima riguroso. Las plantas pueden cultivarse en un invernadero o en cajoneras o bajo campanas si las variedades son enanas. Sin embargo, si vive en una zona templada y algo protegida de los vientos fríos puede lograr una cosecha satisfactoria en el huerto casi todos los veranos. El cultivo al aire libre tiene sus ventajas: por lo general, el sabor del fruto es mejor y las variedades arbustivas evitan gran parte del duro trabajo del cultivo del tomate. Sin embargo, debe tomar algunas precauciones, incluso si el lugar es cálido y abrigado. En primer lugar, debe escoger una variedad recomendada para su cultivo al aire libre —no compre plántulas sin antes examinar si son apropiadas. Asimismo, debe preparar el terreno adecuadamente pues los tomates necesitan un suelo bien drenado y rico en humus. Por último, acuérdese de pinzar el ápice de una variedad cordón mientras la planta todavía sea pequeña (véase más abajo): si la deja crecer hasta su altura natural, los tomates no madurarán. Como verá en la página 101, hay muchas variedades adecuadas para el cultivo al aire libre.

CARACTERÍSTICAS

Tamaño real

Duración esperada de germinación:	8 a 11 días
Producción esperada por planta:	2 kg
Longevidad de la semilla almacenada:	3 años
Tiempo aproximado entre la siembra y la cosecha:	20 semanas
Facilidad de cultivo:	difícil (los tomates en bolsas de crecimiento necesitan una atención periódica)

CARACTERÍSTICAS DEL SUELO

- El cultivo de tomates al aire libre es delicado: por tanto, si puede, elija un lugar cálido delante de una pared orientada hacia el sur. En invierno, cave a fondo e incorpore *compost* y turba. Poco antes de la plantación rastrille un fertilizante general.

- Si sólo cultiva algunas plantas, o no dispone de un terreno adecuado, puede cultivar los tomates de exterior en macetas de 23 cm o en bolsas de crecimiento llenas de *compost*. Éstas pueden colocarse en el huerto o en balcones y patios. Recuerde que el cultivo en recipientes exige riegos más frecuentes. Es esencial que abone regularmente.

SIEMBRA Y PLANTACIÓN

- Si desea cultivar sus propias plántulas, siga una de las técnicas descritas en la página 98. Alternativamente, puede comprar plántulas de tomate y plantarlas de asiento. Busque las que sean verde oscuras, robustas y de una altura de 20 cm. Estas plantas jóvenes se venden en maceta.

Tutor de 1,5 m para las variedades cordón

75 cm

45 cm

Riegue después de la plantación

- Plante de asiento en bolsas de crecimiento, macetas o parcelas cuando empiecen a abrirse las flores del primer racimo. Riegue la maceta antes de la plantación de asiento y asegúrese de que la parte superior de los cepellones de suelo quede justo por debajo del nivel del terreno.

- Si extiende polietileno negro sobre la superficie del suelo y planta las plántulas de tomate a través de unas hendiduras en forma de X obtendrá una cosecha mejor.

CUIDADOS DEL CULTIVO

- Si cultiva una variedad cordón, ate el tallo al tutor. Efectúe las ligaduras a intervalos de 30 cm a medida que la planta vaya creciendo.

- En las axilas del tallo y del tronco aparecerán brotes laterales. Desyémelos cuando tengan 2,5 cm de longitud. Elimine las hojas amarillentas inferiores a los racimos de frutos a medida que avanza la estación, pero no se exceda en este proceso de desfoliación.

- Riegue periódicamente en la época de sequía de modo que el suelo se mantenga húmedo —la alternancia de sequedad y anegamiento producirá la podredumbre apical o la partición del fruto. Si emplea bolsas de crecimiento *debe* regar frecuentemente tal como se indica en las instrucciones. Periódicamente esparza un abono para tomates. Cuando se hayan desarrollado tomates pequeños en el cuarto racimo, elimine el ápice por encima de su segunda hoja.

RECOLECCIÓN

- Coseche los frutos cuando sean maduros y estén totalmente coloreados. Sostenga el tomate en la palma de la mano y rompa el fruto por el «nudillo» (engrosamiento del pedúnculo) con el pulgar.

- Al final de la estación pueden quitarse los tallos de los tutores y dejarse bajo campanas sobre un lecho de paja. Una forma más fácil de que los frutos maduren es la de disponer una capa de tomates en una bandeja e introducirlos en un cajón. Junto a la bandeja coloque un par de manzanas maduras que generan el etileno, gas inductor de la maduración.

- La época normal de siembra en invernadero es a finales de invierno o a principios de primavera. Las plantas jóvenes se aclimatan a mediados de primavera y se plantan en asiento a finales de esta estación o a mediados de ella si el tiempo es favorable y el peligro a las heladas ha pasado. Las plantas que han de cultivarse bajo campanas se plantan en asiento a mediados de primavera.

- En condiciones normales se podrá empezar la recolección de los primeros tomates a mediados de verano.

CALENDARIO

	Invierno	Primavera	Verano	Otoño
Siembra y plantación				
Cosecha				

Véase la clave de los símbolos en la página 7

EN LA COCINA

Un tomate recién cogido de la planta sabe mejor que el fruto de la misma variedad adquirido en el supermercado; sin embargo, una variedad «Gardener's Delight» adquirida en los comercios tiene un sabor superior a la variedad «Moneymaker» de cosecha propia. La variedad es muy importante; por tanto, compruebe que la elegida está recomendada por su sabor. La mayoría de los tomates del huerto se emplean en ensaladas, asados a la parrilla o fritos —preparaciones sencillas. Los tomates del tamaño de un bocado deben servirse enteros aunque en la ensalada se suelen presentar en rodajas o cuarteados. Simplemente, añada una salsa francesa o bien prepare una ensalada de tomate digna de un gastrónomo: eche una pizca de sal y pimienta recién molida sobre las rodajas, añada un poco de azúcar y luego espolvoree albahaca cortada o una mezcla de perejil y cebolletas.

CONGELACIÓN: pele y saque el corazón de los frutos maduros. Hiérvalos a fuego lento durante unos 5 min y, a continuación, páselos por un colador de nailon. Enfríelos, llene un recipiente rígido y congélelos.

ALMACENAMIENTO: guárdelos en una bolsa de polietileno en la parte inferior del frigorífico: los tomates se conservarán frescos durante una semana.

COCCIÓN: si desea tomates a la parrilla, córtelos por la mitad, aliñe la superficie cortada con aceite, pimienta y azúcar, y áselos durante 5 minutos. Los tomates rellenos son deliciosos y pueden servirse calientes o fríos —elija una variedad grande y carnosa antes que una pequeña y jugosa. Muchas recetas recomiendan tomates pelados: el pelado es fácil si previamente pone los frutos en un cuenco y los cubre con agua hirviendo durante un minuto. Los tomates se usan en muchísimos platos, tales como guisos, tortillas, salsas, sopas, bocadillos, etc. Sin embargo, el jugo y la sopa de tomate preparados en casa no saben igual que sus versiones en conserva pues estos productos comerciales se preparan con variedades especiales cultivadas en climas soleados.

VARIEDADES

Variedades CORDÓN

Estas variedades se cultivan como tallos únicos y deben podarse y sujetarse con un tutor. Tal como se describe en la página 100 el tallo se despunta después de que el cuarto racimo se ha desarrollado, para acelerar la maduración antes de las heladas de otoño. Existen muchas variedades rojizas, variando en cuanto a tamaño desde frutos gigantes a frutos del tamaño de un bocado; asimismo existen tomates amarillentos, anaranjados y rayados.

AILSA CRAIG:
ALICANTE:
CRAIGELLA:

GOLDEN SUNRISE:
HARBINGER:
TUMBLER:

Véase ◀ página ▶ 99

MONEYCROSS:
MONEYMAKER:
DANNY:

TIGERELLA:
YELLOW
PERFECTION:

«GARDENER'S DELIGHT»: es una antigua variedad común, aunque según muchos expertos es el tipo a escoger. Produce abundantes tomates del tamaño de un bocado que tienen un sabor fuerte y picante, lo cual es una afrenta para algunas variedades de invernadero de sabor dulce.

«SWEET 100»: es un nuevo rival de «Gardener's Delight». Los frutos del tamaño de una cereza son deliciosos y una planta bien desarrollada puede llegar a producir varios centenares.

«MARMANDE»: está en el otro extremo de la escala de «Gardener's Delight» y «Sweet 100». Los frutos de forma irregular son muy grandes, carnosos y tienen pocas semillas.

«SAINT PIERRE»: es otro tomate grande, de forma irregular y de color rojo intenso. El sabor es bueno y las producciones son altas.

«OUTDOOR GIRL»: es uno de los tomates de maduración más precoz, ampliamente recomendado como una de las mejores variedades de cultivo al aire libre. Las producciones son abundantes y los frutos tienen un buen sabor y están ligeramente nervados.

«HISTON EARLY»: su introducción es anterior a la aparición de los híbridos F₁, pero todavía se cultiva por sus abundantes cosechas y brillantes frutos de color rojo. Tanto el tamaño como el sabor son buenos.

«GEMINI»: esta variedad, así como «Ronaclave», tienen fama de prosperar en veranos fríos. Sus frutos son de tamaño medio y dulces.

Gardener's Delight

Variedades ARBUSTIVAS

El cultivo del tomate al aire libre es mucho más fácil con estas variedades. Son arbustos de 30 a 75 cm de altura o enredaderas de menos de 25 cm. No necesitan soportes, podas o pinzados y son excelentes para cultivos bajo campana. Tienen el inconveniente de que los frutos tienden a estar ocultos, de modo que la recolección es más difícil que en las variedades cordón. Debe disponer de una lámina de plástico o una capa de paja alrededor de las plantas ya que muchos frutos crecen a nivel del suelo.

«THE AMATEUR»: es la más popular de las tomateras arbustivas. La planta de 45 cm de altura produce una cosecha abundante de tomates de tamaño medio.

«RED ALERT»: es una introducción reciente que sin duda alguna llegará a ser favorita. Es muy temprana y los frutos pequeños saben mejor que los de cualquier otra variedad.

«SLEAFORD ABUNDANCE»: a pesar del escaso follaje producido por esta variedad, la cosecha es abundante para ser una tomatera arbustiva.

«ALFRESCO»: es excelente. Vigorosa, produce cosechas abundantes y tiene una buena resistencia a la enfermedad.

«PIXIE»: aunque la planta es pequeña y compacta tal vez sea necesario que la entutore. Los frutos son pequeños y el sabor es bueno. Es una variedad favorita de muchos horticultores, pero la cosecha puede ser decepcionante en un verano ni caluroso ni fresco.

«SIGMABUSH»: es una buena elección: el crecimiento desplegado permite que el cultivo madure en tiempo nublado. Destaca por su precocidad y calidad.

«TOTEM»: una cosecha temprana con frutos de tamaño medio. Cultívelo en bolsas o macetas.

«TORNADO»: esta variedad es bastante similar a «Red Alert» pero fructifica un poco más tarde. Los tallos son vigorosos, el follaje es fuerte y las cosechas abundantes.

«TINY TIM»: es una variedad arbustiva enana que puede plantar en el alféizar. Los tomates semejantes a una cereza son de color rojizo claro y apenas tienen semillas.

«ROMA»: si quiere un arbusto para el exterior que produzca frutos en forma de ciruela, esta variedad será útil. Puede necesitar algún soporte.

Marmande

Pixie

Las enfermedades son mucho más importantes que las plagas de insectos –los tomates de exterior son mucho menos susceptibles que los cultivados en invernadero–. Cuídelos atentamente y trate las plantas tan pronto como aparezcan los primeros síntomas. Los tomates necesitan un abonado regular con un fertilizante específico rico en potasa para prevenir frutos de tamaño pequeño en los racimos superiores. No abone en exceso: poco y a menudo es el secreto.

PROBLEMAS DEL TOMATE

	Síntomas	Causas probables
Plántulas	— devoradas o rotas	**cochinillas** o **babosas** o **noctuela** (véase pág. 110)
	— derribadas	**hongos del semillero** (véase pág. 110)
	— raíces roídas	**miriápodos** (véase pág. 110)
Tallos	— perforados	22 o **gusano de alambre** (v. pág. 110)
	— manchas mohosas grisáceas	4
	— zona oscura cerca del nivel del suelo	6 o 7
Hojas	— azuladas	**demasiado frío** o **sequedad**
	— amarilleamiento internerval	12
	— moho gris	4
	— manchas semejantes al papel	17
	— manchas oscuras en el haz	13
	— manchas amarillentas en el envés	3
	— moteadas	1 o **araña roja**
	— curvadas	1 o 2 o 8 o 9
	— marchitas	5 o 6 o 7 o 10 o 11
	— filiformes	1 o 8
	— infestadas de pulgón verde	**áfido** (véase pág. 110)
	— polillas diminutas, superficie viscosa	9
	— agujereadas, presencia de orugas	22
Raíces	— oscurecidas, acorchadas	5
	— cubiertas de quistes o agallas	10
Frutos	— caída de flores antes de la formación de frutos	16
	— frutos formados, pero caídos antes de madurar	4
	— formados, pero no crecen	19
	— viscosos, cubiertos de moho negruzco	9
	— podredumbre blanca	23
	— motas o manchas descoloridas	14 o 15 o 17 o 18 o 20 o 25
	— ahuecados	8 o 21
	— partidos o perforados	22 o 24

HOJAS TORCIDAS O DESCOLORIDAS

Virus de la hoja filiforme

Virus del mosaico

1 VIRUS

Existen varias enfermedades virales importantes que afectan a los tomates. Las hojas pueden mancharse y torcerse, los tallos producir rayas verticales oscuras, el follaje aclararse y torcerse y el desarrollo atrofiarse. A menudo, el fruto afectado está moteado y bronceado.
Tratamiento: ninguno. Destruya los ejemplares afectados. Abone las plantas restantes.
Prevención: intente comprar plantas exentas de virus. Pulverice para controlar el pulgón verde. No las toque con las manos inmediatamente después de fumar.

2 ARROLLAMIENTO DE LAS HOJAS

A diferencia de las patatas, las hojas arrolladas del tomate no indican enfermedad. Normalmente el curvamiento hacia dentro de las hojas jóvenes se considera una buena señal si éstas son verde oscuras. El arrollamiento de las hojas más viejas se debe por lo general a una defoliación exagerada o a una gran alternancia térmica entre el día y la noche. No es necesario que actúe a menos que haya plagas y enfermedades.

5 PODREDUMBRE RADICAL

Un drenaje pobre puede provocar que las raíces enfermen. Por debajo del suelo las raíces se vuelven oscuras y se acorchan, y por encima las plantas tienden a marchitarse en tiempo caluroso. Las raíces no tienen remedio una vez que han sido atacadas: acolche alrededor de los tallos con turba humedecida para fomentar la formación de raíces nuevas. Al año cultive las plantas en bolsas, *compost* fresco o suelo esterilizado.

MANCHAS MOHOSAS

3 ABIGARRADO

En el envés del follaje aparecen manchas mohosas castaño-purpúreas y en el haz las manchas son amarillentas. Las primeras hojas atacadas son las inferiores.
Tratamiento: elimine algunas hojas inferiores. Pulverice con carbendazim al primer signo de ataque.
Prevención: ventile el invernadero, especialmente por la noche.

MANCHAS INCRUSTADAS

4 MOHO GRIS (Botrytis)

Por lo general, el moho gris se inicia en una zona dañada del tallo. Luego pueden infectarse otras partes de la planta. Los pedúnculos afectados pueden producir la caída del fruto.
Tratamiento: corte las zonas enfermas y espolvoree ligeramente la herida con carbendazim.
Prevención: disminuya la humedad mediante la ventilación adecuada. Elimine las hojas y los frutos marchitos. Evite una superpoblación. Pulverice con Carbendazim.

6 PODREDUMBRE DEL PIE

Por lo general, la podredumbre del pie es una enfermedad de las plántulas de los tomates aunque las plantas maduras pueden ser atacadas.

Tratamiento: ninguno si la zona enferma es grande. Coseche la planta y quémela. Si la planta sólo está ligeramente afectada, acolche la base del tallo con turba humedecida y riegue con compuesto Cheshunt; pueden obtenerse frutos.

Prevención: para cultivar las plántulas emplee tierra esterilizada o *compost*. Evite un anegamiento. No plante nunca en terrenos infectados.

BASES OSCURAS

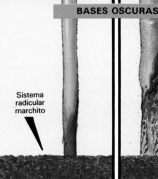
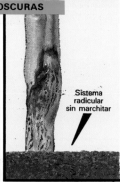

Sistema radicular marchito

Sistema radicular sin marchitar

7 CHANCRO

El chancro es una enfermedad de las plantas maduras. Las hojas inferiores amarillean y aparece una necrosis cortical oscura y hundida en la base del tallo. En esta zona necrótica se desarrollan manchas negruzcas. La enfermedad puede extenderse a otras partes del tallo.

Tratamiento: ninguno. Destruya las plantas gravemente afectadas y pulverice carbendazim en las bases del tallo de las plantas restantes. Si la planta sólo está ligeramente afectada, corte la zona enferma y pinte la herida con solución de carbendazim.

Prevención: esterilice el invernadero y el equipo entre cosechas.

HOJAS FILIFORMES

8 DAÑO HORMONAL

Los restos de herbicida pueden producir una alteración grave. Las hojas son filiformes y están torcidas; los tallos y los pecíolos también lo están. Aparentemente se asemeja a una enfermedad viral pero el enroscamiento es más pronunciado. El fruto tiene forma de ciruela y es hueco. Evite la enfermedad tratando el campo en un día apacible y no empleando nunca un equipo de herbicidas para otras plantas.

POLILLAS DIMINUTAS

9 MOSCA BLANCA

Es la plaga de tomates más extendida. Tanto las formas adultas como las larvas chupan la savia de las hojas, que se vuelven pálidas y curvadas. El follaje y los frutos se vuelven viscosos y en esta secreción azucarada se desarrolla un moho negruzco que desfigura la superficie.

Tratamiento: no es fácil de controlar. Pulverice con Permethrin a intervalos de tres días hasta que la Infestación se haya reducido. Los mejores resultados se obtienen pulverizando por la mañana o por la tarde.

Prevención: coloque cazamoscas de tiras amarillas sobre las plantas.

ENGROSAMIENTO

Anguilula dorada

Anguilula de las raíces

10 ANGUILULA

El crecimiento se atrofia y las hojas están descoloridas y marchitas. El follaje puede ser purpúreo en el envés. Las raíces producen diminutos quistes blanquecinos (anguilula dorada) o grandes engrosamientos oscuros (anguilula de las raíces).

Tratamiento: ninguno. Destruya las plantas.

Prevención: no cultive tomates o patatas en un terreno infestado, al menos durante seis años.

TEJIDO ESTRIADO NECRÓTICO

11 MARCHITAMIENTO

Las hojas se marchitan cuando el tiempo es caluroso, y parecen recobrarse en las tardes frías. Las hojas inferiores amarillean. Si corta la parte inferior del tallo se descubren los signos indicativos del marchitamiento: estrías oscuras recorren su tejido.

Tratamiento: acolche alrededor de los tallos para que se formen raíces nuevas. Empape el suelo con una solución de benomyl. Si es posible, mantenga a 24 °C durante dos semanas.

Prevención: no cultive tomates en terrenos infectados.

AMARILLEAMIENTO INTERNERVAL

12 DEFICIENCIA DE MAGNESIO

La decoloración se inicia en las hojas inferiores y progresa hacia arriba hasta que todo el follaje está afectado. Las zonas amarillentas pueden oscurecerse. Es una alteración grave y común que empeora, no mejora, al aplicar un abono estándar.

Tratamiento: pulverice con sales Epsom (14 g/0,57 l) o utilice un pulverizador foliar que contenga magnesio.

Prevención: utilice un fertilizante con magnesio.

MANCHAS OSCURAS

13 MILDIU DE LA PATATA

El mildiu puede ser una enfermedad devastadora de los tomates de exterior cuando el tiempo es húmedo. Los primeros síntomas que aparecen son zonas oscuras en los bordes de las hojas. Las manchas se extienden hasta que las hojas mueren. Los tallos presentan manchas negruzcas.

Tratamiento: ninguno, una vez que la enfermedad está muy extendida.

Prevención: pulverice con Mancozeb tan pronto como las plantas hayan sido invadidas. Repita esta operación cada dos semanas si el tiempo es húmedo.

PROBLEMAS DEL TOMATE continuación

DEL FRUTO

14 PODREDUMBRE APICAL

En la parte inferior del fruto se visualiza un trozo coriáceo de un color oscuro. Es un problema frecuente cuando se usan bolsas de crecimiento.

Tratamiento: ninguno.

Prevención: no deje nunca que el suelo o el *compost* se deseque, especialmente cuando el fruto está hinchado.

15 PODREDUMBRE UMBILICAL

Algunas partes del fruto permanecen amarillentas o anaranjadas y no maduran. Por lo general, se debe a un calor excesivo o a una deficiencia de potasa.

Tratamiento: ninguno.

Prevención: encale y controle la temperatura. Ponga abono rico en potasio. Riegue periódicamente.

16 CAÍDA DE LA FLOR

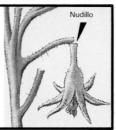

Nudillo

A veces las flores se marchitan y se rompen por el nudillo. La polinización no se ha producido, normalmente a causa de la sequedad de las raíces y del aire.

Tratamiento: ninguno.

Prevención: riegue periódicamente y pulverice las flores por la mañana. Golpee suavemente las plantas para fomentar la polinización.

17 QUEMADURA

Una depresión apergaminada de color castaño claro en un lado del fruto que se parece a un vidrio. Manchas semejantes al papel en las hojas. Se debe a la luz solar directa.

Tratamiento: ninguno.

Prevención: encale las paredes del invernadero. Humedezca las plantas adecuadamente, pero no las pulverice a mediodía.

18 PUNTOS SECOS

Las esporas del moho gris salpican o caen sobre el fruto. Se forman anillos («manchas acuosas») pequeños y transparentes.

Tratamiento: ninguno. Los frutos afectados pueden consumirse.

Prevención: proporciónele una buena ventilación. Al regar, no salpique los frutos en desarrollo. Controle el moho gris.

19 FRUTO ATROFIADO

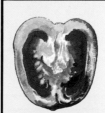

El desarrollo del fruto cesa cuando tiene el tamaño de un fósforo. El problema se da cuando el aire es demasiado caliente y seco en el momento de la polinización.

Tratamiento: ninguno.

Prevención: pulverice las plantas diariamente con agua.

20 CUELLO VERDE

La zona que rodea al pedúnculo se mantiene dura, verde e inmadura. Se debe a una insolación excesiva o a una deficiencia de potasa.

Tratamiento: ninguno.

Prevención: encale. Controle la calefacción del invernadero. Ponga periódicamente un abono rico en potasio. Trate de cultivar variedades resistentes.

21 FRUTO AHUECADO

Existen varias causas que producen frutos ahuecados: condiciones pobres durante la polinización (aire demasiado caliente, demasiado frío o demasiado seco), deficiencia de potasa en el suelo o daño producido por un herbicida.

Tratamiento: ninguno.

Prevención: evite los factores anteriormente citados.

22 NOCTUA

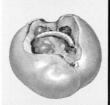

Orugas grandes, oscuras o verdosas, perforan los frutos y los tallos. Las orugas jóvenes agujerean las hojas.

Tratamiento: es demasiado tarde para un tratamiento efectivo en este estadio. Destruya el fruto.

Prevención: pulverice con Permethrin o fenitrotión cuando aparezcan agujeros y orugas jóvenes sobre las hojas.

23 MILDIU DE LA PATATA

Aparece una zona seca y oscura sobre el fruto. El tomate afectado pronto se pudre completamente. La infección puede desarrollarse durante el almacenamiento.

Tratamiento: ninguno. Destruya el fruto.

Prevención: proteja el fruto mediante una pulverización contra el mildiu de la patata tan pronto como aparezca sobre las hojas (véase pág. 103).

24 FRUTO PARTIDO

Es una enfermedad común de los tomates de exterior y de invernadero. Se debe a una lluvia o riego intenso después de que el suelo se ha secado alrededor de las raíces. El aumento repentino de tamaño provoca la partición de la piel.

Tratamiento: ninguno.

Prevención: mantenga las raíces uniformemente húmedas.

25 PODREDUMBRE ANULAR

Anillos oscuros concéntricos alrededor de una mancha grisácea en un fruto inmaduro. Las esporas del suelo salpican los racimos.

Tratamiento: ninguno.

Prevención: envuelva los racimos inferiores para prevenir la salpicadura. Aplique un acolchado de turba. Riegue cuidadosamente.

NABO

A pesar de que en la verdulería encontrará nabos muy desarrollados y leñosos, los de cosecha propia tienen mucho que ofrecerle. Existen variedades tempranas o globulares que se siembran en primavera y se cosechan cuando tienen el tamaño de pelotas de golf para consumirse crudas en ensaladas o para hervirse enteras y servirse en las principales comidas. Los nabos tempranos no sólo son redondos; también existen formas aplanadas y cilíndricas. Las variaciones de los nabos globulares de cultivo principal de verano son escasas, aunque puede escoger la variedad «Golden Ball» de pulpa amarillenta. Por último, los nabos pueden sembrarse en otoño y cortarse la parte superior para su uso como verdura de primavera —una verdura verde mucho más nutritiva que la espinaca— una vez finalizado el invierno. Los nabos son fáciles de cultivar y maduran rápidamente, pero recuerde que las variedades tempranas tienen más demanda que las de cultivo principal: cualquier contratiempo debido a un déficit de nutrientes, un drenaje pobre, una sequedad de las raíces, etc. disminuirá drásticamente su suavidad y su sabor

CARACTERÍSTICAS DE LAS SEMILLAS

Tamaño real

Duración esperada de germinación:	6 a 10 días
Número aproximado por cada 100 g:	24 000
Producción esperada por hilera de 3 m.	3 kg (variedades tempranas) 5,5 kg (variedades de cultivo principal)
Longevidad de la semilla almacenada:	3 años
Tiempo aproximado entre la siembra y la cosecha:	6 a 12 semanas
Facilidad de cultivo:	fácil

CARACTERÍSTICAS DEL SUELO

- Los nabos son coles (véase pág. 27) y, al igual que otros miembros de la familia, necesitan un suelo firme, no ácido y con un drenaje mediano.
- Las variedades tempranas necesitan un suelo fértil (si el suyo es arenoso o poco profundo, escoja otro cultivo).
- Elija un lugar razonablemente soleado y cave en otoño. Abone con cal si es necesario. En primavera aplique fertilizante Growmore y si la mosca de la col es un problema, tome medidas preventivas. Una semana más tarde, prepare el semillero.

SIEMBRA

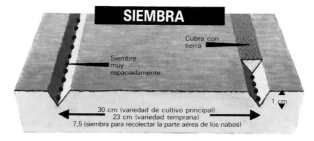

Cubra con tierra

Siembre muy espaciadamente

1 cm

30 cm (variedad de cultivo principal)
23 cm (variedad temprana)
7,5 (siembra para recolectar la parte aérea de los nabos)

CUIDADOS DEL CULTIVO

- Aclare los nabos cultivados tan pronto como las plántulas sean suficientemente grandes para manipularlas. Hágalo escalonadamente hasta que las plantas estén separadas entre sí unos 20 cm (variedades de cultivo principal) o 10 cm (variedades tempranas). No aclare los nabos si desea su parte aérea como verdura.
- Mantenga el suelo escardado y acuérdese de regarlo cuando el tiempo sea seco —si no lo hace así las raíces serán más pequeñas y leñosas. La lluvia después de un período de sequedad puede producir la rotura de las raíces si no se ha regado el suelo.
- Pulverice con Derris al primer signo de daño de la altisa.

RECOLECCIÓN

- Las raíces de las variedades tempranas no se cosechan levantándolas con una horquilla como los colinabos, sino arrancándolas como los rábanos. Recoléctelas cuando aún sean pequeñas: con un tamaño de una pelota de golf, si han de consumirse crudas, o con un tamaño que oscile entre una pelota de golf y una de tenis, si han de cocinarse.
- Empiece la recolección de los nabos de cultivo principal apenas sean lo suficientemente grandes para utilizarse —recuerde que el sabor y la suavidad van disminuyendo paulatinamente. Normalmente la cosecha se inicia a principios de otoño y, puede dejar los nabos en el suelo y recolectarlos con una horquilla a medida que los necesite. En las zonas frías y húmedas es preferible que coseche a mediados de otoño: tuerza las hojas y coloque las raíces entre estratos de turba seca o arena en una caja resistente. Almacénelas en un cobertizo fresco.
- A finales de invierno, o a principios de primavera, podrán cosecharse las partes aéreas de los nabos cultivados como verdura verde de primavera puesto que tendrán unos 13 cm de altura. Deje que las plantas rebroten y podrá así obtener varias cosechas.

- **Nabos tempranos:** siembre «Purple-Top Milan» bajo campanas a mediados de invierno y otras variedades tempranas al aire libre a finales de invierno o finales de primavera, para cosecharlas a mediados de primavera o finales de verano.
- **Nabos de cultivo principal:** siembre variedades de cultivo principal a principios o mediados de verano, para cosecharlas y almacenarlas a partir de otoño.
- **Parte aérea del nabo:** siembre una variedad de cultivo principal a mediados o finales de verano, para obtener las verduras a finales invierno y principios de primavera.

CALENDARIO

	Invierno	Primavera	Verano	Otoño
Siembra				
Cosecha		SÓLO PARTE AÉREA		

EN LA COCINA

Los nabos tempranos pueden consumirse crudos; para ello, simplemente límpielos, elimine las partes aéreas y las raíces y pélelos ligeramente. Córtelos en rodajas o rállelos antes de añadirlos a su ensalada predilecta de verano. Algunos consideran que los nabos crudos son bastante indigestos; en este caso, hiérvalos enteros durante unos 25 min y saltéelos con mantequilla y perejil cortado antes de servirlos. Los nabos de cultivo principal son más fibrosos y necesitan tratarse de otro modo, tal como se describe más adelante.

CONGELACIÓN: use nabos pequeños, límpielos, quite las partes aéreas y las raíces y córtelos en rodajas o en cubos. Blanquéelos durante 3 min, enfríelos y luego escúrralos cuidadosamente. Congélelos en un recipiente rígido.

ALMACENAMIENTO: manténgalos en una bolsa de polietileno en el frigorífico: los nabos se conservarán frescos durante dos semanas.

COCCIÓN: después de cortar los nabos de cultivo principal, pele la capa externa gruesa y fibrosa. Corte las raíces en trozos y hiérvalos durante unos 30 minutos. Escúrralos a fondo y decida cómo desea servir esta verdura caliente. Puede saltear los trozos con mantequilla derretida y perejil o puede hacer puré con mantequillla, nata, pimienta y un poco de jugo de limón. Algunos prefieren combinarlos con zanahorias o patatas hervidas antes de hacer el puré. Se suele preparar estofados, guisos y sopas de nabos, pero también puede sancocharlos y servirlos como guarnición del asado. Los penachos de hojas de los nabos se cocinan del mismos modo que las espinacas: coloque las hojas en una cazuela y añada sal, pimienta y un terrón pequeño de mantequilla o margarina. No añada agua: simplemente cuézalas al vapor unos 10 min en el agua que sueltan las hojas. Escúrralas a fondo en un colador y elimine el exceso de agua presionando las hojas con la parte posterior de una cuchara.

VARIEDADES

Variedades TEMPRANAS

Aplanadas

Cilíndricas

Globulares

Estas variedades maduran pronto y deben cosecharse cuando las raíces aún son jóvenes y tiernas. No pueden almacenarse y deben usarse a los pocos días de su cosecha.

«PRESTO»: cultívelo por las raíces de tamaño de una bola de golf; se puede recolectar transcurrido un mes desde la siembra.

«SNOWBALL»: de crecimiento rápido, forma globular y pulpa blanquecina, muchos consideran que es el mejor nabo temprano para exposiciones y para la mesa. Es popular y lo encontrará en su centro de jardinería local. Elíjalo si cultivarlo bajo campanas si no puede encontrar la variedad anterior.

«EARLY SIX WEEKS»: conocida también como «Early White Stone», es otro nabo globular de pulpa blanquecina que es parecido a «Snowball».

«PURPLE-TOP MILAN»: es diferente: un nabo aplanado y blanquecino cuya parte superior es purpúrea. Es el más precoz de los nabos populares.

«RED GLOBE»: las raíces son globulares de tamaño mediano. La pulpa y la piel son blanquecinas aunque la parte superior de esta última es rojiza.

«GOLDEN PERFECTION»: es una variedad aplanada con una pulpa tierna y amarillenta. Es difícil encontrarla.

«TOKYO CROSS»: es un nabo poco común: una variedad temprana que se siembra tarde. Una siembra de mediados de primavera o finales de verano produce nabos globulares blanquecinos y pequeños que pueden cosecharse en unas seis semanas.

«SPRINTER»: es un descendiente seleccionado de «Purple-Top Milan». Según los proveedores, es un poco más pequeño.

Snowball

Variedades de CULTIVO PRINCIPAL

Blanquecinos

Amarillentos

Parte superior verdosa

Estas variedades son más grandes y maduran más lentamente que los nabos tempranos. También son más resistentes y sus cualidades de conservación son buenas: pueden cosecharse y almacenarse a mediados de otoño y consumirse durante el invierno y la primavera.

«GREEN-TOP WHITE»: es la variedad que se recomienda para usarse como verdura verde de primavera. Si se deja madurar, las raíces son grandes y la parte superior es verdosa, tal como su nombre indica. Otras variedades son: «Marble-Top Green», «Green Top» y «Green Globe».

«MANCHESTER MARKET»: es una variedad típica de superficie superior verdosa que produce nabos grandes de pulpa blanquecina y sabor suave. Se recomienda especialmente para almacenarla en invierno.

«GOLDEN BALL»: según los expertos es la mejor variedad de cultivo principal. Las plantas son compactas y las raíces de pulpa amarillenta son tiernas. Sus cualidades de conservación son buenas y se cultivan para exposiciones.

«CHAMPION GREEN-TOP YELLOW»: una variedad de pulpa amarillenta como «Golden Ball», y como aquélla, se conserva largo tiempo, pero a diferencia de «Golden Ball» aparece en pocos catálogos.

Green-Top White

PROBLEMAS DE LOS RÁBANOS, COLINABOS Y NABOS

La familia de las coles es célebre por el aterrador número de plagas y enfermedades que pueden atacar las plantas. Los miembros que producen raíces no son una excepción, como muestra claramente la extensa tabla de la derecha, pero en la práctica es probable que encuentre muy pocos problemas en el huerto. El único problema grave del cultivo de rábanos es la altisa —los nabos y los colinabos tienen que afrontar algunos más, incluyendo la hernia de las coles, el mildiu y la podredumbre húmeda. A veces el ceutorrinco de la col y la mosca de la col son una molestia, pero las coles de raíz generalmente son mucho más sanas que las de hoja, como las coliflores y las coles de Bruselas.

	Síntomas	Causas probables
Plántulas	— devoradas	**pájaros** o **babosas** (véase pág. 29) o **altisa** (véase pág. 30) o **noctuela** (véase pág. 31)
	— derribadas	**hongos del semillero** (véase pág. 110)
	— muy agujereadas	**altisa** (véase pág. 30)
	— rotas a ras del suelo	**noctuela** (véase pág. 31)
Hojas	— hinchadas, distorsionadas («hoja arrugada»)	**mosquito de la col** (véase pág. 30)
	— capa harinosa blanquecina	**mildiu** (véase pág. 21)
	— moho grisáceo en el envés	**falso mildiu** (véase pág. 28)
	— manchas blanquecinas	**blanco de la col** (véase pág. 29)
	— amarilleamiento; nervios ennegrecidos	4
	— manchas abultadas verde oscuras	1
	— infestadas de pulgón verde	**pulgón ceroso de la col** (véase pág. 30)
	— agujereadas	**oruga de la col** (véase pág. 29) o **babosas** (véase pág. 29) o **altisa** (véase pág. 30) o **polilla de la col** (véase pág. 31)
Raíces	— perforadas, presencia de orugas	**mosca de la col** (véase pág. 28)
	— excrecencias engrosadas	**hernia de la col** o **ceutorrinco de la col** (véase pág. 28)
	— cubiertas de moho purpúreo	**mal vinoso** (véase pág. 43)
	— manchas costrosas	**sarna** (véase pág. 85)
	— brotes laterales alrededor del cuello («muchos cuellos»)	**mosquito de la col** (véase pág. 30)
	— partidas	**seccionadas** (véae pág. 43)
	— amargas, fibrosas	3
	— leñosas	**deficiencia de agua o fertilizante** o **recolección retardada**
	— anillos negruzcos internos	4
	— inicio de podredumbre húmeda en el cuello	2
	— manchas oscuras en la pulpa	3

MANCHAS VERDES

1 MOSAICO DEL NABO

Es una enfermedad dañina e infecciosa de los nabos que afortunadamente es poco común. Las hojas jóvenes están torcidas y manchadas. Puede ser fatal en las plantas jóvenes. El signo indicativo es la presencia de manchas abultadas verde oscuras sobre las hojas.

Tratamiento: no existe curación. Destruya las plantas afectadas ya que esta enfermedad puede dar lugar a la podredumbre húmeda.

Prevención: pulverice con Permethrin o Heptenophos para controlar el pulgón verde que es el transportador.

2 PODREDUMBRE HÚMEDA

Tanto los nabos recién cosechados como los almacenados pueden presentar una podredumbre viscosa y húmeda que se inicia en el cuello. La superficie externa de las raíces se mantiene firme. El signo indicativo es la caída del follaje, y es esencial eliminar inmediatamente las plantas afectadas. Evite problemas en la siguiente estación, asegurándose de que el terreno esté bien drenado, no abonado excesivamente, teniendo cuidado en no dañar las raíces al escardar y no almacenando nunca nabos o colinabos estropeados. Practique la rotación de cultivos.

MANCHAS OSCURAS

3 CORAZÓN OSCURO

En la pulpa se observan anillos castaño-grisáceos. Las zonas afectadas se hidratan. Es más probable que esta enfermedad ataque a los colinabos que a los nabos, y normalmente está restringida a suelos ligeros en una época de sequedad. Las raíces afectadas son amargas. La causa es la deficiencia de boro.

Tratamiento: ninguno.

Prevención: si sabe que el suelo es deficiente en boro, aplique 1,75 g/m² de boro antes de la plantación (tenga cuidado de no aplicar una dosis excesiva).

ANILLOS NEGROS

4 PICADO NEGRO

Externamente esta enfermedad se detecta por las hojas amarillentas con nervios negruzcos (véase pág. 29). Si se efectúa un corte transversal a una raíz afectada, se puede observar un anillo de puntos negruzcos por debajo de la piel. Los ataques son peores en un verano húmedo y cálido, en un suelo escasamente drenado.

Tratamiento: ninguno. Recolecte las plantas enfermas y quémelas.

Prevención: practique la rotación de cultivos. Asegúrese de que el suelo esté bien drenado.

CAPÍTULO 3

PROBLEMAS DE LAS HORTALIZAS

Uno de los espectáculos más penosos es observar un cultivo de hortalizas totalmente destrozado por las plagas. Los insectos y otros organismos pequeños dañan el jardín, dándole un aspecto desagradable, pero destruyen totalmente las plantas alimenticias. Además, la enfermedades pueden causar estragos. Muchas enfermedades son provocadas por hongos y por ello, a menudo, pueden evitarse pulverizando con un fungicida. Las restantes, es decir, las provocadas por bacterias y virus, raramente pueden controlarse de esta forma.

No todos los problemas de las hortalizas se deben a las plagas y a las enfermedades, tomates partidos, plántulas blandas y cebollas de cuello de toro no son propiamente plagas pero constituyen transtornos importantes. El propósito de este capítulo es indicarle como evitar cualquier tipo de problemas y ayudarle a identificar y a controlar las plagas, las enfermedades y los trastornos que pueden atacar a numerosas plantas. Los problemas específicos de una determinada hortaliza se tratan en las páginas que se refieren a su cultivo y por ello están catalogados una impresionante colección de enemigos.

Este libro no pretende alarmarle; aunque cultive durante mucho tiempo nunca encontrará todos estos problemas. La función de esta guía es disminuir su preocupación frente a un problema no identificado y proporcionarle el conocimiento necesario para tratar el mismo rápida y correctamente.

Medidas preventivas

- **Escoja con prudencia.** Infórmese respecto al cultivo antes de comprar; no confíe solamente en la información que le suministra el paquete de semillas. Asegúrese que la variedad es apropiada para sembrar en la fecha elegida y no retrase la compra hasta el último instante; muchas variedades escogidas se agotan pronto. A veces, necesitará comprar plántulas, en lugar de semillas, para trasplantar a la parcela. Elija cuidadosamente, las plantas deben ser vigorosas, sanas, decoloradas y con un buen sistema radicular. En este caso debe retrasar su compra hasta el último momento porque deben adquirirse y plantarse lo más rápidamente posible.

- **Prepare el suelo correctamente.** Es esencial un buen drenaje. En un suelo anegado probablemente la planta perecerá a consecuencia de organismos que provocan la podredumbre de la raíz. Siga las normas correctas para el estercolado, abonado, y encalado del suelo. Recuerde que las hortalizas son muy variables en cuanto a características del suelo. Si proyecta sembrar en primavera la época de cavar es el otoño o a principios de invierno.

- **Practique la rotación de cultivos.** Los problemas edáficos y las deficiencias de nutrientes pueden incrementarse si cultiva año tras año la misma verdura en el mismo lugar. Es necesario practicar la rotación de cultivos para tener éxito en la producción de hortalizas.

- **Evite la superpoblación.** Siembre la semillas espaciadamente. Es práctico aclarar las plántulas inmediatamente después de la germinación; la superpoblación da lugar a plantas débiles y aumenta el peligro de enfermedades. No deje las plántulas arrancadas en la parcela; póngalas en el montón de *compost* o quémelas si es lo indicado.

- **Elimine las malas hierbas y los desperdicios.** Las malas hierbas restan agua, nutrientes, espacio y luz a las plantas. Los desperdicios, pueden ser focos de plagas del suelo y de enfermedades.

- **Elimine las plantas gravemente infectadas** no deje focos de infección en el huerto. Elimine y destruya las plantas incurables según se indica en este libro.

- **Abone y riegue correctamente.** Algunos problemas de las plantas se deben a un abonado incorrecto y a problemas de humedad del suelo. Emplee un fertilizante equilibrado que contenga nitrógeno, fosfatos y potasa; siga las instrucciones. No deje nunca que las raíces se deshidraten; sin embargo, las pulverizaciones diarias en lugar de un buen riego pueden ser más dañinas que beneficiosas.

Trate los problemas lo más pronto posible

- **Prepare un pequeño botiquín.** Es una idea acertada disponer de un cierto surtido de pesticidas en el cobertizo para un caso de emergencia. Precisará un paquete de Heptenophos, Permethrin y Carbendazim contra las enfermedades y las plagas superficiales, Methiocarb contra las plagas subterráneas y contra las babosas.

- **Pulverice cuando sea necesario.** Inspeccione las plantas periódicamente y al detectar el primer signo de un problema busque su causa en el apartado correspondiente de este libro. Una vez averiguada la causa actúe rápidamente; muchas plagas y enfermedades pueden detenerse con bastante facilidad si se tratan con prontitud, pero pueden ser difíciles de controlar en caso contrario.
Existen algunas reglas sencillas que aseguran un control de las plagas económico, efectivo y seguro. Lea la etiqueta con cuidado y asegúrese que se trata del producto recomendado para las plantas que va a pulverizar. Siga las instrucciones; no prepare una solución más concentrada que la recomendada y no emplee nunca recipientes que han contenido un herbicida.
Intente escoger un día no soleado ni ventoso, pulverice enérgicamente el haz y el envés de las hojas hasta que el líquido empiece a gotear de las mismas. Después de efectuada esta operación, lave todo el material empleado, sus manos y su cara. Guarde los paquetes en un lugar seguro y no conserve paquetes sin etiquetas o con etiquetas ilegibles. No guarde nunca pesticidas en botellas de cerveza o en recipientes similares.
Es importante realizar este pulverizado en el momento correcto. Los insecticidas generalmente se aplican al detectar el primer signo de ataque. Los productos sistémicos, tales como Heptenophos, penetran en la corriente de la savia y protegen zonas a las que no llega el pulverizado.
Los fungicidas generalmente trabajan como protectores y en consecuencia deben aplicarse antes de que los problemas aparezcan.
Algunos problemas (araña roja, mosca blanca, enfermedades, etc.) precisan pulverizados periódicos. De nuevo, siga las instrucciones de la etiqueta.
Por último, escoja un producto con un intervalo de recolección apropiado; durante la época de la cosecha escoja un producto con un intervalo de 0-2 días entre el pulverizado y la recolección.

TRASTORNOS GENERALES

Algunos problemas de las hortalizas atacan solamente a uno o a un pequeño grupo de cultivos; como por ejemplo el mildiu de la patata, la mosca de la zanahoria y la polilla de los guisantes verdes. Otros problemas afectan a un gran número de plantas y constituyen trastornos generales (descritos en esta página) y enfermedades y plagas generales (véase página 110).

VIENTO

Un viento frío del este durante la primavera puede provocar la muerte de las plantas al igual que una helada. El efecto del viento se manifiesta en el oscurecimiento de los bordes foliares. Otro efecto nocivo lo constituyen las sacudidas del viento que pueden conducir a la podredumbre radicular.

HELADA

Una helada tardía e intensa provocará la muerte de las verduras semi-resistentes. Aunque las heladas ennegrezcan los brotes de los espárragos y las patatas, una vez ha pasado aparecen brotes sanos. Los síntomas generales de un daño moderado son la aparición de manchas amarillentas y el oscurecimiento de los bordes foliares. La regla básica es no sembrar antes del tiempo recomendado a menos que proteja el cultivo. Si su huerto se encuentra en una pendiente, evite que se formen «cavidades de hielo» en la parte más profunda permitiendo que el aire circule.

RIEGO DEFICIENTE

El primer síntoma es la decoloración de las hojas seguida de su marchitamiento. La decoloración va incrementando y el crecimiento cesa. Las lechugas se vuelven coriáceas, las raíces se tornan leñosas y algunas plantas espigan. Las flores y los frutos jóvenes pueden caer. Si la deficiencia continúa, las hojas oscurecen, caen y la planta muere. Evite este problema incorporando abono orgánico, regando copiosamente y efectuando un acolchado.

RIEGO EXCESIVO

La anegación afecta a las plantas de dos formas. Las raíces no se desarrollan bien debido a la falta de aire en el suelo. El sistema radicular se vuelve superficial y también inefectivo puesto que los pelos radicales mueren. Con frecuencia las hojas empalidecen y el crecimiento se atrofia. El segundo efecto grave es la estimulación de enfermedades que producen podredumbre de la raíz. Por esta razón es esencial un buen drenaje y esto requiere cavar a fondo en otoño. Añadir abundante abono orgánico al suelo arcilloso; la época adecuada para añadir humus depende del tipo de cultivo considerado.

LLUVIA INTENSA SEGUIDA DE SEQUÍA

La corteza de muchas verduras se endurece en condiciones de sequía y luego, cuando llueve intensamente o se riega, aumenta rápidamente de tamaño y a continuación se parte. El resultado de esto es la escisión de los tomates, de las patatas y de las raíces. Evítelo regando antes de que el suelo se seque.

ABONADO DEFICIENTE

Los nutrientes principales son el nitrógeno, los fosfatos y la potasa, y un cultivo vigoroso actúa como un gran sumidero de los nutrientes del suelo. La deficiencia de nitrógeno da lugar a un crecimiento enano, hojas pálidas y, algunas veces, a una decoloración rojiza. La deficiencia de potasa conduce a una escasa resistencia a la enfermedad, bordes foliares secos, y da lugar a verduras de baja calidad para cocinar y almacenar. Antes de sembrar o de plantar, aplique un fertilizante completo, tal como Growmore, que contiene todos los macronutrientes. Aplique una o más capas a las plantas en crecimiento. Ayude a las verduras atrasadas pulverizando las hojas con fertilizante líquido diluido.

SOMBRA

Puede ser el principal problema en un huerto pequeño. El crecimiento es débil y extendido, y las hojas tienden a ser pequeñas. Estas plantas son propensas a numerosas plagas y enfermedades. Cultive tipos de hoja y de raíz antes que verduras de fruto y vaina.

DEFICIENCIA DE ELEMENTOS TRAZA

Con frecuencia las verduras muestran síntomas de deficiencia tales como amarilleamiento entre los nervios y las hojas secas. Los elementos traza más importantes son el magnesio, el manganeso, el hierro, el molibdeno y el boro. Asegúrese de que el suelo ha recibido la cantidad suficiente de los mismos a través de *compost* o de estiércol. Si se sabe con certeza que su terreno presenta deficiencia de elementos traza, la mejor solución, sin lugar a dudas, es regarlo al inicio de la estación con un producto que retiene todos los elementos traza que precisan las plantas.

DEFICIENCIA DE ABONO ORGÁNICO

El suelo debe estar en buen estado y ello exige cantidades importantes de abono orgánico. No todos los productos son apropiados. Aunque la turba puede aumentar la aireación y la retención de agua carece de una fuente activa de humus. Son ideales un buen *compost* de jardín y estiércol descompuesto. La época de aplicarlos es sumamente importante; consulte en este libro los requerimientos de cada cultivo.

PLAGAS Y ENFERMEDADES GENERALES

ÁFIDO

Es muy conocido el efecto debilitador del pulgón verde y del pulgón negro en las hojas y en los brotes; sin embargo, existen otros resultados nocivos. Dejan una secreción azucarada viscosa, y los hongos negros que crecen sobre ella son repugnantes y obturan los estomas. Peor aún es el peligro de una infección vírica ya que los áfidos son los primeros transmisores. Por todo esto, los áfidos deben atacarse inmediatamente. Pulverice los cultivos de exterior con Heptenophos o Permethrin y los de invernadero con este último.

TIJERETAS

Esta plaga provoca la esqueletonización de las hojas de la remolacha, los nabos y la zanahoria. Pulverice con Permethrin al observarlas por primera vez.

PÁJAROS

Los pájaros alegran el huerto y la mayoría no son perjudiciales. Algunas especies, sin embargo, constituyen una molestia grave para las semillas, las plántulas y algunos cultivos maduros, y en estos casos se precisan redes de protección.

GATOS

Con frecuencia los gatos escojen los semilleros para defecar y normalmente evitan los huertos de sus dueños. Es un problema difícil y debe esparcir gran cantidad de repelente en las zonas donde los gatos son un problema.

PLAGAS DEL SUELO
GRUPO 1: controladas por Methiocarb

Methiocarb es una alternativa del metaldehído usado para controlar las babosas. Tiene la ventaja de ser efectivo en tiempo seco y húmedo. Las investigaciones realizadas han puesto de manifiesto que un rastrillado ligero de este producto esparcido en la superficie del suelo controlará los oniscidos, los miriápodos y las típulas de las huertas.

BABOSAS Y CARACOLES

Son unas plagas muy fastidiosas, especialmente en tiempo húmedo. Destruyen las plagas y dañan las hojas, los tallos y las raíces de las plantas más viejas. Busque el rastro de baba indicativo.

TÍPULAS DE LAS HUERTAS

Los gusanos son grisáceos, oscuros y tienen unos 2,5 cm de longitud. Son muy activos en los suelos ligeros y en tiempo húmedo. Atacan los tallos y devoran las hojas. Las raíces están perforadas.

MIRIÁPODOS

Los gusanos son negruzcos o rosados y se apelotonan si se les toca. Atacan las partes subterráneas de las plantas y, se extienden a zonas ya dañadas por otras plagas. Son muy molestos en condiciones húmedas y frías. Difíciles de controlar.

ONISCIDOS

En cajoneras e invernaderos se encuentran estas plagas de cutícula dura y grisácea. Atacan a las plántulas y a las plantas jóvenes. Se esconden durante el día.

controladas por insecticidas biológicos con nematodos

Estos productos contienen organismos vivos en lugar de sustancias químicas. En el interior del paquete hay millones de nematodos microscópicos que eliminan las larvas de diversas plagas del suelo. La oruga de la col, las típulas, las noctuelas y el gusano raedor son vulnerables a ellos. Obviamente se trata de un método respetuoso con el medio ambiente, pero cuando la temperatura es inferior a 24 °C no es efectivo.

NOCTUELA

Las orugas son gruesas, de color grisáceo o marrón y de 4-5 cm de longitud. Viven cerca de la superficie y devoran las plantas jóvenes a nivel del suelo.

GUSANO RAEDOR

Los gusanos son largos, curvados y de una longitud superior a 2,50 cm. Se nutren durante todo el año de raíces y son una plaga grave en una pradera recién disgregada.

HONGOS DEL SEMILLERO

Las plántulas germinadas pueden ser atacadas por hongos del semillero, en consecuencia la base ennegrece y se marchita y posteriormente las plantas caen. En los cultivos de invernadero emplee *compost* esterilizado, siembre espaciadamente, riegue con cuidado, ventile correctamente y suministre la luz adecuada. Al aire libre evite sembrar en un suelo frío y húmedo, siembre espaciadamente y evite la anegación. Si se presenta esta enfermedad, arranque inmediatamente las plántulas afectadas y riegue las restantes con Cheshunt.

PESTICIDA	Período mínimo entre la pulverización y la recolección
sulfuro	0 días
Permethrin	0 días
sopa hortícola	0 días
Pyrethrum	0 días
sulfato de cobre	0 días
oxiclorato de cobre	0 días
Bifenthrin	0 días
B. thuringiensis	0 días
Derris	1 día
Heptenophos	1 día
Malathion	1-4 días
Carbendazim	2-21 días
pirimicarb	3 días
Methiocarb	7 días
pirimifosmetil	7 días
Mancozeb	7-21 días
fenitrotión	14 días
Lindane (HCH)	14 días

Nota: es posible que algunos cultivos precisen un intervalo más largo; compruebe la etiqueta.

CAPÍTULO 4

RAREZAS

Las parcelas y los cuadros de hortalizas, desde Caithness hasta Cornualles, son una escena familiar. Según la estación podrá observar hileras de judías, guisantes, coles, zanahorias y cebollas, una parcela de patatas y las verduras de ensaladas (lechugas, rábanos, etc.). Esto no es raro, sino todo lo contrario, ya que la parcela se cultiva para poder obtener alimento para la familia y sería absurdo, en efecto, malgastar dinero y esfuerzo en producir verduras que luego resultan ser incomestibles.

Por otro lado, es absurdo que no se cultive nunca algo nuevo, y por ello es aconsejable dedicar un espacio pequeño o incluso una sola hilera a una rareza; una verdura que nunca haya cultivado con anterioridad y que quizás jamás haya sido vista en un huerto.

Es fácil demostrar lo que uno se proponga cultivando rarezas. Después de todo, sólo le costará el precio de un paquete de semillas y algunas no son más difíciles de cultivar que las patatas y mucho más fáciles que los guisantes. Después de la cosecha, puede impresionar a sus amigos sirviendo verduras que ellos nunca han visto anteriormente... pero hay problemas.

Generalmente una verdura deja de ser popular por una causa bien definida. Algunas, tales como la lechuga de campo y el diente de león culinario, carecen de sabor o son ligeramente amargas y por ello contribuyen escasamente al abanico de sabores disponibles de las verduras que se cultivan corrientemente. Otras (col marina, cardo, etc.) son problemáticas puesto que precisan blanqueamiento, y otras tales como la alcachofa china son difíciles de preparar en la cocina. Quizá la principal razón de la desaparición de muchas verduras anteriormente populares de los catálogos de semillas sea debido simplemente a un cambio de costumbres y a que lo antiguo se sustituye por lo moderno. Los ejemplos descritos en este capítulo son el zurrón, las hojas de capuchina y la col marina; otros no listados incluyen la verdolaga y rapochigo. Nombres extraños, en efecto, pero estas verduras se encontraban en los catálogos antiguos, cuando los tomates y las judías trepadoras se consideraban rarezas.

Evidentemente es temerario dedicar una amplia zona al cultivo de una extensa gama de rarezas, sólo para descubrir que no son del agrado de su familia. La regla principal es degustar una hortaliza desconocida antes de decidirse a cultivarla. A pesar de esto, cultivar sin cierto riesgo es una afición aburrida, por ello siga las indicaciones que se dan a continuación.

En primer lugar cultive una variedad rara de una verdura popular. En vez de cultivar el humilde rábano rojizo puede probar la variedad gigante «Minowase Summer» o la «Black Spanish Round» del tamaño de un nabo, o bien en lugar de sembrar anualmente las variedades de guisante «Onward» o «Kelvedon Wonder» siembre las *mangetout*. Existen judías verdes con vainas purpúreas, coles de Bruselas rojizas, tomates listados y lechugas de color de bronce. Actualmente las variedades enanas ganan popularidad —en la página 116 encontrará variedades de coliflor y maíz que caben perfectamente en la palma de la mano. Si desea información sobre las variedades poco usuales de las hortalizas comunes es mejor consultar los catálogos anuales de los centros mayoristas de semillas. Junto a las revistas de jardinería, le informarán de las últimas novedades disponibles para el horticultor doméstico.

El siguiente paso podría consistir en cultivar una o varias de las verduras menos frecuentes citadas anteriormente. Las semillas pueden adquirirse en la mayoría de los grandes centros de horticultura y realmente no hay nada peculiar en ellas. Son buenos ejemplos las alcachofas y los tupinabos, el apionabo, el colirrábano, el salsifí y la escorzonera. De nuevo, compre algunas en el supermercado y permita que su familia las deguste antes de dedicarles tiempo y espacio en el huerto. Si dispone de un invernadero, pruebe la berenjena o el pimiento junto al muy popular tomate y al pepino.

Por último, para el emprendedor nato existen las rarezas descritas e ilustradas a continuación. En casi todos los casos tendrá que buscar en los catálogos para hallar un suministrador; la excepción destacable la constituye la capuchina que puede adquirirse y cultivarse en todas partes. Desde luego vale la pena cultivar algunas; no debe olvidar el hinojo florentino si le gusta el sabor anisado, el berro de prado es un excelente sustituto del berro y las hojas de capuchina dan a una ensalada cruda más sabor que las esponjosas hijas de la lechuga. El perejil hamburgués proporciona hojas para aderezo y raíces para cocinar, y una mata de cebollas galesas produce «cebollas de primavera» año tras año. Tal vez no estará muy entusiasmado después de probar estas rarezas pero, ¿qué ha perdido?

CARDO

Antiguamente el cardo se encontraba en los catálogos de hortalizas recomendadas, pero en la actualidad es una rareza. Realmente no es sorprendente; tiene problemas y necesita espacio para crecer y el producto final no es una verdura especialmente apetecible. No obstante, si le atrae lo poco común o si le interesan los sabores antiguos, pruebe los cardos. Las plantas crecen hasta una altura de 1,8 m. y son más adecuadas en la parte posterior de una bordura herbácea que en una parcela de verduras.

A principios de primavera, siembre grupos de tres semillas a unos 5 cm de profundidad; deje 60 cm entre grupo y grupo. Aclare dejando una sola planta cada estación y riegue copiosamente durante el verano. A finales de esta estación ate las hojas y blanquéelas como el apio (véase página 47). Arranque las plantas 5 semanas más tarde, corte las raíces y descarte las hojas externas.

El cardo produce cabezas florales que parecen alcachofas globulares pequeñas pero se cultiva por sus tallos blanquecinos. Trátelo como un apio duro y fibroso. No puede consumirse crudo. Para cocinarlos, córtelos a trozos, quite los nervios externos y luego déjelos hervir hasta que se ablanden, al menos 30 minutos.

ALCACHOFA CHINA

Dentro de las alcachofas de raíz, el tupinambo es una variedad poco común de la parcela de verduras, pero la alcachofa china es aún más rara. Desde el punto de vista de su cultivo es bastante singular; la alcachofa china es más fácil de cultivar y no necesita entutorarse ni aporcarse. Esta verdura es impopular a causa de la naturaleza de sus tubérculos; pequeños, retorcidos y dentados, lo cual no es un contratiempo para el horticultor sino para quien los cocina.

Si encuentra un proveedor de estos tubérculos plántelos como los tupinambos, a 15 cm de profundidad, a mediados o finales de invierno a intervalos de 30 cm en hileras separadas entre sí 45 cm. El crecimiento no es vigoroso, por tanto haga lo que pueda para fomentar un máximo desarrollo del tubérculo. Plántelos en un suelo rico en humus y en verano, riéguelos y abónelos regularmente. Coséchelos a medida que los necesite, desde mediados de otoño hasta principios de primavera. Cubra la planta con paja, hojas o *compost* durante el invierno. Al final de la estación asegúrese de que se han arrancado *todos* los tubérculos.

El sabor de las alcachofas chinas es delicado y delicioso. En la cocina trátelas como los tupinambos.

LECHUGA DE CAMPO

La lechuga de campo no ganará nunca ningún premio en un concurso de gastrónomos, a pesar de que algunos catálogos demasiado optimistas puedan indicarlo. Su única ventaja sobre la lechuga es que cultivada al aire libre, sus hojas pequeñas pueden cosecharse entre mediados de otoño y principios de invierno, cuando las ensaladas de cosecha propia son aún raras.

Se desarrolla en todos los suelos y situaciones pero es posible que necesite protegerla contra la acción de los pájaros y las babosas en los estadios iniciales del crecimiento. Siembre a mediados o a finales de verano, a 1 cm de profundidad en hileras separadas 15 cm entre sí. Emplee los aclareos en la cocina y deje madurar las plantas a una distancia de 10-15 cm entre sí. Durante el invierno coseche unas cuantas hojas de cada planta; no arranque nunca un atallo desnudo. Es una planta que carece de problemas, pero asegúrese de que las malas hierbas no invadan esta humilde hortaliza.

En la cocina lave las hojas cuidadosamente para sacar el polvo. Empléelas como sustituto de la lechuga; si encuentra que el sabor es un poco amargo, blanquee las hojas antes de la próxima recolección cubriendo las plantas con un cajón o una maceta durante unos días.

DIENTE DE LEÓN

Los dientes de león no se plantan en el césped o en arriates de flores pero sí en los huertos desde la época medieval. Las hojas se blanquean impidiendo que la luz solar las irradie y luego se cortan y se usan como un ingrediente de la ensalada. Las raíces pueden tostarse, molerse y emplearse como sustituto del café. Muy barato pero no muy bueno.

Aunque los dientes de león silvestres comunes pueden usarse para el blanqueo, es mejor comprar una variedad que haya sido cultivada especialmente para producir hojas grandes y suculentas. Siémbrela a principios de primavera en un suelo fértil y semisombrío. Las hileras deben estar a una distancia de 30 cm entre sí y las plántulas deben aclararse a unos 23 cm. En la primavera siguiente cubra cada planta con un cajón o con una maceta que sea resistente a la luz. Unos 10 días más tarde las hojas serán blanquecinas y estarán listas para emplearlas en una ensalada. No blanquee las plantas despuésde finales de primavera ya que éstas necesitan producir hojas en verano a fin de acumular reservas para la cosecha del año siguiente.

Puede preparar su propia combinación de ensalada. La mezcla clásica consiste en hojas de diente de león, perejil y cebollinos con un ajo y un aliño de aceite y vinagre.

HINOJO FLORENTINO

El hinojo florentino o finocchio es una planta muy decorativa en una parcela de verduras. Se cultiva por su base engrosada, semejante a un bulbo que tiene un sabor inconfundiblemente anisado y, como regalo, el follaje plumoso puede usarse como sustituto del hinojo (véase capítulo 8). Por desgracia, no es una planta fácil de cultivar; para que el bulbo se desarrolle correctamente se precisa un verano cálido y, además, cualquier contratiempo durante el crecimiento producirá el espigado de la planta.

Es necesario un suelo arenoso y bien drenado en el que se haya incorporado humus durante la cava de invierno. Siembre a 1 cm de profundidad en hileras separadas entre sí unos 45 cm a principios de primavera y aclare las plántulas a 30 cm. Riegue en tiempo seco y aporque el bulbo cuando tenga el tamaño de una pelota de golf. Continúe el aporcado hasta que el bulbo sea tan grande como una pelota de tenis, coséchelo cortando la base con un cuchillo afilado. Córtelo a tiras y sírvalo crudo en ensaladas o hiérvalo durante 30-40 minutos. Después de escurrirlo, sírvalo con mantequilla derretida, salsa blanca o salsa de queso.

ZURRÓN

El zurrón se denomina de muchas otras maneras: mercurio, espinaca de lincolnshire, espárrago de los pobres y se ha cultivado como hortaliza en los huertos de las casas de campo durante cientos de años. Pero las modas cambian y en la actualidad esta verdura de doble utilidad es una rareza.

Es una planta perenne que llega a tener una altura de unos 60 cm. Elija un lugar soleado y fértil en el que no hayan malas hierbas perennes y siembre a principios de primavera en hileras que tengan una profundidad de 0,5 cm y estén separadas 45 cm entre sí. Aclare las plántulas a 30 cm. No las trasplante. Durante la primera estación los resultados no serán muy buenos; escarde periódicamente, riegue bien las plantas y cada vez que coseche escoja sólo unas cuantas hojas de cada planta para cocinar.

Corte el follaje en otoño y acolche con turba, con mantillo de hojas o con *compost* descompuesto. Puede empezar la cosecha en primavera. Corte algunos de los tallos nuevos a medida que brotan desde principios de primavera hasta finales de la misma estación y cocínelos como los espárragos. Después cese de cortar y permita que todos los brotes se desarrollen. Las hojas suculentas y de forma triangular se cosechan unas cuantas cada vez hasta mediados de verano y se cocinan como las espinacas.

PEREJIL HAMBURGUÉS

Las hojas pueden emplearse como el perejil y las raíces tienen un sabor parecido al de las sabrosas chirivías con una pizca de apio y una constitución que les permite progresar en la sombra…

En invierno cave a fondo el terreno; incorpore *compost* descompuesto. Siembre a finales de invierno; si es posible, cubra el suelo con campanas unas semanas antes de la siembra. De otro modo, escoja un día adecuado de principios de primavera. Siembre a 1 cm de profundidad en hileras separadas 30 cm entre sí y aclare las plántulas a una distancia de 23 cm. Mantenga el terreno escardado y regado. A mediados de otoño podrán recolectarse las primeras raíces, las cuales tienen una longitud de unos 20 cm. Las raíces pueden dejarse en el suelo durante todo el invierno y recolectarse a medida que se necesiten. Alternativamente puede cosechar y almacenar las raíces del mismo modo que las chirivías.

Elimine los tallos y aclare las raíces. Rásquelas a fondo pero no las pele antes de su cocción. Cocínelas como las chirivías; si las corta a cubos rocíelas con jugo de limón para evitar su decoloración.

BERRO DE PRADO

El berro, rico en vitaminas y de sabor picante, es una guarnición favorita, pero por desgracia precisa más agua de la que el horticultor corriente puede proporcionar. El berro de prado (berro americano) es una alternativa práctica y de crecimiento rápido para el huerto familiar; todo lo que tiene que suministrarle es un lugar sombrío y un riego copioso cuando el tiempo sea seco.

Cuando cave incorpore una cantidad abundante de *compost* o estiércol descompuesto al suelo. Siembre a 1 cm de profundidad en hileras con una separación de 30 cm entre ellas; si siembra a finales de invierno obtendrá una cosecha de verano y si hace germinar las semillas a finales de verano tendrá hojas en invierno. Aclare las plántulas a una distancia de 20 cm cuando sean lo suficientemente grandes para manipularlas; puede empezar a cosechar las primeras hojas unas 8 semanas después de la siembra. Recolecte las hojas externas de las plantas jóvenes y el cogollo de las viejas. Elimine los tallos florales a medida que broten y cubra las plantas con campanas en otoño. El berro de prado es un sustituto totalmente satisfactorio del berro. Empléelo como guarnición, como ensalada o como ingrediente de bocadillos. También puede cocinarse como las espinacas o dar lugar a una sopa excelente.

CAPUCHINA

Puede que le sorprenda encontrar la capuchina en un libro de horticultura, sin embargo, tanto sus hojas como sus flores se usan en las ensaladas desde hace centenares de años. Ahora que el huerto familiar ya no es la fuente básica de verduras para la cocina, el uso de esta planta fanerógama como hortaliza ha disminuido muchísimo. Es una lástima. Las hojas tienen un sabor picante, bastante parecido al del berro, y puede añadir sabor a la sosa lechuga.

Por supuesto, no es necesario cultivar la capuchina en una parcela de verduras; hágalo como siembre en el arriate de flores. Siembre una variedad trepadora como «Tall Mixed» o una semirrastrera como «Golden Gleam». La capuchina crece mejor en un suelo arenoso y pobre; siembre las semillas a una profundidad de 1 cm y a 30 cm de separación a principios de primavera. Para ensaladas y bocadillos coseche hojas frescas y jóvenes; asegúrese de eliminar el pulgón negro antes de consumirlas. También puede añadir las flores a las ensaladas pero éstas son menos sabrosas; las semillas se emplean para encurtir como sustitutos de las alcaparras. Prepare la ensalada de capuchina, mezclando las hojas de esta hortaliza con una cantidad equivalente de lechuga troceada en un cuenco que previamente ha frotado con ajo. Añada huevos duros troceados, alíñelos con un aderezo de vinagreta y adórnela con flores de capuchina.

COL MARINA

Las hortalizas que requieren un forzado protegiéndolas de la luz no son populares; la endibia y la escarola así como la col marina son algunos ejemplos. No siempre ha sido así; durante la época victoriana en la que había muchos horticultores, la col marina se cultivaba mucho. Es apreciada por sus brotes que después de ser blanqueados en primavera se cocinan como los espárragos.

Es exigente en cuanto a condiciones edáficas; necesita un lugar arenoso y fértil así como humus y cal. No emplee semillas sino cuellos para la plantación; quite todas las yemas de cada cuello excepto una. Los cuellos deben plantarse a una distancia de 45 cm entre sí y cubiertos de una capa de 5 cm de tierra. Durante el verano riegue regularmente, abone de vez en cuando y elimine todos los tallos florales a medida que broten. En otoño corte el follaje amarillento y pase la horquilla sobre el suelo. A mediados de esta estación cubra cada planta con una maceta o un cubo (debe excluirse toda la luz) y rodéelas con una capa de hojas o de *compost* para aislarlas. A principios de primavera corte los brotes blanqueados cuando midan unos 20 cm de altura. Después de sacar las macetas aplique un acolchado y déjelas crecer normalmente de modo que acumulen reservas para el año siguiente. Puede blanquearlas año tras año; es una gran ventaja comparado con el ruibarbo.

ACEDERA

Los franceses no pueden comprender la total indiferencia de los británicos hacia esta hortaliza. Para ellos la acedera es un ingrediente básico de muchas sopas, tal como *potage santé* (sopa de la salud), y de la salsa verde que se sirve con el pescado, además da sabor a las tortillas. La acedera francesa es la versión cultivada de la mala hierba del huerto. Le agradará o le disgustará su sabor áspero.

Es una planta perenne, que se propaga mediante semillas o por división y que requiere un suelo enriquecido con humus y fertilizante. A principios de primavera siembre las semillas en hileras de 0,5 cm de profundidad y separadas entre sí 45 cm; aclare las plántulas a 23 cm de distancia. Necesita pocos cuidados, pero debe regarla cuando el tiempo sea seco y eliminar los capullos a medida que aparezcan. Coseche algunas hojas de cada planta tan pronto como sean lo suficientemente grandes para usarse; las hojas pequeñas son mucho menos amargas que las grandes. Una vez que las plantas hayan arraigado a la época de cosecha abarca desde finales de invierno hasta mediados de otoño. Corte unas cuantas hojas para añadir sabor a una ensalada o a una tortilla, o cocínelas como las espinacas.

CEBOLLA GALESA

El sabor de la cebolla hace falta en toda clase de platos y contamos con las variedades descritas en las páginas 71-73 y con los cebollinos (capítulo 8). Sin embargo, existen otros tipos de cebolla que pueden emplearse pero que nunca han llegado a ser populares. La cebolla galesa (manojo de cebollas japonesas) es una perenne que produce matas de hojas huecas de una altura de 60 cm; es un sustituto de hoja perenne excelente de las plantas de cebolla. La cebolla perpetua es una planta similar a la galesa aunque más pequeña y que se cultiva a partir de bulbos antes que de semillas. Son cebollas de hoja; si desea bulbos poco comunes es mejor que cultive la cebolla de árbol, una perenne que produce sus bulbos en la parte superior y no en la inferior de los tallos.

Siembre semillas de cebollas galesas a finales de invierno en hileras de 1 cm de profundidad y a una distancia de 30 cm entre sí. Aclare las plántulas a 23 cm y corte las hojas a medida que las necesite. Las matas aumentarán de tamaño cada año pero su calidad se deteriorará; arránquelas, divídalas y replántelas cada tres años. Use las hojas de la cebolla galesa como sustituto de plantas de cebolla o cebollinos.

CAPÍTULO 5
HORTALIZAS ENANAS

Actualmente no resulta extraño encontrar en los supermercados bandejas de hortalizas diminutas, como pequeñas mazorcas de maíz para freír o añadir a los guisados, tiernas judías verdes que no necesitan cortarse antes de cocinar y tomates del tamaño de un bocado, de forma que puede comérselos enteros. Estos productos no resultan económicos, por lo que es bueno saber que puede cultivarlos usted mismo.

Para describirlas se han utilizado los términos «hortaliza pequeña» y «minihortaliza»: zanahorias no más grandes que el dedo pulgar, coliflores del tamaño de una pelota de tenis son claramente miniaturas, pero repare en que existen dos tipos diferentes de hortalizas pequeñas.

En primer lugar están las variedades que producen hortalizas enanas como resultado de un espacio demasiado reducido entre las plantas y una recolección demasiado temprana. Se trata generalmente de variedades de maduración rápida; es el caso de zanahorias tempranas de raíces cortas como «Amsterdam Forcing», y de nabos tempranos como «Snowball». El puerro «King Richard» puede cultivarse dejando suficiente espacio entre las plantas, de modo que madure y produzca blancas zancas gruesas de tallo largo, pero si lo hace cn hileras muy juntas, transcurridas 12 semanas obtendrá tallos finos, como sustituto de cebollas primaverales. En segundo lugar, están ciertas variedades que se cultivan específicamente como hortalizas diminutas, y en algunos catálogos merecen una sección aparte. Se trata de un grupo fascinante. A principios de primavera se siembran las coliflores y a principios de verano se cortan las erguidas cabezas, cuyo tamaño permite sostenerla en la palma de la mano.

Así, existen dos clases de hortalizas pequeñas: las variedades estándar que se recolectan en una fase temprana, y las variedades pequeñas específicas, que realmente son hortalizas miniatura. En ambos casos, la siembra es más cercana que con las variedades estándar cultivadas del modo usual. La distancia común entre las hileras es de 15 cm, pero en el caso de plantas de mayor desarrollo como el maíz y los calabacines deberá dejar una distancia mayor. El espacio entre las plantas después de aclarar es de 2,5 cm para las raíces (zanahoria, remolacha, nabo, etc.), 15 cm para la lechuga y la col, y 30 cm para el maíz. Con tal reducción de las distancias, las hortalizas enanas resultan extremadamente útiles si el espacio es limitado. Puede producir su propio alimento en recipientes, tinajas y macetas de ventana, pero recordando siempre un punto: las hortalizas enanas necesitan de un cultivo rápido, por lo que debe proporcionarles una mezcla fiable de compost o suelo enriquecido con humus y abonarlas regularmente. Cuando el tiempo es seco, riéguelas de forma adecuada.

Coliflor «Idol»

Col enana

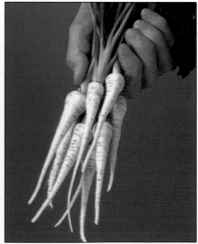

Chirivía

VARIEDADES DE HORTALIZAS ENANAS

Incluimos aquí variedades que han sido especialmente cultivadas como hortalizas enanas, junto con algunas variedades estándar que se recolectan en una fase temprana.

HORTALIZA	VARIEDAD
BERZA	«Protovoy»
CALABACÍN	«Supremo» «Patriot»
CALABAZA DE VERANO/ INVIERNO	«Sunburst» «Peter Pan»
CEBOLLA	«Shakespeare» «Imai» «Senshyu»
CHIRIVÍA	«Arrow» «Lancer»
COL ENANA	«Showbor»
COL (ROJA)	«Primero»
COLES DE BRUSELAS	«Energy»
COLIFLOR	«Idol»
COLIRRÁBANO	«Logo» «Rolando»
ESPINACA	«Teton»
JUDÍA VERDE	«Masai» «Safari»
LECHUGA	«Blush» «Minigreen» «Sherwood» «Tom Thumb»
MAÍZ	«Minipop»
NABO	«Arcoat» «Tokyo Cross»
PEPINO	«Petita»
PIMIENTO	«Minibell»
PUERRO	«King Richard» «Jolant»
REMOLACHA	«Pronto» «Monaco» «Nero» «Detroit 2 - Little Ball»
TOMATE	«Tumbler» «Tiny Tim» «Gardener's Delight» «Sweet 100» «Red Alert»
ZANAHORIA	«Amini» «Ideal» «Suko» «Parmex»

Nabo

Col

Puerro

Coles de Bruselas

Maíz

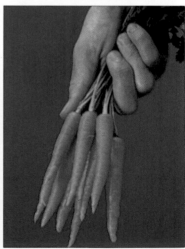

Zanahoria

CAPÍTULO 6
DÓNDE CULTIVAR LAS HORTALIZAS

Hasta hace poco existían básicamente dos maneras de cultivar las hortalizas en el jardín. Se cultivaban en largas hileras en un huerto especial para ello, o bien repartidas —líneas de coliflores, guisantes, lechugas, zanahorias, etc. También podíamos encontrarlas en los invernaderos, situados en un rincón del jardín, siendo el tomate la hortaliza más cultivada en este caso.

En los últimos años han aparecido modelos alternativos que han incrementado su popularidad por diversas razones. En ocasiones no se dispone del suficiente espacio o no se desea disponer de uno exclusivo para hortalizas, y la solución está en cultivar algunas de éstas en un arriate floral o un margen arbustivo. En otros casos no se está dispuesto a acarrear con el duro trabajo asociado al método tradicional del huerto de hortalizas, por lo que se recurre al sistema del arriate o a los recipientes. El *potager* constituye un avance en el sencillo sistema del arriate, en el que resulta tan importante el efecto decorativo como el terreno en el que se cultiva. Finalmente están las humildes macetas de hierbas en las repisas de las ventanas. Cuando la lluvia y el frío del invierno hacen desagradable la salida al jardín, constituyen una buena solución.

EL HUERTO TRADICIONAL
página 118

SISTEMA DE ARRIATE
páginas 120-121

HORTALIZAS EN RECIPIENTES
página 119

HORTALIZAS EN EL INVERNADERO
página 118

HORTALIZAS EN LOS MÁRGENES DEL JARDÍN
página 122

EL *POTAGER* O JARDÍN CULINARIO
página 122

HORTALIZAS EN LAS MACETAS DE LAS VENTANAS
página 119

EL HUERTO TRADICIONAL

El huerto tradicional sigue siendo el sistema estándar de cultivar hortalizas en casa. Se cultiva todo el terreno y las hortalizas crecen en hileras, excepto una pequeña parcela diseñada para plantas permanentes como el espárrago o el ruibarbo. Entre las hileras o grupo de hileras se deja un espacio de tierra de modo que el jardinero pueda transitar para regar, abonar, desyerbar, etc. La distancia de plantación entre las plántulas en una hilera y entre las distintas hileras es lo suficientemente grande para que la planta pueda desarrollarse al máximo. Con este sistema se obtienen las judías más grandes, las coles más abundantes y las cebollas de mayor tamaño, y las instrucciones de cultivo que se proporcionan en los libros de consulta (incluido éste) suponen que va a trabajar con este sistema.

A pesar de su popularidad, el huerto tradicional puede no ser el mejor para usted, a menos que quiera disponer de hortalizas más grandes que las de su vecino o desee ganar un premio en el concurso local. Es extremadamente laborioso —el apisonamiento del suelo implica el tener que remover la tierra cada otoño. Además existe el problema de las malas hierbas que crecen en los espacios sin cultivar entre hileras, que deberá eliminar periódicamente. Todo esto resulta familiar para el jardinero que posee un gran huerto de hortalizas o un espacio en el que cultivarlas, pero no es tan obvio el hecho de que la cosecha global por metro cuadrado de tierra cultivada es menor que la obtenida mediante el método del arriate.

HORTALIZAS EN EL INVERNADERO

La razón principal para cultivar hortalizas en un invernadero es la capacidad de cultivar aquellas variedades que en el exterior tienen un comportamiento impredecible o que no resulta posible cultivar en ciertas condiciones —berenjenas, pimientos y tomates son ejemplos típicos. Además, existe la satisfacción de recolectar antes de que la cosecha al aire libre esté lista —patatas tempranas, zanahorias tempranas, etc. Aún existe otra ventaja importante que no aparece en los libros de consulta: la posibilidad de sembrar, cuidar las plantas y recolectar la cosecha sin tener que preocuparse por el viento, la lluvia y la nieve.

Muchas plantas ornamentales requieren de un invernadero sin calefacción (temperatura mínima, 21 ºC) o caliente (mínimo, 26 ºC) para un desarrollo satisfactorio, pero todas las hortalizas populares pueden cultivarse en un invernadero sin calefacción. Puede ser más productivo que una zona con unas pocas bolsas de cultivo para tomates —recuerde que también están los pepinos, berenjenas, lechugas de invierno, el albemosco, etc. Al principio de la estación es posible utilizar el espacio entre los tomates y pepinos para cosechas de desarrollo rápido como zanahorias. Compruebe siempre que la variedad de tomate, lechuga o pepino sea la adecuada para cultivar en invernadero.

El invernadero tiene otra utilidad: es posible cultivar las variedades para el exterior durante sus primeros estadios en un propagador, colocándolas en macetas y más tarde al aire libre, dándoles una ventaja de varias semanas frente a los especímenes sembrados en el jardín.

HORTALIZAS EN RECIPIENTES

El cultivo de plantas de exterior en recipientes se ha hecho muy popular en los últimos veinte años. Macetas, artesas, bolsas de cultivo, etc. son ahora aceptadas como una solución al cultivo de hortalizas si no se dispone de espacio en el jardín para un huerto, y como la *única* si dispone de balcón pero no de jardín. Algunos expertos recalcan las ventajas de cultivar en recipientes. Si utiliza un *compost* adquirido en la tienda, no tendrá problemas con el suelo, ni de malas hierbas ni de desyerbado, y tampoco las plagas del suelo le representarán un trabajo en el que pensar. Las bolsas de cultivo pueden albergar todo tipo de hortalizas, pudiendo trasladar las variedades menos resistentes a las zonas más protegidas del jardín. Sin embargo, para otros expertos, las ventajas no son tan claras. Para éstos, existe el problema de que la cosecha producida es limitada y normalmente las plantas no resultan decorativas o se afean si las coloca cerca de la casa. Quizás el principal inconveniente es la necesidad de un riego y abonado regular.

Cualquier maceta, tina o artesa con una profundidad de más de 20 cm servirá, siempre que no se encuentre a un nivel inferior al suelo. La mayoría de gente no tiene problemas en cultivar hortalizas «normales» con este método. Escoja recipientes «decorativos» (véase Hortalizas en los márgenes del jardín, página 122) o cultive variedades poco resistentes como berenjenas, pimientos o tomates contra una pared orientada al sur. Las bolsas de cultivo son otra alternativa, de modo que se obtiene un producto natural sin tener que caminar por el huerto de hortalizas.

HORTALIZAS EN LAS MACETAS DE LAS VENTANAS

Si es aficionado a cocinar con hierbas, coloque una hilera de macetas en la repisa de la ventana de la cocina y llénelas de albahaca, romero, salvia, tomillo, etc., para utilizar durante los meses de invierno. Podrá recoger sus hierbas favoritas sin tener que soportar la lluvia o la nieve. La ventana de la cocina es un lugar excelente para las plantas —con frecuencia el aire es vaporoso, lo que será de ayuda para aquéllas.

Para la mayoría de gente un jardín interior de hierbas como éste no es una buena idea. Es mejor limitarse a unas pocas hierbas que consuma con regularidad, ya que si no se van cortando, resultan descuidadas y poco atractivas. No sea demasiado ambicioso al principio. Llene unas cuantas macetas de compost para semillas, aproximadamente hasta 1,25 cm del borde. Una plantación típica consiste en una maceta con menta (plante una mata enraizada del jardín), perejil (a partir de semilla), cebollinos (también a partir de una mata) y cebollas de primavera (a partir de semilla). Riegue las plantas o semillas, y mientras se desarrollen, hágalo una o dos veces por semana. Con estos principios básicos podrá lanzarse a la aventura. El siguiente paso es cultivar lechugas, colocando las plántulas en bandejas de plástico poco profundas. Si dispone de espacio para un recipiente de 15 cm, podrá cultivar una variedad miniatura de tomate: «Tiny Tim» es la de mayor aceptación.

SISTEMA DE ARRIATE

El principio básico es crear una serie de arriates rectangulares divididos por senderos entre los que transitar. Estos senderos se cubren de grava o cantos rodados, y los arriates deben ser lo suficientemente estrechos para poder acceder fácilmente a todas las plantas. Si es posible, construya los arriates de forma que la orientación sea norte-sur. Añada materia orgánica al suelo, dejándolo que se asiente al menos un par de semanas antes de empezar a sembrar o plantar. El trabajo anual empieza en otoño o a principios de invierno, trabajando una capa de materia orgánica como estiércol o compost de jardín sobre la superficie con la ayuda de un rastrillo. Si no ha pisado la superficie, caminando sobre ella, no es necesario removerla.

Elija las hortalizas consultando la guía alfabética de las páginas 7-107. Como regla general, es una buena idea escoger variedades enanas y de maduración temprana. Sin duda, la cosecha por ejemplar es inferior a la esperada con el método tradicional, pero sorprendentemente si se hace el recuento por metro cuadrado de tierra cultivada, resulta con frecuencia mayor. En la página 121 encontrará una lista de hortalizas de fácil cultivo, ideales para el sistema de arriates, que mantiene la misma distancia entre las plantas en ambas direcciones. El espacio es lo suficientemente estrecho para que las hojas de las plantas adyacentes se toquen al madurar.

Normalmente el cuidado de la cosecha durante el período de crecimiento es un trabajo sencillo. No existe el inconveniente de encontrarse con barro al pasar entre los arriates, y la cercanía entre las plantas evita el desarrollo de la mayoría de malas hierbas.

ARRIATES A RAS DE SUELO

El arriate a ras de suelo es el de creación más fácil, pero requiere de un suelo con buen drenaje. Utilice las dimensiones señaladas en la figura. Remueva el suelo y trabaje con una capa de materia orgánica de 2,5 cm.

ARRIATE ELEVADO

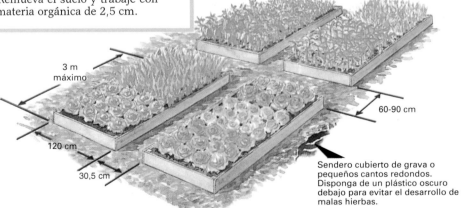

3 m máximo

120 cm

30,5 cm

60-90 cm

Sendero cubierto de grava o pequeños cantos redondos. Disponga de un plástico oscuro debajo para evitar el desarrollo de malas hierbas.

Si el suelo tiene un drenaje inadecuado y se encharca durante el invierno, es mejor el arriate elevado. Necesitará construir un sistema de contención mediante travesaños, ladrillos o bloques, aunque el material generalmente utilizado son listones de madera de un grosor de 2,5 cm. La altura mínima del arriate debe ser de 10 cm. Ahorquille la superficie e incorpore una mezcla con dos partes de tierra superficial y una parte de materia orgánica.

Hortalizas de fácil cultivo para un arriate

NOMBRE	SIEMBRA	PROFUNDIDAD	PLANTACIÓN	DISTANCIA ENTRE PLANTAS	COSECHA	TIEMPO ESTIMADO (SEMANAS)
CALABACÍN	Mediados-finales primavera	2,5 cm	—	45 cm	Verano	10S → C
	Corte cuando haga 7,5-10 cm de largo. «Gold Rush» (amarilla) es una variedad colorida					
CALABRESE	Primavera	1,25 cm	Verano	37,5 cm	Finales verano	15S → C
	«Express Corona» es una buena opción, lista para cortar tras un período de 50 días después de la plantación					
CEBOLLA	—	Que sobresalgan las puntas	Primavera	7,5 cm	Verano	20P → C
	Cultive plantas más que semillas, y recolecte 2 semanas después de que los tallos se vengan abajo					
COL ENANA	Primavera	1,25 cm	Verano	37,5 cm	Invierno	30S → C
	«Pentland Brig» es la variedad a cultivar. Recoja las hojas tiernas en invierno					
HABA	Finales invierno-principios primavera	5 cm	—	15 cm	Verano	16S → C
	Empiece a recolectar cuando las vainas tengan 7,5 cm de largo, y cocínelas enteras					
JUDÍA VERDE	Mediados primavera	5 cm	—	15 cm	Verano	10S → C
	Las variedades europeas o con vainas alargadas son las más populares (por ejemplo, «Sprite»)					
LECHUGA	Primavera-mediados verano	1,25 cm	—	22,5 cm	Principios verano-principios otoño	12S → C
	Cultive una miniatura como «Tom Thumb» o «Little Gem», o bien una variedad de hoja corta como «Salad Bowl»					
NABO	Primavera	1,25 cm	—	15 cm	Mediados primavera finales verano	10S → C
	Las variedades tempranas se siembran en primavera y se recogen cuando alcanzan el tamaño de una bola de golf					
PATATA	—	12,5 cm	Primavera	30 cm	Verano	13P → C
	Cultive una variedad temprana a principios de verano					
RÁBANO	Primavera-principios verano	1,25 cm	—	5 cm	Primavera-principios otoño	6S → C
	Nada resulta más fácil de cultivar. Se encuentran disponibles gran cantidad de variedades					
REMOLACHA	Mediados-finales primavera	2,5 cm	—	7,5 cm	Verano-principios otoño	11S → C
	Cultive una variedad globosa y recoja cuando alcance el tamaño de una pelota de tenis					
TOMATE	—	—	Principios verano	45 cm	Finales verano	12P → C
	Una cosecha fácil en zonas templadas, pero sólo si elige una variedad arbustiva					
ZANAHORIA	Primavera-principios verano	1,25 cm	—	10 cm	Verano-principios otoño	14S → C
	Utilice una variedad de maduración rápida y raíz corta como la redondeada «Early French Frame»					

CLAVE

DISTANCIA ENTRE PLANTAS

Se trata de la distancia recomendada entre las hileras y dentro de cada hilera, entre las plantas maduras. Consulte el capítulo 2 para la distancia recomendada en el caso del huerto tradicional.

TIEMPO ESTIMADO (semanas)

S : Siembra
P : Plantación
→ : Hasta
C : Cosecha

HORTALIZAS EN LOS MÁRGENES DEL JARDÍN

Existen varias razones por las que muchos jardineros rechazan la idea de dedicar un terreno enteramente a las hortalizas. Un argumento es que implica demasiado trabajo, aunque el sistema de arriates hace que el cultivo de hortalizas sea mucho más fácil. Otros señalan que posiblemente no pueden utilizar todas las lechugas, coles, etc. que les proporciona el terreno y les duele no aprovecharlas. Lo más frecuente es considerar el jardín únicamente con plantas ornamentales.

Este punto final no debería ser un argumento para evitar cultivar hortalizas. Muchas de éstas resultan claramente ornamentales, pudiéndose utilizar como especímenes ocasionales entre flores, arbustos, bulbos, rosas, etc.

En este libro encontrará algunos ejemplos. Disponga de judías trepadoras cultivadas como anuales trepadoras en la parte trasera del margen, ya sea variedades de color rojo, rosa y blanco, o también «Painted Lady», que es bicolor. Las macetas por sí solas no resultan demasiado atractivas visualmente pero las variedades amarillas y púrpuras de las judías verdes son muy decorativas. Si prefiere alguna hortaliza que destaque por su follaje escoja la acelga; el cardo con nerviaciones blancas y el ruibarbo, con nerviaciones rojas. Si le gustan las hojas o pecíolos rojos, puede hacerlo entre remolacha, lechuga «Lollo Rossa» y las variedades rojas de apio y coles de Bruselas. Entre las variedades atractivas de hierbas se encuentran la salvia y el orégano —en cuanto a las hortalizas que fructifican, piense en el pimiento, la alcachofa y los tomates tipo cereza.

EL *POTAGER* O JARDÍN CULINARIO

Potager es la palabra francesa para el jardín culinario, pero ha adquirido un significado más especializado. Describe un terreno en el que se cultivan hortalizas, hierbas y frutales, siendo el aspecto ornamental tan importante como el aspecto productivo y práctico. Para ello se incluyen diversas flores, bulbos, rosales o arbustos, aunque no se trata del arriate mixto descrito anteriormente. En este último las hortalizas tienen una presencia mínima, mientras que en el *potager* constituyen la característica principal.

Existen otras diferencias. En el *potager* las plantas presentan una disposición formal, crecen en grupo de arriates que configuran un dibujo geométrico, con frecuencia delimitado por una valla diminuta. Los espacios entre arriates son de grava y las arcadas se hallan cubiertas de rosas, judías, uva, etc.

Normalmente algunas, si no todas, las hortalizas y hierbas son de tipo ornamental. Además de estas plantas, variedades bastante ordinarias pueden resultar atractivas en el sitio adecuado: las hojas filiformes de las zanahorias y las flores amarillas del calabacín. Utilice las flores, arbustos, etc. con cuidado; una buena elección incluye trepadoras para arcadas y paredes, brillantes notas de color de flores o bulbos, arbustos enanos para los rincones y anuales para cortar. Debería colocar siempre variedades no alimenticias como fondo del *potager*; no intente crear grandes arriates florales o márgenes en él.

CAPÍTULO 7
EL CUIDADO DEL CULTIVO

Cultivar verduras con éxito requiere tiempo, esfuerzo y habilidad. La destreza del horticultor reside en efectuar cada labor en el momento oportuno, aunque nunca debe exagerarse. Así, si considera uno de los cultivos más sencillos, por ejemplo el humilde rábano, es evidente que deberá aclarar las plántulas relativamente pronto, ya que en caso contrario éstas no prosperarán adecuadamente. Algunas semanas más tarde cosechará las plantas para emplearlas en la cocina, pero si retrasa demasiado esta labor las raíces estarán leñosas y huecas. En cultivos menos resistentes es mucho más importante efectuar estas labores en el momento apropiado.

ACLAREO

Las semillas no germinarán si la superficie del suelo forma una capa similar a una costra, a consecuencia de una intensa lluvia seguida de vientos secos. En esta situación riegue copiosamente, para conservar la superficie absolutamente blanda, hasta que haya tenido lugar la germinación.

Aunque, con frecuencia, se recomienda sembrar espaciadamente, por lo general, las plántulas quedan demasiado próximas y es necesario efectuar un aclareo. Debe realizarse tan pronto como las plantas sean lo bastante grandes para manipularse; demorar la operación significará plantas altas y delgadas, débiles que nunca se recuperarán completamente. Presione, con una mano, el suelo que rodea a la plántula no deseada y con la otra arránquela. Si las plantas están demasiado juntas para poder realizar esta técnica, simplemente despunte la que no desee y deje las raíces en el suelo.

Después del aclareo fije el suelo alrededor de las plántulas restantes y riegue abundantemente. A menudo, el aclareo se realiza en varias fases, antes de alcanzar el espaciamiento final.

TRASPLANTE

Trasplantar implica trasladar las plantas a su ubicación permanente. El origen de estos trasplantes puede ser diverso; plántulas obtenidas en el semillero del huerto, compradas a un suministrador fiable o cultivadas en el invernadero en macetas o en cajones de compost. Es muy tentador emplear como trasplantes las plántulas resultado del aclareo de una hilera superpoblada; sin embargo, debe recordar que el trasplante no es apropiado en todas las hortalizas. Es muy recomendado en la mayoría de las coles (véase pág. 27), aceptable en algunos cultivos populares tales como las judías y los guisantes, y categóricamente no recomendable en muchos otros como la lechuga y los cultivos de raíz. Infórmese antes de efectuar esta operación.

Riegue las plántulas y el lugar donde vaya a plantarlas el día antes de realizar el trasplante. Emplee un desplantador para colocar las plantas a la misma profundidad que estaban en el semillero o en la maceta. Fije el suelo alrededor de las plantas y riegue para asentar las raíces.

El trasplante es un momento crítico en la vida de la planta. Es muy perjudicial un suelo frío y húmedo, así como las heladas para las verduras no resistentes. Riegue si hay un período de sequía después de plantar y proteja las plantas de los pájaros.

DESHERBAJE

Las malas hierbas constituyen una amenaza para el huerto y por ello deben controlarse. Aparte de dar al huerto un aspecto desagradable, compiten por el espacio, los nutrientes, el agua... y pueden hospedar a plagas o enfermedades.

El problema de las malas hierbas no se soluciona con una sola operación; existen numerosas tareas a realizar. La primera empieza antes de la siembra. Al cavar, elimine todas las raíces de las malas hierbas anuales invirtiendo totalmente cada palada de suelo.

Si ha descuidado el terreno o la parcela de hortalizas y ésta se ha convertido en un mar de hierba y de otras malas hierbas, su problema es importante. Lo mejor es pulverizar el cuadro con glifosato antes de preparar el suelo.

De todas formas, aunque elimine las malas hierbas antes de sembrar o de plantar, siempre aparecerán malas hierbas adicionales entre las plantas en crecimiento. La técnica básica para mantener el problema bajo control es escardar; debe realizarse periódicamente para mantener de forma constante un control de las malas hierbas anuales y para privar de nutrientes las partes subterráneas de las perennes. Escardar puede ser más perjudicial que beneficioso si no es un experto; no se acerque a los tallos y no penetre a más de 1,25 cm de profundidad.

También debe considerar los productos químicos, si bien deben emplearse con sumo cuidado puesto que no distinguen entre las malas hierbas y las hortalizas. Emplee Paraquato/Diquato para quemar las malas hierbas que crecen entre las plantas; pinte las hojas de las malas hierbas perennes con glifosato.

NUTRICIÓN

Anteriormente, el problema residía en escoger entre estiércol o fertilizante, pero en la actualidad se sabe que ambos son vitales y uno no puede sustituir al otro correctamente. El papel de la materia orgánica es hacer que el *suelo* sea lo bastante bueno para soportar un cultivo sano y vigoroso. La finalidad del fertilizante es proporcionar a las plantas suficientes nutrientes para que alcancen su desarrollo completo.

Hay algunos nutrientes vitales: nitrógeno para el crecimiento foliar, fósforo para el desarrollo radicular y potasa para consolidar la resistencia a la enfermedad y a malas condiciones ambientales. Este grupo se precisa en cantidades relativamente grandes y los fertilizantes compuestos contienen estos tres productos. Encontrará información respecto al contenido de nutrientes en el paquete.

Uno de los usos más importantes de los fertilizantes compuestos es proporcionar un «abonado de fondo» antes de la siembra o de la plantación. Se emplea una forma granular o en polvo, y antiguamente la favorita era Nitrophosca Azul especial. Existen algunos, tales como Nitrophosca Permanet, formados completamente a base de compuestos orgánicos y minerales.

Los cultivos que tardan un poco en madurar precisan uno o más «abonados superficiales» durante el período de crecimiento. Puede emplearse un abono en forma de polvo o granular, pero debe evitar que entre en contacto con las hojas. Es mejor que emplee un fertilizante soluble, el cual se diluye y luego se aplica mediante una regadera. Como alternativa al fertilizante líquido puede adquirir uno de acción lenta —los gránulos, pastillas o conos liberan los nutrientes en el suelo o compost durante unos 6 meses.

El abonado foliar es una interesante técnica a emplear cuando el abonado radicular no es efectivo. Es útil cuando el suelo no es muy profundo y después de una plaga o una enfermedad. La respuesta es rápida y se restablece la actividad radicular; utilice un pulverizador de pistola y aplique un abono líquido.

RIEGO

Una sequía prolongada puede dar lugar a una cosecha pobre o incluso malograrla completamente. Si a este período de sequía le sigue uno de lluvias intensas los tomates y las raíces se partirán. La solución es un riego adecuado, arte que debe aprender. Desgraciadamente, por lo general el riego se trata muy brevemente en la mayoría de libros de horticultura. La razón es sencilla; anteriormente apenas existían sequías veraniegas y muchos horticultores eran capaces de cultivar con éxito su huerto sin ningún tipo de riego, excepto el pulverizar alrededor de los trasplantes.

En primer lugar, hay que incorporar al suelo la cantidad adecuada de materia orgánica; esto aumentará la capacidad de retención de agua. Luego debe cuidar que los 12 cm superficiales del suelo estén completa y uniformemente húmedos pero sin estar anegados, en la época de la siembra o de la plantación. Por último, efectúe un acolchado (véase página 125) a finales de primavera.

Tendrá que hacer todo esto para asegurar un buen reservorio de humedad en su suelo; el resto depende del tiempo. Si se presenta un período de sequía prolongado deberá regar, especialmente, los tomates, los pepinos, los calabacines, las judías, los guisantes, los apios y las cebollas.

La regla consiste en regar el suelo copiosamente y completamente cada siete días si el tiempo es seco durante el período crítico. Este período abarca desde la floración hasta el completo desarrollo de las raíces en las judías y los guisantes, y desde la fase de plántulas hasta la madurez en los cultivos de hoja. Añada 9 l/m^2 cuando *riegue completamente* y riegue preferentemente por la mañana antes que al mediodía o por la tarde. Acuérdese de regar lentamente y junto a la base de las plantas. Con frecuencia, se emplea una regadera pero en realidad con una manguera la tarea es menos tediosa. Uno de los métodos de riego más efectivos, consiste en emplear un tubo perforado y situarlo horizontalmente entre las hileras. Sencillo... pero caro. En las zonas donde hay un determinado número de plantas grandes a tratar, es mejor emplear una técnica conocida como *punto de riego*. Ésta requiere introducir una maceta vacía o formar un hoyo junto a cada planta. El agua se añade a la maceta o al hoyo.

La causa principal del malogro o del fracaso de las bolsas de cultivo se debe a que se riegan siguiendo la misma técnica que se emplea en el huerto. Conservar el *compost* de una bolsa de cultivo con la humedad conveniente requiere una técnica diferente, y debe seguir las instrucciones del fabricante cuidadosamente.

ACOLCHADO

El acolchado es una forma de abonado durante la estación. En primavera, extienda una capa de 1,25-2,50 cm a base de turba, *compost* descompuesto o mantillo de hoja entre las plantas jóvenes, una vez que éstas estén establecidas. Antes de esto, cultive y riegue la superficie para asegurar que esté húmeda, carente de malas hierbas y desmenuzable.

El acolchado reducirá la pérdida de agua, aumentará el contenido de nutrientes, mejorará la estructura del suelo y suprimirá las malas hierbas.

PULVERIZACIÓN

Los que afirman que nunca precisan pulverizar son mentirosos, afortunados o bien cultivan escasos vegetales. Las plagas y enfermedades atacan tanto a las plantas maduras como las débiles; la resistencia y el vigor no producen más inmunidad a las plantas que a la especie humana.

Debido a esto, tenga siempre preparado un atomizador y un pulverizador de amplio espectro para hortalizas. En el capítulo 3 encontrará detalles exactos de cómo combatir con éxito las plagas.

PROTECCIÓN DEL CULTIVO

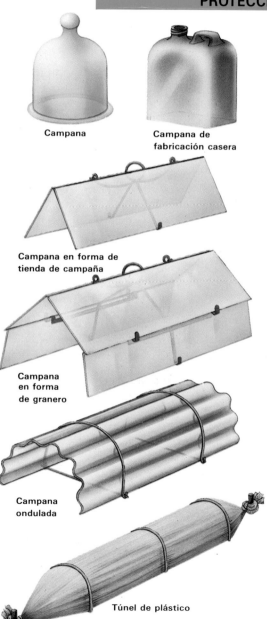

Campana

Campana de fabricación casera

Campana en forma de tienda de campaña

Campana en forma de granero

Campana ondulada

Túnel de plástico

Los que escriben sobre temas hortícolas tratan, por todos los medios, de convencer a los horticultores de que las campanas son tan vitales en el huerto como una horquilla, escardar o la línea del huerto. Muchas verduras pueden sembrarse o plantarse más pronto en un suelo protegido y esto permite una cosecha temprana, en una época en la que los precios de las tiendas todvía son altos. Los cultivos poco resistentes, tales como las berenjenas y los pimientos pueden cultivarse con éxito en zonas desfavorables durante el invierno, y las verduras frondosas están calientes a pesar de las lluvias y las heladas. Estas ventajas son resultado de la capacidad del vidrio o del plástico de proteger las plantas del viento o de la lluvia, y de aumentar la temperatura del aire y del suelo que rodea a las plantas. A pesar de todas estas ventajas enumeradas menos del 20 % de los horticultores posee una campana.

El apogeo tuvo lugar en siglos anteriores, cuando los horticultores profesionales colocaban pesadas campanas sobre las plantas cultivadas en semilleros, para obtener verduras fuera de estación para el consumo de sus amos. La versión actual de la antigua campana es el recipiente de plástico transparente sin fondo o parte inferior; una sencilla campana de fabricación casera.

Si decide comprar varias campanas, su problema será elegir. Algunas reglas le ayudarán a escoger acertadamente; debe tener la misma altura que el tamaño esperado de las plantas, puesto que las hojas no deben tocar las paredes laterales. Campanas en forma de tienda de campaña para las plantas pequeñas y campanas en forma de granero para las mayores. Elija el plástico por su ligereza, seguridad y precio; escoja el vidrio por la claridad, duración, máxima retención del calor y resistencia al derribo. La campana ondulada PVC es excelente para todos los fines. Si desea cubrir zonas grandes con aros de alambre y con una cobertura de polietileno. Uno de los principales inconvenientes de esta cobertura es que se deteriora al cabo de algunos años.

En todos los casos se precisa ventilación; aumentándola al incrementar la temperatura ambiental. La ventilación puede proporcionarse dejando huecos entre las campanas, no dejando los extremos abiertos. No es preciso retirar las campanas antes de regar; el agua baja corriendo por los lados y penetrará en el suelo. Asegúrese de que las campanas están bien sujetas al suelo y limpie el vidrio si está sucio. Cuando las condiciones climáticas sean apropiadas puede retirar las campanas. Antes de realizar esta operación aumente la ventilación durante algunos días para aclimatar a las plantas.

RECOLECCIÓN

Posiblemente estará sorprendido por las etapas de recolección recomendadas en este libro; nabos del tamaño de una pelota de golf, y zanahorias de una longitud inferior a un dedo. La cosecha de verduras de tamaño miniatura no es económica para el agricultor, pero es cuando son más sabrosas y tiernas. No todas las verduras precisan cosecharse en una etapa temprana; el sabor de los colinabos, las chirivías, los apios, etc. no disminuye al aumentar el tamaño. En algunos cultivos, tales como las calabazas, los pepinos, los guisantes y las judías es esencial cosechar periódicamente puesto que la producción cesará si se dejan unos pocos frutos maduros o vainas en la planta.

Arrancar las vainas sin cuidado puede dañar los tallos de los guisantes; estirar o arrancar las raíces tirando del follaje puede dejar parte del cultivo en el suelo. Antes de iniciar la recolección de una verdura lea las instrucciones en la página apropiada, ¡es posible que el método no sea tan lógico como imaginaba!

ALMACENAMIENTO

La mayoría de las verduras del huerto familiar se consumen poco después de arrancarsee o recolectarse, y en realidad, este es el momento ideal para emplearlas. Casi todas las hortalizas pueden conservarse durante algunos días o incluso una semana en el frigorífico, pero si cultiva en cantidad habrá veces que deberá almacenar a largo plazo. En el caso de las judías siempre hay una producción excesiva de golpe y es mucho mejor recolectarlas cuando están tiernas que alargar el período de cosecha hasta que estén duras y fibrosas. Las raíces de cultivos principales generalmente se arrancan en otoño para almacenarse en el interior como acodos entre arena o turba (raíces de remolacha, zanahorias, etc.) o en sacos (patatas) en un garage o cobertizo protegido de las heladas. Es posible dejar que el huerto actúe como almacén de verduras en el caso de algunas raíces; colinabos, chirivías y nabos pueden arrancarse cuando se precisen.

En la época de la prerrefrigeración se inventaron métodos de almacenamiento a fin de poder disponer de un suministro invernal de verduras. Las judías y los guisantes se secaban y luego se desvainaban. Las cebollas y las coles se colgaban en bolsas o se extendían sobre cubetas abiertas. Las judías trepadoras se salaban, las cebollas y las raíces de remolacha se encurtían en vinagre.

No obstante, el almacenamiento a largo plazo se ha transformado completamente gracias al congelador. Es el método de almacenamiento ideal de muchas verduras, incluyendo las frondosas que no pueden conservarse satisfactoriamente por ningún otro método. La rutina es blanquear, enfriar, secar y a continuación congelar. Respecto al blanqueamiento, en este libro se recomienda que algunas verduras deben blanquearse durante algunos minutos antes de congelarse. Esto implica sumergirlas en agua hirviendo: unos 100 g por 0,75 l de agua. Llevar de nuevo y rápidamente el agua a la ebullición y dejar que transcurra el tiempo necesario para que se blanqueen. Luego se sumerjen inmediatamente en agua helada. La finalidad de esta operación es destruir los agentes que podrían malograr a las hortalizas y conservar el color y su sabor. Después del blanqueamiento, seque completamente y congele. Emplee bolsas de plástico para congelar, cajas y otros recipientes, y extraiga tanto aire como pueda antes de sellarlos. Para ello llene casi completamente los recipientes rígidos y expulse el aire antes de cerrar las bolsas de congelación.

OBTENER EL MÁXIMO RENDIMIENTO

SIEMBRA SECUENCIAL

Algunas verduras, tales como la lechuga y el rábano, no pueden almacenarse para un uso posterior. Para evitar excesos en un período y carestía en otros es necesario sembrar unas pocas hileras cada varias semanas. Para los horticultores que no deseen tal molestia, existen unos paquetes de semillas mezcladas. La mezcla de variedades de maduración temprana y tardía permite, realizando una sola siembra, un largo período de cosecha.

SIEMBRA INTERCALAR (INTERSIEMBRA)

Se trata de una técnica útil y de doble finalidad. Implica mezclar la semilla de un cultivo compacto y de crecimiento rápido tal como el rábano o la lechuga Tom Thumb con la de un cultivo de maduración lenta como la chirivía o el perejil. Las plántulas de lechuga o de rábano salen rápidamente y marcan la hilera; una ventaja importante en la época de escardar. Aclare en forma corriente ambos cultivos; el rábano o la lechuga se recolectarán mucho antes que el perejil haya alcanzado la etapa del desarrollo en la que precisa el espacio ocupado por las plantas de crecimiento rápido.

CULTIVO INTERCALAR

Es un método más hábil que la siembra intercalar, para emplear al máximo el terreno utilizado para un cultivo de crecimiento lento, tales como las coles de Bruselas, los puerros, las chirivías, etc., se siembra una hilera de un cultivo que se recolectará en verano, antes de que el cultivo principal precise espacio. Entre los cultivos intercalares populares destacan el rábano, los guisantes tempranos, las zanahorias tempranas, la espinaca y la lechuga enana. Asegúrese de que la hortaliza intercalada no constituye un problema por sí misma, haciendo que el espacio entre las hileras sea demasiado estrecho para permitir el paso con facilidad. Si es necesario, ensanche la distancia recomendada entre las hileras del cultivo principal si proyecta sembrar un cultivo intercalar.

CULTIVO TRAMPA

Aunque los planos de rotación de cultivos parecen atractivos y hábiles en el papel, en la práctica pueden dejar parcelas de suelo. El brócoli sprouting purpúreo finaliza su período productivo a principios o mediados e primavera; los guisantes tempranos lo terminan a finales de verano. La solución es el cultivo trampa.

Cultive la zona con la horquilla después de retirar las plantas y nivele la superficie con el rastrillo. Siembre un cultivo de maduración rápida como las cebollas de primavera, el rábano, la lechuga enana, la escarola, la raíz de remolacha, los nabos o las judías verdes.

El cultivo trampa se habrá recolectado antes de la época de la cava otoñal y no habrá destruido el plan rotacional.

CAPÍTULO 8

HIERBAS

Existen diversas razones por las que se cultivan las hierbas. En otro tiempo se utilizaban por sus propiedades tónicas o medicinales, pero esta práctica ha disminuido con la llegada de los modernos productos farmacéuticos. La utilización de las hojas aromáticas y las flores secas como ambientadores también ha declinado —la mejora en la higiene de los tiempos actuales las hace deseables, pero no imprescindibles. En este capítulo se habla de estas aplicaciones de las hierbas, por ejemplo para infusiones, pero casi todas las hierbas descritas tienen usos culinarios. Se diferencian de las hortalizas al añadir sabor a las comidas, o una nota ornamental, más que constituir un plato por sí mismas. En otro tiempo las hierbas y las especias tenían un papel muy importante en la cocina puesto que se utilizaban para enmascarar el sabor y el olor de la carne, las aves y el pescado que empezaban a pasarse; no obstante, actualmente esto no es necesario y por ello su consumo ha disminuido.

Generalmente se está de acuerdo en el bajo consumo de hierbas y especias en la cocina actual, pero, por lo general, hay desacuerdo al diferenciar hierbas y especias. Algunos expertos emplean la palabra «hierba» para designar a una planta para condimentar cultivada en una zona templada y limitan «especia» a la semilla, raíz, hoja, etc. de una planta cultivada en una zona tropical. Otros tienen una idea más sencilla: si es verdosa y se trata de un tallo o de una hoja es una hierba, en caso contrario es una especia.

En este libro se ha escogido una definición mucho más sencilla: una hierba es aquella planta en la que se piensa tradicionalmente como una hierba para condimentar. En las siguientes páginas se describen los tipos de cosecha propia más populares. Todas se cultivan con bastante facilidad y requieren básicamente un poco de sol durante el día, un suelo bien drenado, recolección bastante regular para mantener la planta compacta y la sustitución de las perennes mediante divisiones o brotes enraizados cada tres o cuatro años. Deben eliminarse periódicamente las malas hierbas y en primavera debe limpiarse para impedir que las hierbas lo invadan.

Uno de los placeres del cultivador de hierbas reside en poderlas repartir entre sus conocidos, amigos... Si no dispone de un huerto puede cultivar macetas de albahaca, tomillo, cerafolio, orégano, perejil y menta en el alféizar. Si dispone de un balcón o un patio podrá cultivarlas en una cubeta o en bolsas de cultivo; sin embargo, aquellos que dispongan de un huerto pueden crear un cuadro de hierba: el ambiente ideal para estas plantas.

Desde luego, la elección de las especies depende de que le proporcione las condiciones apropiadas;

sin embargo, existen una o dos reglas a considerar respecto a la ubicación y al diseño. En primer lugar construya el cuadro lo más cerca posible de la casa; la recolección de hierbas tiende a desatenderse cuando llueve y el cuadro está situado en el extremo opuesto del huerto. Si es posible cultive cada tipo de hierba en una parcela separada; puede poner en práctica la antigua costumbre de dividir el cuadro en distintos compartimentos separados por un pequeño seto de lavándula o boj. Estará al día si hace un diseño en rueda de carro empleando ladrillos o losas como líneas divisorias, pero quizá lo mejor sea cubrir un cuadro rectangular con pequeñas losas de hormigón y luego sacar algunas al azar para formar hoyos de plantación. En este caso, cada hierba puede alcanzarse fácilmente, se evita que una hierba invada la zona ocupada por otra y puede replantarse sin perturbar a las hierbas circundantes.

Aunque la mayoría de los tipos pueden obtenerse a partir de semillas, es más fácil comprarlas como pequeñas plantas en maceta en el centro de jardinería. En el caso de hierbas arbustivas tales como el laurel y el romero, sólo necesitará una planta pero en el caso de hierbas herbáceas más pequeñas como el perejil y el cebollino precisará varios ejemplares.

Coseche en la etapa de crecimiento adecuada: corte lo que precise para un consumo inmediato cuando las plantas crecen activamente en primavera, verano y otoño, y también recoja una cierta cantidad para secar. La mayoría de las hierbas pueden secarse para usarse en invierno pero siempre que pueda emplee la albahaca, el perejil, la menta, el cebollino y el cerafolio frescos. Seque las hierbas colgándolas en manojos o extiéndalas sobre una bandeja 1 o 2 días y a unos 29-32 °C. Un lugar apropiado es un armario ventilado o un invernadero; después de este tratamiento de calor inicial pueden guardarse a temperatura ambiente durante unos quince días, volteándolas diariamente hasta que estén crujientes. Estrújelas, descarte los desperdicios y guárdelas en un recipiente hermético en un lugar oscuro y fresco.

La congelación ha revolucionado la preservación de las hierbas de hojas blandas mediante el método de los cubitos de hielo. Ponga en los hoyos de una bandeja de cubitos las hierbas blanqueadas y cortadas, y termine de llenarlos con agua. Congélelos, luego guárdelos en bolsas de polietileno en el congelador. Para usarlos eche un cubito de hierbas en la olla durante la cocción.

Acuérdese de emplear las hierbas en poca cantidad; su finalidad es incrementar el sabor de los principales ingredientes, no anularlo.

JARDINES DE HIERBAS

Si únicamente utiliza pocas clases, y en poca cantidad, merece la pena el considerar un grupo de macetas que contengan hierbas, cerca de la cocina.

Algunas hierbas (salvia, tomillo, menta, etc.) se encuentran disponibles en varios colores, de forma que puede obtener un atractivo arriate de diversas tonalidades. El avance de los tipos invasivos, que pronto se expandirán, será el único problema, perjudicando a los demás.

El mejor sistema para cultivar hierbas es colocarlas de modo que queden claramente diferenciadas. Puede crear su propio esquema en una zona pavimentada, sustituyendo baldosas, o disponer de una rueda prefabricada de hierbas como la de la fotografía.

DICCIONARIO PARA LA UTILIZACIÓN DE LAS HIERBAS

RAMILLETE GARNI (BOUQUET GARNI)

Es un manojo formado con algunas ramitas de perejil, una ramita de tomillo y una hoja de laurel. El manojo se ata mediante un cordel fino y puede añadirse estragón y orégano. Protéjalo con una muselina si emplea las hierbas secas. Añádalo al caldo, a los estofados y a los guisados durante la cocción; retírelo antes de servir.

FINAS HIERBAS

Es una mezcla de perejil, cebollino, cerafolio y estragón finamente troceados. La mezcla se usa fresca o seca y se emplea para condimentar platos con huevos.

«MANTEQUILLA» DE HIERBAS

Mantequilla a la que se han añadido hierbas finamente cortadas. Éstas deben tener un sabor fuerte, como el ajo, tomillo, cebollino, romero y salvia. Mezcle aproximadamente una cucharada de hierbas por cada 115 g de mantequilla. Antes de servir, deje reposar la mezcla un día o más, y guárdela en la nevera.

ACEITE DE HIERBAS

Aceite al que se han incorporado una o más hierbas. La utilización de aceite de oliva, de girasol, etc. en las ensaladas, escabeches y amasados ha ido en aumento. Deje reposar la mezcla un mes y agite antes de servir el aceite. El aceite de oliva con albahaca es un favorito en la cocina italiana, pero puede probar otros como el hinojo, orégano, ajedrea, etc.

ALMOHADA DE HIERBAS

Con las costumbres sanitarias modernas la necesidad de almohadas de hierbas ha disminuido, pero una pequeña bolsita de aromáticas hierbas en el interior de una almohada puede todavía constituir un toque de bienvenida. Las plantas favoritas para ello son las que al secarse huelen a hierba recién cortada, como la hepática estrellada y el trébol real. El lúpulo es otra buena elección, ya que ayuda a conciliar el sueño.

INFUSIONES DE HIERBAS

Bebida hecha de hojas, flores o frutos en agua caliente para obtener una tisana (té de material vegetal sin fermentar). Las hierbas favoritas son la menta y la manzanilla; si es posible, utilice hojas frescas o bien congeladas de forma adecuada (véase página 127), mejor que hojas secas. Vierta agua hirviendo sobre las hojas y déjelo reposar 5-15 minutos antes de servir. Utilice 3 cucharadas de café de hierbas frescas (1 cucharada si son secas) por cada taza de agua.

VINAGRE DE HIERBAS

Vinagre en el que se han sumergido una o más hierbas. Coloque las hojas en un jarrón y añada 0,75 l de vinagre de vino. Tápelo y guárdelo en un lugar seco durante 2-3 semanas, agitando de vez en cuando. Cuele el vinagre y embotéllelo, incluyendo una ramita de la hierba elegida. Las hierbas utilizadas pueden ser menta, eneldo, romero, cerafolio, laurel, hinojo y tomillo, en combinación o solas.

HIERBAS MEZCLADAS

Es una mezcla de trozos de perejil, salvia, tomillo y orégano, a la que puede añadir cualquier otra hierba que desee. La mezcla se usa seca o fresca y se emplea para condimentar platos de carne y de pescado.

SALSA PESTO

Salsa italiana que se ha hecho popular para acompañar la pasta, carne y pollo. Se trata de una mezcla de dos hierbas (hinojo y ajo) con queso parmesano, nueces y aceite de oliva.

POPURRÍ

Una mezcla de flores y hojas secas que conservan la fragancia durante largo tiempo. Existen muchas recetas; la que describimos a continuación es una típica. Recoja pétalos de flores de colores (maravilla, rosa, *Delphinium*, etc.) y júntelas con hojas de hierbas aromáticas como menta, lavanda, salvia, geranio, bergamota, etc. Colóquelo en un armario aireado durante un par de semanas, agitándolo ocasionalmente. Podría añadir una mezcla de especias (para aumentar la fragancia) o un fijador que mantenga el perfume. Una receta básica consiste en 28 g de raíz de lirio de Florencia, media cucharada de café con calicanto y media de canela con un cuarto de flores y hojas secas. Guárdelos en un recipiente bien cerrado durante unas tres semanas antes de repartir las bolsitas por toda la casa. Añada unas cuantas gotas de aceite de flores (rosa o violeta) cuando el aroma desaparezca.

FLORES PARA LA ENSALADA

Las flores de las hierbas y otras pocas plantas pueden utilizarse bien para decoración, o bien para añadir sabor a las ensaladas y otros platos fríos. Es el caso de las rosas, los cebollinos, los berros, la albahaca, el tomillo y la maravilla.

RAMILLETE DE FLORES

Un pequeño ramillete hecho de fragantes hierbas rodeando una flor central, normalmente un capullo de rosa, junto a otras flores, como violetas y madreselvas. El anillo exterior se compone de hojas de lavanda, geranios olorosos, tomillo, etc. Alrededor de los tallos se ata un cordel para mantenerlo firme.

ANGÉLICA

Esta vivaz de vida corta no tiene cabida en un terreno de tamaño medio para hierbas. Crecerá hasta los 180 cm de altura, con una envergadura de 120-150 cm, por lo que se coloca en el fondo de los arriates en un terreno parcialmente sombrío. Transcurridos pocos años, aparecen las cabezuelas florales: cremosas inflorescencias globosas y apretadas en el extremo de tallos ramificados.

Siembre a principios de otoño en su lugar definitivo; si tiene que trasplantar, mueva las plántulas en primavera antes de que desarrollen raíces. Es necesaria cierta protección contra el viento, y un riego regular en tiempo seco.

Es una hierba con múltiples usos. Las hojas y los pecíolos pueden cocinarse con frutos ácidos como el ruibarbo para reducir la acidez, y los tallos son un adorno favorito para pasteles y gelatinas. Las cabezuelas florales proporcionan una nota atractiva a los arriates, y al secarse resultan de utilidad para el interior. Pero presentan un inconveniente: si deja que la planta florezca y desarrolle semillas, morirá.

BÁLSAMO DE GILEAD

La mayoría de plantas de esta sección las encontrará tanto en los libros de texto comunes como en los centros de jardinería. Este bálsamo es diferente: deberá buscarlo en un vivero especializado o un proveedor de semillas. Es una vivaz arbustiva de vida corta pero, dado que es poco resistente a las heladas, es más usual obtenerlo a partir de semillas.

Siembre en un propagador en primavera y plántela en el exterior cuando haya pasado el peligro de heladas. El terreno debe tener un buen drenaje, y estar a pleno sol. Riegue en tiempo seco.

El bálsamo de Gilead es una planta de apariencia aplanada que crece hasta unos 90 cm al final de la estación; trátelo como una anual semirresistente, tomando esquejes bajo invernadero durante los meses fríos o vuelva a empezar a partir de semillas al año siguiente. En verano aparecen pequeñas flores de color rosa, aunque se cultiva por las hojas. Éstas se utilizan en popurrí por su fuerte fragancia, similar a las del bálsamo de Gilead mencionado en la Biblia.

ALBAHACA

El sabor, fuerte y parecido al clavo, de la albahaca es un ingrediente esencial de muchas recetas italianas y tradicionalmente se asocia al tomate; salsa de espaguetti, pizzas, salsas de tomate y ensalada de tomate precisan albahaca.

Esta delicada planta anual no resiste las heladas. Siémbrela en un invernadero en una maceta de turba a finales de invierno o a principios de verano en un lugar soleado y muy bien drenado. Aclare las plantas, dejando entre ellas una distancia aproximada de 30 cm y despúntelas periódicamente con el fin de obtener plantas arbustivas de follaje aromático y color verde pálido. Durante el verano recoja las hojas a medida que las necesite; consérvelas mediante el método del cubito de hielo y no las seque puesto que de esta forma pierden mucho el sabor. El mejor método para tener albahaca durante el invierno consiste en desarraigar las plantas del cuadro y ponerlas en macetas a finales de verano. Las macetas se dejan en el alféizar. Existen especies de crecimiento bajo (albahaca arbustiva) que pueden cultivarse en interior.

Aparte de usarla asociada al tomate, la albahaca se recomienda para condimentar sopas, ensaladas, carne de vaca picada y salchichas. Empléela en poca cantidad.

LAUREL

El laurel dulce es un arbusto de hoja perenne parecido al laurel cerezo. Con frecuencia se cultiva en recipientes y se poda dándole una forma cónica, piramidal o de «pirulí». En realidad no tolera bien los inviernos fríos; los vientos queman algunas hojas, las heladas destruyen totalmente el ápice de crecimiento. Durante la primavera puede rebrotar por la base. Siempre que sea posible traslade los arbustos al interior durante los meses de invierno. Compre un ejemplar cultivado en maceta y plántelo durante la primavera; requiere un lugar protegido de los vientos del este y un suelo o *compost* con algo de cal. Riegue periódicamente durante el verano. Recoja hojas jóvenes para emplear en la cocina y deje secar algunas a temperatura ambiente para usar durante el invierno. A pesar de ser un ingrediente básico del ramillete garni tiene otros usos importantes. Las hojas de laurel pueden añadirse a platos de pescado (especialmente el salmón), natillas, estofados y platos de arroz. Rompa los bordes de las hojas antes de usarlas y retírelas antes de servir. Tenga precaución: las hojas de laurel cerezo de su seto *pueden parecerse* a las del laurel dulce, pero no las emplee nunca... son venenosas.

BERGAMOTA

Es más probable encontrar esta vivaz resistente en un margen herbáceo que en un jardín de hierbas. Las cabezuelas florales de tubulares inflorescencias nacen en el extremo de tallos de 60-90 cm, desde principios de verano hasta principios de otoño. Se encuentran disponibles en color blanco, rosa y rojo. Adquiera ejemplares cultivados en maceta en primavera y plántelos a intervalos de 60 cm en un suelo que retenga la humedad. Aclare, divida y replante cada 3 años, cortando los tallos justo por encima del nivel del suelo en otoño.

Encontrará esta planta con su nombre en latín *Monarda* en los viveros; en ocasiones se cataloga como hierba con el nombre de bálsamo de abeja. Las hojas parecidas a la menta tienen un sabor similar a la naranja, y pueden utilizarse en ensaladas o postres.

Otra utilización para las hojas secas es como tisana —para más detalles, véase página 129. Sin embargo, no se trata de la bergamota que proporciona el sabor característico del té «Early Grey».

BORRAJA

Ha sido durante mucho tiempo una planta favorita en el jardín de hierbas —sus colgantes cabezuelas florales proporcionan un toque decorativo durante todo el verano, y tanto sus hojas como sus flores le serán de utilidad si busca un sabor parecido al pepino. Las plantas alcanzan los 40-60 cm, con pequeñas flores estrelladas de color azul.

Siembre entre principios de primavera y mediados de verano, mejor en suelo ligero y a pleno sol. Las raíces son abundantes, de forma que no le gustará que la transplante; siembre en el jardín de hierbas y aclare las plántulas hasta unos 30 cm. Deje que se autofecunden, obteniendo así nuevos ejemplares para el siguiente año. Con frecuencia necesitará estacarlas.

El principal uso de las borrajas es como aderezo, o para dar sabor a bebidas frías —vino, bebidas veraniegas, zumos de frutas, etc. Las hojas, los tallos pequeños y las flores también cumplen su papel como ingrediente en ensaladas y bocadillos, cortadas finamente. Una advertencia sobre las hojas y los tallos: están cubiertos de pelos urticantes que pueden irritar la piel.

ALCARAVEA

De la alcaravea o comino de prado no se desperdicia nada. Durante el primer año podrá recoger algunas hojas y al final de la segunda estación lo hará con las semillas y las raíces. Las hojas de esta bienal parecidas a la zanahoria se ven acompañadas de pequeñas flores rosas que nacen en tallos de 60 cm de altura.

La mejor época para sembrar es en otoño, en sombra parcial o a pleno sol. No tolera el transplante: siémbrela en su lugar definitivo. Se autofecunda fácilmente por lo que su continuidad no será un problema.

Corte las hojas durante el período de crecimiento y utilícelas en ensaladas. Tiene un sabor parecido al perejil. Recolecte cuando las semillas estén maduras (empiezan a adquirir una tonalidad marrón). Póngalas en una bolsa de papel y déjelas en un lugar seco. Las semillas secas pueden utilizarse para diversas cosas: en pasteles, ensaladas de coles, sopas, pan de centeno, estofados, etc. Las largas raíces parecidas a las zanahorias también se utilizan en la cocina, como las chirivías, aunque no tienen demasiado sabor.

CAMOMILA / MANZANILLA

C. nobile «Flore Pleno» es la variedad a cultivar. Se trata de la camomila inglesa o romana —una vivaz trepadora que llega a los 15 cm de altura con una envergadura de 30-60 cm. Las flores, con centro amarillo, aparecen sobre plumosas hojas, por lo que resulta al mismo tiempo un ejemplar decorativo y útil. Como alternativa cultive la variedad «Treneague», utilizada en céspedes de camomila, o la anual *Matricaria recutita*, que llega a los 60 cm de altura.

Plante matas o siembre semillas de camomila inglesa en primavera o en otoño, dejando una distancia entre las plantas de unos 22,5 cm. Las plantas se expanden bastante rápidamente una vez establecidas, y si resultan invasivas, pódelas. Aclare y divida cada tres años.

No se utiliza en la cocina, pero tiene otras utilidades. Su papel principal es como infusión; facilita la digestión y ayuda en los problemas nerviosos. Tanto las flores como las hojas se utilizan en popurrí, y las flores abiertas se utilizaban para aclarar el pelo.

CERAFOLIO

El cerafolio tiene algunas características tales como su follaje frondoso parecido al perejil, su corta vida en tiempo cálido y su tenue sabor anisado que puede perderse fácilmente durante la cocción. A pesar de esta aparente falta de robustez, crece rápidamente y las primeras hojas pueden recolectarse unas ocho semanas después de la siembra. También es resistente, puede recoger cerafolio fresco durante el invierno cuando el ápice de crecimiento de plantas aparentemente indestructibles, tales como la menta, ha sucumbido a las heladas. Siembre cerafolio en el lugar donde vaya a crecer. Si siembra a finales de invierno obtendrá una cosecha de verano y si lo hace a mediados de verano obtendrá hojas desde otoño hasta la primavera. Efectúe un aclareo para mantener las plantas a una distancia de 15 cm y riegue regularmente en tiempo seco. Corte las hojas más extensas para emplearlas en la cocina. Al mismo tiempo elimine la mayoría (aunque no todos) de los capullos florales; deje que algunos produzcan semillas para sembrarlas en su propio huerto el próximo año.

Asegúrese de que no pierda el sabor delicado. Añada las hojas finamente cortadas a sopas y a platos de huevos y de pescado antes de servir. Emplee esta hierba para aderezar ensaladas, pero no la añada a los platos hasta el último momento.

CEBOLLINO

Es el miembro de sabor suave de la familia de las cebollas. Sus tallos, parecidos a hierba, pueden cortarse desde finales de invierno hasta principios de otoño y se usan para dar sabor a numerosos platos. Pierden gran parte de su sabor al secarlos. Para emplearlo en invierno cultive una maceta o dos en el hogar o congélelos según el método del cubito de hielo.

Aunque los cebollinos pueden obtenerse a partir de semillas sembradas a finales de invierno, es más fácil plantar ejemplares cultivados en maceta en primavera o en otoño. Deje una distancia de 23 cm entre las matas y divídalas cada tres o cuatro años. Riegue las plantas periódicamente. El ambiente ideal es un suelo húmedo y mucho sol. Corte las hojas herbáceas a 1 cm por encima del nivel del suelo si desea emplearlas en preparaciones culinarias; no recorte nunca los ápices ni tampoco deje que los capullos se abran si desea un suministro regular de hojas. Sin embargo, es una planta perenne hermosa y a veces se cultiva como una planta de bordura puesto que produce plantas parecidas al clavel silvestre.

Se trata de una hierba de numerosos usos; añada cebollino finamente troceado a ensalada de patatas, huevos rellenos, sopas, ensaladas, tortillas, crema de queso y salsas.

COSTO HORTENSE

Muchas de las hierbas de esta sección son conocidas y están presentes en la mayoría de jardines —menta, tomillo, perejil, etc. El costo hortense es distinto: es poco frecuente, por lo que no será fácil encontrar un proveedor. Esta resistente vivaz no se cultiva por su apariencia, desplegada con pequeñas flores parecidas a las de la margarita, sino por las fragantes hojas ovales. Adquiera plantas cultivadas en macetas y colóquelas a una distancia de 60 cm. No es demasiado exigente con el tipo de suelo y pronto aparecerán grupos de hojas dentadas de color verde grisáceo, que al frotar emiten un aroma único, mezcla de menta y cítrico. Si la planta adquiere un carácter invasivo, recorte los tallos rastreros y utilícelos para la propagación. El costo hortense luce su mejor apariencia en invierno, cuando las hojas constituyen una alternativa a la menta, que se habrá marchitado. Se parece a esta última, pero es distinta. Para algunos el sabor es más amargo, por lo que no debe abusar de él. Otras aplicaciones son el té de costo hortense y las hojas secas para popurrí.

PLANTA DEL CURRY

En muchos catálogos de hierbas y en libros de consulta encontrará la planta del curry, así como en muchos centros de jardinería. Por este motivo, se incluye en este libro, aunque como ya indicamos después, no tiene lugar en la cocina. Cultívela por su valor decorativo en un margen del jardín: las estrechas hojas plateadas y masas de flores amarillas abotonadas constituyen un buen fondo contra ejemplares de hojas oscuras, y el aroma parecido al curry de esta planta resulta remarcable. Escoja un terreno soleado y plante especímenes cultivados en macetas, o esquejes enraizados a intervalos de 60 cm. Esta vivaz perenne es razonablemente tolerante con las condiciones secas, pero si el terreno va a soportar frentes fríos, es mejor cubrirlo durante el invierno con turba, paja, etc. Pode los tallos en primavera para evitar que se expandan demasiado.

El aroma es parecido al curry, pero no es curry. En algunos libros se recomienda la utilización de los vástagos para dar un sabor parecido al curry en estofados, sopas, etc., aunque no resulta una buena idea. Se han dado algunos casos de envenenamiento muy leve. Si le gusta el aroma picante, utilice las hojas secas en popurrí.

ENELDO

Esta hierba anual se usaba mucho en Escandinavia para condimentar platos de pescado. La planta de 60 cm de altura tiene un follaje hermoso y plumoso y produce flores pequeñas y amarillentas a principios de verano. Las hojas tienen un sabor característico que perdura una vez secas y las semillas, ligeramente aplastadas, tienen un sabor incluso más intenso.

El eneldo no gusta ser trasplantado. Siembre las semillas a principios de primavera en el lugar donde las plantas van a crecer y efectúe un aclareo dejando unos 30 cm entre planta y planta. Escoja una parcela soleada, bien drenada y mantenga el suelo húmedo en tiempo seco. Para recolectar las semillas corte los tallos cuando las flores han adquirido un color oscuro. Ate una bolsa de papel sobre cada flor y cuelgue los tallos hacia abajo formando manojos.

Recoja las hojas para consumir inmediatamente y también para secar cuando todavía sean bastante jóvenes. Empléelas como aderezo en la cocina para todo tipo de pescados, especialmente el salmón. Las hojas troceadas también pueden usarse en el yogur y en platos de carne y verduras. Las semillas se emplean principalmente para aromatizar el vinagre de los pepinillos encurtidos y también pueden añadirse a pasteles, pan, pescado y platos de arroz.

HINOJO

El hinojo común es una atractiva planta perenne de más de 1,50 m de altura, con un follaje plumoso verde azulado y con flores amarillentas. Muchas veces se ha denominado eneldo adulto –más alto, perenne y de sabor anisado mucho más acentuado. No lo confunda con el hinojo florentino, una hortaliza poco común cultivada por las bases de sus gruesos tallos.

Elija un lugar soleado, bien drenado –el hinojo común es más bien una planta para una bordura herbácea que para el cuadro de hierbas. Aunque puede sembrar semillas en primavera es más fácil comprar una planta cultivada en maceta en un centro de jardinería o en un vivero especializado. Recoja las hojas en verano según sus necesidades; si el lugar está expuesto, entutore la planta y corte algunos de los brotes más altos para mantener un suministro continuado de hojas nuevas. Recolecte las semillas tal como se ha descrito para el eneldo.

El hinojo puede intercambiarse con el eneldo; emplee el follaje troceado para condimentar pescado, ensalada, verduras y sopas. Las semillas son especialmente recomendadas para cocinar pescado.

TANACETO

Esta vivaz de vida corta se ha cultivado en los jardines campestres durante generaciones. Sus hojas de color verde amarillo y flores parecidas a las de las margaritas proporcionan una nota de color. Su follaje se ha utilizado también en medicina. La forma común presenta flores de pétalos blancos y centros amarillos, pero también están las variedades completamente blancas, y la variedad *Aureum* de hojas doradas. El tanaceto crece hasta una altura de 60 cm.

Adquiera macetas con la especie común *Tanacetum parthenium* para el centro de su jardín, pero si quiere las variedades de más colorido, es mejor que las cultive a partir de semillas. Siembre las semillas o plante las plántulas en primavera o en otoño, dejando intervalos de 30 cm.

El tanaceto es una hierba medicinal más que culinaria, y en el pasado tenía muchas aplicaciones, como para curar la migraña. En ocasiones se recomienda como infusión, aunque también se puede utilizar en alimentación.

AJO

Hasta hace poco tiempo los científicos sonreían frente a los elogiados poderes maravillosos medicinales el ajo; sin embargo, investigaciones recientes han puesto de manifiesto que esta antigua creencia popular no es totalmente falsa. Desde luego, el ajo desempeña un papel importante en toda la cocina europea excepto en la inglesa. Realmente no vale la pena que lo cultive a menos que sea un fan.

Puede cultivarlo en una parcela bien drenada. Compre una cabeza de ajos en la verdulería o en el supermercado y divídala en dientes. Plántelos a 5 cm de profundidad y a una distancia de 15 cm a finales de invierno. A excepción de regarlos en tiempo seco no requieren ningún otro cuidado hasta que el follaje amarillee a principios o mediados de verano. Desarraigue los bulbos y déjelos secar protegidos, luego guárdelos en un lugar seco y protegido de las heladas. Si es un principiante en el empleo del ajo, debe usarlo en muy poca cantidad o se desanimará para siempre. Frote una ensaladera de madera con un diente de ajo antes de añadir los ingredientes. Frote la piel del pollo antes de asarlo y luego pruebe hundiendo un diente entero *sin pelar* en la cacerola o en el estofado, sacándolo antes de servir. Si de esta forma ha disminuido un poco su aprensión al ajo, puede intentar usar ajo aplastado (no troceado) en platos de carne como en muchos países de Europa.

LÚPULO

Generalmente no se considera una hierba; se piensa en él más bien como ingrediente que da sabor a la cerveza. Los retorcidos tallos pueden cubrir una valla o pared en la parte trasera del jardín de hierbas, y con frecuencia se utilizan para revestir las arcadas de un jardín culinario.

Escoja una variedad hembra, recordando que necesita de mucho espacio: los tallos y grandes hojas lobuladas pueden cubrir un espacio de 3 m × 3 m en una sola estación. En invierno se marchitan, por lo que a principios de primavera deberá cortar los tallos justo a ras de suelo. Abone la base con *compost* a finales de primavera. Un aviso: los tallos llevan pelos urticantes.

Las hojas jóvenes pueden hervirse o cocinar al vapor como una verdura, pero lo importante son las cabezuelas florales cónicas. Durante años se ha utilizado como una hierba que ayuda a conciliar el sueño, como tisana en agua hirviendo o en almohadas de hierbas hechas con las flores secas.

RÁBANO PICANTE

La salsa de rábano picante es el acompañamiento tradicional del rosbif por lo que esta hierba merece un lugar en este apartado; sin embargo, es preciso ser un devoto del rábano picante para plantarlo en su jardín. El problema reside en que debe controlar mucho su crecimiento; si permite que se establezca una parcela sin ningún tipo de control durante algunos años, luego aparecerá como una mala hierba nueva en el huerto.

A finales de invierno cave un hoyo de 15 cm de profundidad con un plantador; estos hoyos deben estar a una distancia de 60 cm. Extienda una raíz de 15 cm en cada hoyo y llénelo de tierra. La clave para evitar que el rábano picante inunde toda la zona es arrancar todas las plantas a principios de otoño. Guarde las raíces en arena; emplee las más largas en la cocina y reserve las más pequeñas para plantar la próxima primavera.

Rallar rábano picante le hará llorar, emplee un rallador automático. El rábano picante rallado puede emplearse para aderezar el bistec tártaro y también como condimento de pescado. Es muy frecuente mezclarlo con vinagre y un poco de leche obteniendo salsa de rábano picante o bien con crema batida, sal, azúcar y un poco de vinagre para obtener crema de rábano picante. Sírvala con carne de vaca, jamón o trucha.

HISOPO

Una hermosa planta para colocar en medio de un arriate, una maceta o como seto bajo en lugar de la lavanda. El crecimiento arbustivo de esta vivaz se caracteriza por las oscuras y estrechas hojas y las espigas de flores que aparecen a finales de verano. El color normal es el azul, pero también encontrará variedades rosas y blancas.

El hisopo prefiere suelos soleados y no ácidos. Siembre en primavera si quiere disponer de un mayor número de plantas, colocando las plántulas en el exterior, o los esquejes enraizados a una distancia de 30 cm en el caso de utilizarlo para setos o 60 cm para arriates. Aclare a principios de primavera.

Las hojas semiperennes del hisopo se han utilizado en medicina desde los tiempos del Antiguo Testamento, y las infusiones de hisopo se recomiendan en casos de bronquitis y catarros. Actualmente se valora principalmente la utilización culinaria de sus hojas. El sabor es fuerte, parecido a la menta y la salvia. Forma parte de ensaladas, sopas, estofados, y las flores proporcionan una guarnición de color.

LAVANDA

Es posible que no reconozca el hisopo o el ligústico, pero ciertamente conocerá esta planta cuando la utilice. Las aciculadas hojas verde grisáceas y las espigas de fragantes flores malva son conocidas por todo el mundo, pero existen otras variedades con hojas verdes y flores blancas, rosas o púrpuras. La lavanda requiere de un sitio soleado, con un buen drenaje. Crece hasta 30-90 cm, dependiendo de la variedad, lo que debe tener en cuenta al plantarla. Es mejor adquirir ejemplares cultivados en maceta, más que intentar conseguirla a partir de semillas; plántelos a una distancia de 30 cm. Una vez las flores se hayan marchitado, pode el arbusto, pero sin tocar los tallos más viejos. Generalmente transcurridos algunos años adquieren un aspecto desplegado, por lo que debe replantar cada 5 años.

La principal utilización de las hojas y flores de la lavanda es como integrante de popurrí. También como tisana contra el cansancio, aunque esta hierba tiene pocas utilidades culinarias. Ocasionalmente las flores se recomiendan como guarnición, pero existen otras hierbas que cumplen mejor este propósito.

TORONJIL

El toronjil es una antigua planta de jardín de campo que no tiene ningún requerimiento especial en cuanto al sol o el tipo de suelo. Se trata de una vivaz arbustiva que crece hasta una altura de 90 cm, y puede expandirse como la menta. Las pequeñas flores blancas no son destacables, y se cultiva por sus ovaladas hojas que emiten un fuerte aroma de limón al frotarlas.

Puede empezar a partir de semillas en primavera, aunque es mejor utilizar plantas pequeñas en macetas que adquiera en el centro de jardinería. Para facilitar un crecimiento vigoroso, aclare la planta al final de la estación, cortando los tallos hasta unos pocos centímetros por encima del nivel del suelo. Aclare y divida los grupos de flores en primavera u otoño si quiere disponer de más plantas.

El toronjil tiene diversas utilidades: las hojas verdes cortadas pueden añadirse a las ensaladas, pescados, frutas, etc., y cuando están secas sirven para dar un sabor cítrico. Antiguamente se utilizaba en infusiones, y las hojas secas constituyen un buen ingrediente de un popurrí.

HIERBALUISA

Al igual que el toronjil, las hojas de esta hierba emiten un fuerte aroma parecido al limón, y las pequeñas hojas que aparecen en verano no tienen valor como hierba. Aquí termina la similitud. Se trata de un arbusto bastante poco resistente que crece hasta los 3 m y requiere de un lugar protegido, soleado y con un buen drenaje. En invierno deberá protegerlo de las heladas.

Únicamente necesitará una o dos plantas, por lo que es mejor adquirir especímenes cultivados en macetas en su centro de jardinería. Coloque la maceta contra una pared orientada hacia el sur.

La hierbaluisa destaca por tener el aroma más intenso de todas las hierbas con aroma «a limón», por lo que debe utilizarla con mesura. Recoja unas pocas hojas tiernas para ensaladas, dulces, etc., cuando necesite de una hierba con sabor a limón. El té de menta se compone de una mezcla de hierbaluisa y hojas de menta —quizá la más refrescante de todas las tisanas. Cuando se marchiten en otoño, guarde las hojas y séquelas para popurrí.

LIGÚSTICO

El ligústico es uno de los gigantes en el mundo de las hierbas, y fácil de reconocer. Parece una planta gigante, pudiendo llegar hasta los 210 cm o más. En verano aparecen las cabezuelas de verdes flores, pero tiene poco valor ornamental, y a menos que quiera guardar las semillas, debería eliminarlas. Es posible obtener esta planta a partir de semillas, pero es más usual adquirir unas cuantas plantas en un centro de jardinería y plantarlas a una distancia de 60 cm en primavera. Las plantas necesitan de un suelo rico en humus y de un riego abundante en los meses calurosos. A finales de otoño los pecíolos se marchitan: córtelos a nivel de suelo y aplique Growmore alrededor de la planta cuando empiece de nuevo a desarrollarse en primavera.

Generalmente del ligústico se utilizan las hojas tiernas, no secas. El gusto es parecido al apio, con un toque de pimienta. Corte las hojas finamente como sustituto del apio/pimienta en sopas, estofados, ensaladas, etc. La tisana de ligústico es un viejo remedio para la indigestión, y las semillas, una vez secas, se utilizan en la cocina como sustituto de las de apio.

ORÉGANO

El tipo común en el huerto de hierbas es el orégano dulce, una planta arbustiva, anual y semirresistente. Las semillas se siembran en el invernadero a finales de invierno y luego, a mediados de primavera, se efectúa la plantación de asiento en un lugar soleado dejando entre las plantas unos 20 cm. Recoja las hojas que precise; si desea secarlas, recójalas antes de que las flores se abran. Durante el otoño desarraigue las plantas y plántelas en macetas para disponer de hojas durante todo el invierno.

El orégano de maceta es más fácil de cultivar; para ello debe comprar un ejemplar de maceta en primavera y luego plantarlo en el huerto donde crecerá con la misma facilidad que la menta. Este arbusto enano es perenne aunque es posible que pierda las hojas en invierno. Recorte los tallos muertos; crecerán otros en primavera. El orégano de maceta puede cultivarse como una planta de interior, a esto se debe su nombre.

El orégano troceado se usa, en primer lugar, para esparcirlo sobre la carne o el pollo antes de asar. También puede esparcirse en sopas antes de servir, y tanto fresco como seco se emplea en croquetas y rellenos. Pruebe las hojas frescas en tortillas y ensaladas.

TRÉBOL REAL

Esta bienal es una de las hierbas más poco usuales de este catálogo, y deberá recurrir a un vivero de hierbas para adquirir semillas o plantas. Si le gustan las plantas atractivas y no únicamente las normales, merece la pena, ya que el trébol real produce largas espigas de flores amarillas parecidas al guisante en verano, que actúan como un imán para las abejas. Los arbustivos tallos crecen hasta unos 60 cm.

El trébol real se puede cultivar como cualquier otra bienal resistente: siembre a finales de primavera, y a principios del verano siguiente aparecerán las flores. Sin embargo, resulta bastante práctico tratarla como una anual sembrando a principios de primavera, con lo que obtendrá flores a mediados-finales de verano del mismo año.

Las hojas, parecidas al trébol, más que las flores, son las que se utilizan. Prepare un refrescante té con las hojas, o córtelas finamente para añadir al estofado, con un sabor parecido a la miel o la almendra. Cuando las hojas se secan el aroma se mantiene, por lo que resultan adecuadas para un popurrí o un cojín de hierbas.

MENTA

Cada país tiene su hierba favorita. La menta crece con facilidad en la mayoría de los suelos; en realidad, normalmente prospera demasiado y empieza a crear problemas. Evite este contratiempo cultivándola en un recipiente o hundiendo alrededor de las plantas placas de plástico o de metal o simplemente recolectándolas y plantándolas anualmente. Existen varios tipos; la más común es la menta verde o romana (menta de huerto) pero la menta de Bowles es la variedad más recomendada para elaborar la salsa de menta y la menta manzana (menta de hojas redondeadas) combina la fragancia con un verdadero sabor a menta.

Plante trozos de raíz a 5 cm de profundidad y a una distancia de 20 cm en otoño o en primavera. Cúbralas con *compost* en otoño si no desarraiga las plantas anualmente. Si hay un ataque de la roya de la menta (manchas anaranjadas pequeñas en los brotes hinchados), arranque y queme las plantas afectadas.

Las ramitas de menta se añaden al agua de cocción de las patatas nuevas y los guisantes, pero su empleo más popular es como ingrediente básico de la salsa de menta o de la jalea de menta que se sirve con el cordero asado.

PEREJIL

El perejil es un miembro básico de todos los huertos de hierbas. Sus hojas muy divididas y de intenso color verde son el condimento más popular. En los catálogos de semillas se encuentran numerosas variedades: las de hoja rizada son las más decorativas y las de hoja lisa son las más sabrosas.

Siembre las semillas a 1 cm de profundidad, a principios de primavera para recolectar en verano y en otoño, y siembre de nuevo a mediados de verano para recolectar en invierno. La germinación es lenta; puede tardar un par de meses. Es ideal cultivarlo en un suelo fértil, semisombrío y mantener una distancia de 20 cm entre las plántulas. Riegue en tiempo seco y en invierno proteja las plantas con campanas o paja. Elimine los tallos florales tan pronto como aparezcann, pero, durante la segunda estación, conserve algunos para que den semillas, a partir de las cuales podrá obtener nuevas plantas. Recoja periódicamente para asegurar un suministro continuo de hojas frescas; si desea secarlas, sumerja las ramita en agua hirviendo durante dos minutos y luego déjelas en el horno hasta que estén crujientes. A continuación, cuando estén secas, estrújelas y guárdelas. Desde luego, el perejil es un condimento «*par excellence*» y un ingrediente de las finas hierbas y del bouquet garni. La salsa blanca con trozos de perejil es muy popular, si desea algo distinto fría el perejil hasta que esté crujiente y sirva con pescado.

MARAVILLA

Pocas anuales resultan más fáciles de cultivar que la maravilla, y pocas hierbas proporcionan un colorido tan brillante en verano. La especie *Calendula officinalis* presenta pequeñas flores amarillas sencillas, pero también es posible adquirir variedades de flores dobles amarillas o naranjas.

Siembre las semillas en primavera en el lugar definitivo, con una distancia de 15 cm. Se desarrollan bajo un amplio abanico de condiciones, pero para un máximo efecto es preferible disponer de un lugar soleado y bien drenado. Despunte las flores marchitas para prolongar el crecimiento activo y prevenir la excesiva autopolinización.

Antes la maravilla era ampliamente cultivada como si fuera una hortaliza, pero las hojas tienen un sabor amargo, y su utilización ha disminuido, aunque se puede añadir a las ensaladas. Las flores se utilizan como una hierba: los pétalos o las flores enteras dan una nota de color a las ensaladas, sopas, huevos, etc. Las flores secas pueden triturarse y sustituir al azafrán, y así dar un poco de sabor a diversos platos.

ROMERO

Este arbusto, de hoja perenne, hermoso pero ligeramente tierno precisa de un suelo bien drenado en una parcela soleada y protegida; cultívelo en la bordura arbustiva, el jardín de hierbas o en una cuba junto a una pared orientada hacia el sur. El arbusto no su perará los 60 cm de altura si cosecha periódicamente y lo poda en primavera. Las hojas son aciculares y las flores azuladas son muy aromáticas y apropiadas para emplearse en la cocina.

Aunque puede sembrar semillas a mediados de primavera es mucho más aconsejable que compre una planta cultivada en maceta durante esta misma estación. Existen algunos tipos variegados decorativos pero son menos resistentes que el romero común. Las heladas de invierno y los vientos glaciales de principios de primavera pueden provocar la muerte de algunos brotes, pero más tarde crecerán otros a partir de la base. Después de algunos años, el romero se transforma en un arbusto bastante largo y delgado, y por ello es aconsejable que cada tres años sustituya las plantas adultas por brotes enraizados. Debe recordar que esta hierba tiene un sabor muy fuerte y por ello debe usarse en poca cantidad. Es la guarnición tradicional del cordero, del cerdo y de la ternera; añada algunas ramitas antes de asarlos y retírelas antes de servir. También puede emplearse con las aves, los huevos y el pescado.

SALVIA

La salvia es un arbusto decorativo; sus hojas verde grisáceas y sus espigas de flores azuladas son tan útiles en una bordura arbustiva como en el huerto de hierbas. Su vida media es corta y es mejor sustituirla por un nuevo stock cada tres años.

Una sola planta es suficiente para satisfacer sus necesidades; plante un ejemplar cultivado en maceta en una parcela soleada y bien drenada. Recoja las hojas periódicamente y pode ligeramente el arbusto a principios de verano, después de la floración. Recoja las hojas que desee secar antes de la floración. La salvia tarda mucho en secarse, pero se conserva durante un año en un recipiente cerrado.

La salvia tiene un sabor muy fuerte. Se usa principalmente junto con las cebollas como relleno tradicional de patos y ocas; también es una guarnición excelente de la ternera y el cerdo. Se usa también en salsas, kebabs, algunos quesos y en platos de judías y tomates. Tenga cuidado de no emplearla demasiado porque es una hierba de sabor muy fuerte.

PIMPINELA

Este miembro de la familia de las rosáceas es una vivaz perenne que se puede utilizar como margen permanente para un arriate de hierbas. Su apariencia es nítida y filiforme, con ovaladas y dentadas hojas que aparecen junto a pequeñas cabezuelas florales rojizas en largos tallos sin ningún valor ornamental. No es excesivamente exigente respecto al suelo o a la situación en la que se cultiva, pero es preferible un suelo no ácido. Se desarrolla bastante fácilmente a partir de semilla sembrada en primavera, y las plántulas se colocan en el exterior a una distancia de 30 cm. También puede adquirir ejemplares cultivados en maceta. La roseta de hojas tiene un hábito de crecimiento bastante bajo, pero los tallos florales pueden alcanzar los 60 cm.

Esta hierba se cultiva por el sabor a pepino de sus pecíolos; recójalos y córtelos. No tienen el olor a esa hortaliza, pero el sabor es bastante fuerte y puede utilizarse en bebidas refrescantes, bocadillos de queso fundido, sopas, ensaladas y yogur.

TOMILLO SALSERO

El tomillo no se encuentra entre las diez principales hierbas catalogadas, pero es de buena alternativa en otras hierbas populares, como la salvia. Puede escoger entre dos tipos. El tomillo de verano es una planta anual que se siembra a 0,5 cm de profundidad en un suelo fértil y luego se efectúa un aclareo dejando 15 cm entre planta y planta. Las plantas alcanzan unos 30 cm de altura y las hojas deben recolectarse antes de la aparición de las flores rosadas. Después de la floración recorte la planta y obtendrá una segunda cosecha de hojas. El tomillo de invierno es una planta de hoja perenne. El lugar ideal para este arbusto de crecimiento bajo es un suelo ligero y bien drenado en un lugar soleado. Plante y arregle la planta cada año a principios de primavera. Según los expertos, el sabor de esta variedad es inferior al del tomillo de verano; sin embargo tiene la ventaja de estar disponible todo el año.

Las dos variedades de tomillo se emplean indistintamente; son la guarnición tradicional de las habas y de los purés de lentejas. Las hojas frescas se emplean en ensaladas y en platos de huevos, y se usan como sustituto de la salvia en los rellenos.

CERAFOLIO

Necesitará espacio y un suelo húmedo rico en humus para esta vivaz. Las hojas filiformes cubrirán una zona de 30,5 cm transcurridos pocos años. A finales de primavera aparecen cabezuelas florales blancas horizontales, seguidas de grandes semillas que adquieren una tonalidad marrón al madurar. Elimine las cabezuelas a menos que quiera conservar las semillas.

Siembre en otoño o mejor adquiera plantas cultivadas en macetas (por su tamaño es posible que necesite uno o dos ejemplares). Al final de la estación, cuando las hojas se vuelvan marrones, debe cortar los tallos para favorecer un nuevo crecimiento a principios de primavera.

Tanto las hojas como las semillas en un primer estadio tienen un gusto anisado. Las hojas cortadas se utilizan en ensaladas y las semillas se esparcen sobre los pasteles (las semillas maduras no tienen sabor). Las hojas y los tallos suavizan la acidez de muchas frutas como las grosellas, y las raíces se pueden cocinar como una verdura. Una hierba con muchos usos.

ESTRAGÓN

Asegúrese de que compra estragón frances, considerado como el rey de las hierbas, y no estragón ruso que carece prácticamente de sabor. Esta hierba se propaga como la menta, sus tallos rastreros subterráneos producen una cosecha de hojas frescas cada año. No es muy resistente; cubra las plantas con paja o con fresno antes de que el follaje muera en otoño.

El estragón precisa un suelo bein drenado en un lugar protegido. Plante un ejemplar de maceta a finales de invierno; corte los brotes florales para asegurar el suministro de hojas frescas. Las hojas para consumo inmediato pueden recolectarse desde finales de primavera hasta principios de otoño. El excedente puede secarse o conservarse según el método del cubito de hielo.

El estragón es esencial en la cocina francesa y se usa en muchos platos tadicionales de pescado y de pollo. Las hojas troceadas se remojan en vinagre para obtener vinagre de estragón. Las hojas troceadas mezcladas con mantequilla se sirven como guarnición de bistecs, y las hojas frescas se usan en tortillas, ensaladas, salsas y con mariscos.

TOMILLO

El tomillo es un arbusto de crecimiento bajo y de aroma muy agradable. Es de hoja perenne y, en consecuencia, las hojas verdes pueden recolectarse durante todo el año sin necesidad de secarlas. El sabor depende de la variedad elegida; el tomillo común es el más fuerte, el tomillo limón es menos picante y por su sabor similar al limón es una guarnición excelente de los mariscos, y el tomillo alcaravea tiene un aroma único, una mezcla entre pino y alcaravea.

Durante la primavera plante ejemplares de maceta, a una distancia de 30 cm, en un lugar soleado y bien drenado. Recoja las hojas frescas que precise; no permita que las plantas florezcan si desea una productividad máxima. Divida las plantas cada tres o cuatro años y replántelas, si no dispone de un huerto, el tomillo crecerá bastante bien en una maceta en el alféizar.

Esta hierba se usa tradicionalmente con el perejil para rellenar aves. También puede emplearse para frotar la carne antes de cocinarla y añadirse a los platos de pescado. Añada tomillo a las sopas y a los estofados, pero siempre en muy poca cantidad.

ASPÉRULA

A diferencia de muchas de las hierbas de esta sección, la aspérula no requiere de un terreno soleado. Se trata de una planta expansiva que crece hasta una altura de unos 30-35 cm, ideal para cubrir el suelo bajo árboles y arbustos. Las pequeñas flores estrelladas que aparecen a principios de verano son blancas y aromáticas.

Se propaga por división de las plantas que adquieren un hábito invasivo. Plante grupos en primavera u otoño (no es fácil cultivarla a partir de semillas), y corte los tallos una vez las hojas se sequen en invierno.

La aspérula se cultiva por el efecto decorativo de sus flores blancas bajo los arbustos, así como por sus hojas que al secarse desprenden un aroma a hierba recién cortada, que se mantiene durante largo tiempo. Las hojas secas se utilizan en popurrí y cojines de hierbas. Antiguamente se utilizaba en algunas bebidas. Con las hojas secas se obtiene una tisana y con las frescas, el vino adquirirá un sabor «a hierbas».

CAPÍTULO 9
HORTALIZAS DE COMPRA

Las revistas de horticultura se deleitan explicando de qué forma puede cosechar sus propias verduras durante todo el año, mediante una selección cuidadosa y una planificación hábil. Esto es prácticamente imposible, puesto que muy pocos pueden dedicar el tiempo y el espacio preciso para esta tarea y además, la capacidad del congelador normalmente es limitada. Debido a esto, las hojas, raíces, vainas... que pueden cultivarse fácilmente en el huerto se compran en la verdulería.

En las tiendas el etiquetado de la hortaliza ha mejorado mucho en los últimos años, de tal forma que puede saber exactamente lo que compra. Desde luego, nadie le dirá qué verduras debe comprar, pero existen algunas reglas básicas para el comprador. No compre nunca más de lo que pueda almacenar correctamente o bien consumir inmediatamente. No es agradable comer verduras almacenadas durante un par de semanas, ¡tendrá aversión a ellas durante toda la vida! Compruebe la frescura siempre que pueda; compre en los supermercados o en los puestos de venta donde pueda elegir el producto antes de adquirirlo. En general, escoja vainas y raíces de tamaño inferior al corriente y descarte las verduras frondosas que estén fláccidas y anormalmente pálidas.

De esta forma se compran guisantes, coliflores, zanahorias, coles repollo, etc. tan frescas como las que se cultivan en el huerto familiar. Existen productos secos y enlatados pero actualmente se ha extendido mucho el consumo de los alimentos congelados. Las verduras congeladas tienen numerosas ventajas: hortalizas fuera de estación a un precio razonable, sin desperdicios ni preparación, etc. pero a pesar de esto es una lástima que se compren muchos productos congelados durante la estación en que pueden adquirirse como verduras frescas en las tiendas y huertos.

En este capítulo se describen aquellas verduras que no se cultivan en el huerto familiar. Es posible que sólo se precisen en muy poca cantidad y por ello no se haya dedicado una zona del vernáculo a su cultivo (ocra y chile son ejemplos) o bien puede que su cultivo sea poco práctico; el berro es un ejemplo destacable. La mayoría de ellas no se cultivan en Gran Bretaña y se importan de regiones tropicales o subtropicales. Todas las que se enumeran pueden adquirirse en una o más de las grandes cadenas de supermercados y las fotografías representando ejemplares típicos pueden verse en los estantes. Una o dos de estas hortalizas exóticas, tales como el aguacate, son bastante populares, pero la mayoría son desconocidas. En las tiendas normalmente se colocan junto a las otras rarezas comerciales tales como los guisantes cometodo (página 79), el radicchio (página 50), el mooli (página 87), la escorzonera (página 89) y el apionabo (página 46).

Las verduras exóticas de compra que se ilustran en las páginas siguientes no constituyen una lista completa de las hortalizas raras que puede encontrar actualmente. Para probar toda la gama tendrá que visitar las tiendas étnicas de abastecimiento de los distintos grupos raciales y nacionales. En las tiendas chinas hallará agua de castañas enlatada y champiñones orientales.

Allí y en otras partes encontrará una gama de hortalizas del Lejano Oriente; hierba limón (un cidro aromatizado sustituto de los cebollinos), maíz baby (una variedad miniatura que se emplea en numerosos platos orientales y que se ingiere entera) y el Kuichai (una alternativa algo picante de la familiar planta de cebolla). Busque llantenes, que se confunden fácilmente con los plátanos pero que siempre deben cocinarse antes de ingerirse. Puede hervirlos y hacer un puré o cortarlos en rodajas y freírlos como buñuelos.

A veces encontrará variedades de calabazas desconocidas en los comercios de las comunidades africanas o de la India. Existe la dudi, que parece un pepino, y la calabaza grande con apariencia de las variedades de invierno y de verano.

Este capítulo trata de las verduras, tanto comunes como exóticas, que pueden encontrarse frescas en los supermercados, aunque es posible que las más raras no las encuentre con facilidad. Las verduras exóticas que pueden comprarse enlatadas o secas no se incluyen puesto que el surtido es inmenso. Además del agua de castañas enlatada encontrará brotes de bambú, corazones de palmera, etc.

Aparte de las verduras enlatadas encontrará un surtido, incluso mayor, de productos secos; las legumbres de todo el mundo. Grandes judías mantecosas blancas, habichuelas pequeñas y oscuras, guisantes de ojo negro, lentejas oscuras (que no se deshacen cuando se cocinan), lentejas rojizas (que se deshacen durante la cocción), judías arriñonadas rojizas... la lista es demasiado larga para completarla. Ningún buen horticultor quiere confiar únicamente en las verduras que se venden en las tiendas. En algunas ocasiones, en este libro se recomienda encarecidamente que se dedique la parcela de hortalizas principalmente al cultivo de aquellos tipos que gustan a su familia, pero que deje un poco de espacio para lo desconocido a fin de aumentar su experiencia de la gama de sabores de hortalizas. El mismo principio debe aplicar al comprar; contente las necesidades básicas familiares con hortalizas conocidas pero pruebe una o dos de las rarezas y prepárelas siguiendo las instrucciones que se dan en las páginas siguientes.

AGUACATE

La popularidad del aguacate ha aumentado mucho desde su introducción como primer plato básico en los menúes de los restaurantes. Su delicado sabor mantecoso combina bien con los mariscos, pero los expertos recomiendan el *aguacate natural* servido a'la vinagreta.

Los frutos de los comercios son lisos, verdes y brillantes (surafricanos) o rugosos y oscuros (israelíes). Están listos para consumirse si al presionar suavemente la pulpa, ésta es blanda; si al pulpa es firme guárdelos durante unos días. En la cocina, córtelo por la mitad y saque el hueso. Rocíe la superficie cortada con jugo de limón para evitar que se decolore. Rellénelos con gambas o carne de cangrejo como en el restaurante o bien sea más decidido y mézclelos con piña o pomelo. Los aguacates también pueden cocerse al horno (15 minutos a 200 °C) o mezclarse con chiles, cebollas y ajo para obtener el plato mejicano muy picante conocido como *guacomole*.

CHAYOTE

Antiguamente el chayote era solamente propio de la cocina subtropical: los criollos de Nueva Orleans, los aztecas de México, los australianos en los Despoblados, etc. Pero actualmente, estas calabazas semejantes a una pera han empezado a aparecer en los supermercados.

No es sorprendente que una hortaliza que se cultiva por todo el globo se denomine de varias formas: choko, christophene, chow-chow, mirliton, etc. Su preparación es fácil: córtela a tiras, páselas por mantequilla y fríalas como un calabacín, o córtela por la mitad, rellénela de carne o de camarón y déjela cocer al horno a 200 °C durante 20 minutos. Tiene una clara ventaja sobre al calabaza común o de huerto; la pulpa se mantiene firme y no acuosa después de cocinarla. Si lo desea hiérvala; cocínela durante 30 minutos y sírvala caliente como una verdura o déjela enfriar y añádala troceada a una ensalada.

CHILE

Tenga cuidado. Estos pimientos picantes pueden quemarle la garganta, hacerle llorar y picarle la piel si no está acostumbrado a comerlos o a trocearlos. Por tanto, antes de empezar considere algunas reglas: cuanto más pequeño y rojo sea el chile, más picantea será y, blanqueándolo en tiempo caluroso y sacándole las semillas antes de su uso eliminará gran parte de su ardor.

No los consuma crudos; no pruebe ni siquiera un trozo pequeño a menos que esté acostumbrado. Úselos en la cocina para darle un sabor picante a las patatas, arroz, sopas y estofados, huevos, maíz dulce, etc. Necesitará un chile por medio kilo de carne o de pollo, sin embargo, el antiguo plato favorito americano *chile con carne* no se prepara con chiles frescos, es una mezcla de carne de res picada, ajo, tomates, vinagre, azúcar, cebollas… y chile en polvo. El secado y el molido de los chiles produce el pimentón, no el chile en polvo que puede adquirir en las tiendas.

COLOCASI

Si su supermercado está surtido en una amplia gama de verduras puede que encuentre el colocasi (o coloqasi), pero seguramente no lo encontrará en sus libros de cocina. A diferencia de la ocra, el chayote, el chile, etc., que tienen un atractivo casi universal en zonas trpicales y subtropicales, el colocasi se cultiva y se consume tradicionalmente sólo en un país muy pequeño: Chipre.

En la base de los tallos brota un tubérculo bulboso y grande que se emplea como sustituto de la patata. Existen diferencias: la piel es dura y la pulpa es espesa, lo cual significa que debe pelar una capa gruesa y después trocear los tubérculos blanquecinos con la punta del cuchillo. La forma clásica de cocinarlos consiste en dejarlos hervir hasta que se ablanden y a continuación mezclarlos con mantequilla y nuez moscada. Alternativamente puede sanchonar los trozos de los tubérculos y emplearlos como guarnición del asado en lugar de las patatas o de las chirivías. El plato chipriota favorito es el *chirino me colocasi*, cerdo estofado con cebollas, apio, tomates y colocasi.

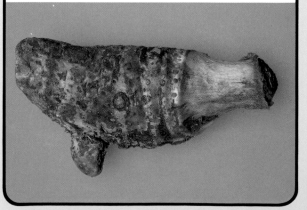

CILANTRO

El cilantro se conoce desde hace mucho tiempo en Europa y en Oriente Medio. Se cita en el Antiguo Testamento, se usaba para conservar carne en la Antigua Roma y se empleaba como un afrodisíaco en Persia. Además, está asociado a la cocina china e india con el nombre alternativo de perejil chino. Las delicadas hojas filiformes de esta planta anual se emplean como sustituto del perejil. El sabor es distinto; tiene un sabor parecido al cidro que no presenta el perejil común. La parte del cilantro que se conoce mejor es la semilla; es el principal componente del curry. Las semillas de color castaño claro son muy aromáticas cuando se trituran y pueden añadirse a patatas, ensaladas, estofados y cocktails. Según los antiguos, el cilantro favorece la digestión, la longevidad y la vida sexual.

EDDOE

Eddoe es la denominación africana de esta planta que se conoce por taro en las Islas Pacífico y en América, y por Kandalla en Sri Lanka. Los tubérculos se parecen bastante a patatas de piel gruesa, pero el contenido acuoso es apreciablemente inferior y en ambos el contenido de almidón y de proteínas es elevado. El sabor, normalmente descrito como el de nuez, es más fuerte que el de la patata blanda común.

Pélelos y empléelos siguiendo cualquier receta de patatas: al horno, hervidos, fritos, cocidos, etc., pero acuérdese de incrementar el tiempo de cocción ya que tienen un contenido acuoso inferior. En su lugar de origen, algunas veces los eddoes grandes se rellenan con carne picada, se cuecen al horno a 175 °C hasta que estén tiernos; un plato recomendable si puede hallar raíces suficientemente grandes. Desde luego no es recomendable el *poi* Hawaiano elaborado con eddoes hervidos y hechos puré, y luego dejando que el licor fermente dando un brebaje de sabor fuerte.

OCRA

El ocra se consume en los cinco continentes; siendo un producto alimenticio básico en algunas naciones y una rareza en otras. Actualmente es frecuente encontrarlo en los supermercados y en las verdulerías más importantes. Vale la pena probar esta verdura pero debe elegir cuidadosamente para evitar cualquier decepción. Las vainas («dedos de señorita») deben tener entre 5-10 cm de longitud, deben ser crujientes, de color verde claro y no deben estar ni marchitas ni decoloradas. La vaina debe romperse limpiamente cuando se dobla. Sanchónelas en agua salada durante 8 minutos, escúrralas, séquelas una a una con una servilleta de papel y luego fríalas en manteca hasta que estén tiernas. Añádalas a sopas y estofados como lo hacen los europeos orientales o a currys como los indios. Uno de los platos mejor conocidos que se preparan con esta verdura es el pollo gumbo del Sur de los Estados Unidos: un estofado de pollo, jamón, tomates, cebollas, pimienta de cayena y ocra.

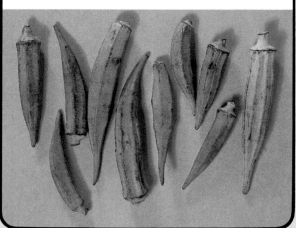

RAÍZ DE JENGIBRE

Nuestros antepasados emplearon grandes cantidades de jengibre para aromatizar sus comidas, pero en la actualidad esta raiz tropical únicamente se emplea en pasteles, pan de jengibre, azúcar cande cristalizado y ocasionalmente con el melón. Hasta hace muy poco tiempo todo esto debía hacerse con raíces secas de polvo pero ahora empiezan a encontrarse raíces frescas en las tiendas. De este modo puede constatar si el sabor del jengibre real le gusta, puesto que la raíz picada o rallada tiene un sabor mucho más intenso que el polvo.

Frote la raíz y quítele la cubierta externa. Rállela o córtela finamente y añádala a pasteles, platos de pescado o carne. Siga una receta de galletas o de pan de jengibre empleando la raíz rallada. Añada polvo de jengibre a un helado casero. En casi todos los hogares la raíz de jengibre es un ingrediente del curry y los trozos de esta raíz dan un sabor más picante a las salsas. La raíz de jengibre de compra puede conservarse en el frigorífico durante un par de semanas.

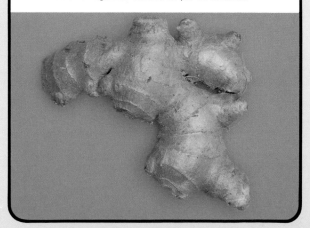

BONIATO

En este lado del Atlántico muchos encuentran que su sabor dulce es desagradable como guarnición de la carne y de las aves, pero esto se debe a una preparación incorrecta.

Vuelva a probar el boniato (Norteamérica, la Kumara (Nueva Zelanda) o la batata (Suramérica) actualmente asequibles en los grandes supermercados. Ráspelos (no los pele) y envuélvalos en papel de aluminio con un poco de mantequilla y sal. Déjelos cocer al horno durante una hora y sírvalos. Alternativamente hiérvalos en agua salada hasta que se ablanden, luego pélelos y haga un puré añadiéndole un poco de leche, mantequilla y condimento. Sírvalos como guarnición del cerdo o del pavo; puede ser que cambie de idea respecto a los boniatos. Un aspecto interesante: esta hortaliza pertenece a la familia de las concolvuláceas y no está emparentada con la patata.

HOJA DE VID

Por todo el Oriente Medio le ofrecerán *dolmas* (o *dolmades*): hojas de vid enrolladas alrededor de una mezcla de carne y arroz condimentado con hierbas. En la actualidad no es necesario viajar hasta el otro lado de Europa ya que éste es un plato común de muchos restaurantes griegos establecidos en Gran Bretaña.

Hasta hace poco se usaban hojas de col para preparar dolmas caseros, pero en la actualidad puede encontrar bolsas de plástico con hojas de vid embebidas en salmuera en los supermercados. En primer lugar blanquee las hojas; eche agua hirviendo sobre ellas y déjelas reposar durante 15 minutos. Límpielas varias veces y ya podrá rellenarlas. Prepare una mezcla de arroz hervido, carne de res o de cordero picada, una mezcla de hierbas, ajo y cebolla picados, condimento, jugo de limón y un poco de aceite de oliva. Ponga sobre cada hoja una cucharada de postre bien colmada de esta mezcla, luego dóblela y pliegue los extremos. Coloque los dolmas, firmemente envueltos, en una cacerola, añada una copa de agua y déjelos hervir a fuego lento durante una hora. Sírvalos fríos o calientes.

BERRO

A diferencia de muchas hortalizas de esta sección, el berro no es raro ni exótico. Es una planta nativa de Gran Bretaña que no se cultiva por su gran requerimiento de agua.

Corte la base de los tallos, descarte las hojas decoloradas y limpie los renuevos a fondo. Sacúdalos para eliminar el exceso de agua y ya puede comerlos. Normalmente se usan como guarnición de la carne o del pescado, en ensaladas y algunas veces como relleno de bocadillos.

Existen otras formas de utilizar esta nutritiva planta. Saltéela en un poco de mantequilla durante 10 minutos y sírvala como verdura caliente, o empléela para preparar una de las deliciosas sopas de berro descritas en los libros de cocina. El berro finamente cortado proporcionará un sabor característico al puré de patatas, a los pudines, a la salsa blanca, etc. El berro se estropea fácilmente y rápidamente si se almacena, pero puede conservar las ramitas en una bolsa de politeno en el frigorífico durante dos días.

ÑAME

A veces los americanos llaman ñames a los boniatos, pero el ñame verdadero es una verdura completamente diferente. La pulpa del ñame no es amarillenta sino anaranjada y la textura no es harinosa sino que tiende a ser oleaginosa. Los tubérculos tienden a ser mucho más grandes que los boniatos; se han encontrado ñames de más de 46 kgs. Los ñames son el alimento básico de millares de personas en las regiones tropicales. Se cultivan muchos tipos; los más grandes son menos sabrosos y las variedades más pequeñas generalmente son más dulces. La mejor forma de emplear un ñame grande consiste en hervirlo o freírlo; use los pequeños para asarlos. La cocción al horno es un método excelente para las patatas y los boniatos, pero no para los ñames. Por otro lado, esta verdura tropical tiene usos propios distintos a los de las patatas. Puede probar ñames azucarados, ñames a la cazuela con jugo de naranja así como ñames al curry: un sabor genuino de Oriente.

ÍNDICE DE HORTALIZAS

página

A

ACEDERA 114
ACELGA 23, 92, 94
ACHICORIA 50
ADZUKI, JUDÍA 13, 91
AGUACATE 140
AJO .133
ALADO, GUISANTE 79
ALBAHACA 127, 130
ALCACHOFA 8
ALCACHOFA CHINA 112
ALFALFA 91
ALCARAVEA 131
ALUBIA BLANCA 13
ANGÉLICA 130
APIO 49
APIONABO 46
ASPÉRULA 138

B

BAJA, JUDÍA 13
BÁLSAMO DE GILEAD 130
BATATA 142
BEAN, DRY SHELL (EE.UU.) 13
BEAN, ENGLISH (EE.UU.) 13
BEAN FAVA (EE.UU.) 13
BEAN, GREEN SHELL (EE.UU.) . . .13
BEAN, GREEN SNAP (EE.UU.) . . .13
BERENJENA 12
BERGAMOTA 131
BERRO 142
BERRO DE PRADO 113
BERZA 116
BLANCA, ALUBIA 13
BONIATO 142
BORRAJA 131
BRASSICA 27-31
BRÉCOL 27, 32-33, 45
BRÉCOL CALABRESE . . .32-33, 121
BRÉCOL SPROUTING
    PURPUREO 32-33
BRUSELAS,
    COLES DE 27-31,34-35

C

CALABACÍN 54-56, 68-69, 116,
    121
CALABAZA COMÚN 68-69
CALABAZA GRANDE 139
CALABAZA DE VERANO Y DE
    INVIERNO 68-69, 116
CAMOMILA 131
CAMPO, LECHUGA DE 112
CAPUCHINA 114
CARDO 112
CEBOLLA 71-75
CEBOLLA (A PARTIR DE
    SEMILLAS 72-75, 116, 121
CEBOLLAS (A PARTIR DE
    TRASPLANTES 71, 74-75
CEBOLLA DE BOTÓN 73
CEBOLLA DE HOJA 114
CEBOLLA GALESA 114
CEBOLLA JAPONESA,
    MANOJO DE 114
CEBOLLA, MANOJO DE 114

CEBOLLA PARA
    ENCURTIR 73
CEBOLLA PARA ENSALADA .72-73
CEBOLLA PERPETUA 114
CEBOLLA, PLANTA 73
CEBOLLETAS 127
CEBOLLINO 132
CERAFOLIO 132, 138
CHALOTE ASCALONIA 71
CHAMPIÑÓN 70
CHAYOTE 140
CHILE 39, 140
CHILE EN POLVO 39, 140
CHINA, COL 27, 36-38
CHINA, GUISANTES 79
CHIRIVÍA 42-43, 76, 140
CHOKO 140
CHOW-CHOW 140
CHRISTOPHENE 140
CILANTRO 141
COL CRESPA 58-59, 116, 121
COL DE CHINA 27, 36-38
COL ENANA 27, 58-59
COL MARINA 114, 116
COL REPOLLO 27-31, 26-38
COL REPOLLO DE INVIERNO .36-38
COL REPOLLO DE
    PRIMAVERA 36-37
COL REPOLLO DE VERANO . .36-37
COL ROJA 36-38, 116
COL SABOYA 36 38
COLES DE BRUSELAS 27-31, 34-35,
    116
COLIFLOR 27-31, 44-45, 116
COLIFLOR DE INVIERNO .32, 44-45
COLINABO 27, 95, 107
COLIRRÁBANO 27, 60, 116
COLOCASI 140
COLOQASI 140
COLZA 27, 58-59
COMETODO 77-79
COSTO HORTENSE 132
CUCURBITA 54-56

D

DEDOS DE SEÑORITA 141
DIENTE DE LEÓN 112
DRY SHELL, BEAN (EE.UU.) 13
DUDI .139
DULCE, MAÍZ 96-97
DULCE, PIMIENTO 142

E

EDDOE 141
ENCURTIR, CEBOLLA DE 73
ENDIVIA 50
ENELDO 133
ENGLISH, BEAN (EE.UU.) 13
ENSALADA, CEBOLLA PARA .72-73
ESCAROLA 57
ESCORZONERA 89
ESPÁRRAGO 10-11
ESPÁRRAGO GUISANTE 77-79
ESPINACA 92-94, 116
ESPINACA DE
    NUEVA ZELANDA 92-94

ESPINACA PERPETUA 23, 92
ESTRAGÓN 127, 138

F

FAVA, BEAN (EE.UU.) 13
FENYGREEK 91
FINOCCHIO 113
FLAGEOLET 13-17
FLORENCIA, HINOJO 113
FRIJOL 13

G

GALESA, CEBOLLA 114
GRANDE, CALABAZA 68-69
GREEN SHELL, BEAN (EE.UU.) . .13
GREEN SNAP. BEAN (EE.UU.) . . .13
GUISANTE 20-22, 77-79
GUISANTE ALADO 79
GUISANTE AZUCARADO
    O TIRABEQUE 79
GUISANTE DE CHINA 79
GUISANTE DE NIEVE 79
GUISANTE ESPÁRRAGO 77-79
GUISANTE TIERNO 79
GUISANTE VERDE LISO 77-78

H

HABA 13-15, 121
HABICHUELAS 13
HAMBURGUÉS, PEREJIL 113
HIERBA LIMÓN 139
HIERBALUISA 135
HIERBAS 127
HINOJO 133
HINOJO FLORENTINO 113
HISOPO 134
HOJA DE VID 142
HOJAS DE CHINA 38

I

INVIERNO, COL DE 36-38
INVIERNO, COLIFLOR DE .32, 44-45

J

JENGIBRE, RAÍZ DE 141
JUDÍA ADZUKI 13, 91
JUDÍA DE LIMA 13
JUDÍA DE MADAGASCAR 13
JUDÍA MANTECOSA 13
JUDÍA MUNG 13, 90-91
JUDÍA TREPADORA 13, 18-19
JUDÍA VERDE .13-22, 90-91, 116, 121

K

KANDALLA 141
KUCHAI 139
KUMARA 142

L

LAUREL 127, 130
LAVANDA 134
LECHUGA 63-67, 116, 121
LECHUGA COS 63-64
LECHUGA DE CAMPO 112
LECHUGA, HOJA LISA 63-65
LECHUGA, HOJA RIZADA . . .63-65

LECHUGA ROMANA 64
LEPIDIO 113
LIGÚSTICO 135
LIMA, JUDÍA DE 13
LÚPULO 134

M

MADAGASCAR, JUDÍA DE 13
MAÍZ 96-97, 116
MAÍZ DULCE 96-97
MANOJO DE CEBOLLAS 73
MANOJO DE CEBOLLAS
    JAPONESAS 114
MANTECOSA 13
MANZANA, PEPINO 52-53
MAR, COL DE 114
MELÓN 54-56
MENTA 127, 136
MERCURIO 113
MILANESA, COL 36-38
MIRLITON 140
MOOLI .87
MUNG, JUDÍA 13, 90-91

N

NABO 27, 105-107, 116, 121
NIEVE, GUISANTE DE 79

Ñ

ÑAME .142

O

OCRA .141
ORÉGANO 127, 135
OSTRING BEAN (EE.UU.) 13

P

PATACA .9
PATATA 80-85, 121
PEPINO 51-56, 68, 116
PEPINO AL AIRE LIBRE 52-56
PEPINO CAJONERA 51, 54-56
PEPINO DE
    INVERNADERO 51, 54-56
PEPINO MANZANA 52-53
PEREJIL 127, 136
PEREJIL HAMBURGUÉS 113
PERIFOLLO 127
PETIT POIS 77-79
PIMENTÓN 140
PIMIENTO 39,116, 140
PIMIENTO DULCE 39
PIMPINELA 137
PLANTA DE OSTRA 79
PLANTA DEL CURRY 132
PLÁNTULAS 90-91
PLÁNTULA DE JUDÍA 13, 90-91
PLÁTANO 139
PRIMAVERA, COL REPOLLO
    DE 36-37
PUERRO 61-62, 74-75, 116

R

RÁBANO 86-87, 91, 107, 121
RÁBANO JAPONÉS 86-87
RÁBANO PICANTE 134

	página
RADICCHIO	.50
RAÍZ DE JENGIBRE	.141
RAÍZ DE REMOLACHA	.24-26
REMOLACHA	.23, 116, 121
ROMERO	.127, 137
RUIBARBO	.88
RUSTICANO	.133

S

SALSIFÍ	.89
SALVIA	.127, 137

	página
SILVER CHARD	.23
SOJA	.13, 91

T

TARO	.141
TIERNO, GUISANTE	.79
TIRABEQUE, GUISANTE	.79
TOMATE	.98-104, 116, 121
TOMATE AL AIRE LIBRE	.100-104
TOMATE DE BISTEC	.99

	página
TOMATE DE INVERNADERO	.98-99, 102,104
TOMILLO	.127, 138
TOMILLO SALSERO	.137
TORONJIL	.135
TRÉBOL REAL	.136
TREPADORA, JUDÍA	.13, 16-19
TRITICALE	.91
TUPINAMBO	.9

V

	página
VERANO, COL DE	.36-37

Z

ZANAHORIA	.40-43, 116, 121
ZURRÓN	.113

Agradecimientos

El autor desea dar las gracias al trabajo de ilustración de Gill Jackson,
Paul Norris, Linda Fensom y Angelina Gibbs. Agradecimientos también
a la ayuda recibida de Joan Hessayon y Colin Bailey. Un agradecimiento especial
a Suttons Seeds Ltd por su préstamo de transparencias –el resto de fotografías son de
Pat Brindley, Harry Smith Horticultural Photographic Collection, London Express
News and Feature Services, y Unwins Seeds Ltd.

El diseño de este libro es obra de John Woodbridge,
Deborah Mansfield y Henry Barnett.